Hans Dieckmann · Gelebte Märchen

Gewidmet meinen Enkeln
Nele, David und Vincent

Hans Dieckmann

Gelebte MÄRCHEN

Lieblingsmärchen der Kindheit

Mit einem Vorwort von
Bruno Bettelheim

Kreuz Verlag

CIP-Titelaufnahme der Deutschen Bibliothek

Dieckmann, Hans:
Gelebte Märchen: Lieblingsmärchen der Kindheit / Hans Dieckmann.
Mit einem Vorw. von Bruno Bettelheim. – Erw. und überarb. Neuaufl.,
1. Aufl. – Zürich: Kreuz-Verl., 1991
  ISBN 3-268-00114-9

1. Auflage
© Kreuz Verlag AG Zürich 1991
Erweiterte und überarbeitete Neuauflage des zuletzt
im Gerstenberg Verlag erschienenen gleichnamigen Titels
Das Vorwort von Bruno Bettelheim
wurde der amerikanischen Ausgabe
von »Gelebte Märchen« entnommen
© 1985 by Bruno Bettelheim
Umschlaggestaltung: Jürgen Reichert, Kornwestheim
Umschlagbild: Felix Vallotton »Le ballon«, 1899, Paris,
Musée d'Orsay, Foto: ARTEPHOT/RMN, Paris
© VG Bild-Kunst, Bonn.
Gesamtherstellung: Wilhelm Röck, Weinsberg
ISBN 3 268 00114 9

Inhalt

Vorwort
von Bruno Bettelheim

Märchen haben oft eine zentrale Bedeutung in den Träumen Erwachsener, weil sie in der Kindheit eine wichtige Rolle in ihrem Seelenleben gespielt haben. Gewöhnlich nehmen Märchen einen breiten Raum in der Gedankenwelt von kleinen Kindern ein; das Kind spinnt Phantasien um die Märchen, baut Märchenmotive in sein Spiel und seine Tagträume ein und spielt die Geschichten mit seinen Puppen oder Freunden nach. Kinder können sich mit Märchenfiguren identifizieren, sie sehen sich etwa als der Held, der den Drachen tötet, oder als der Dummkopf, der am Ende zeigt, daß er seinen klugen Brüdern überlegen ist, die sich dann als die wirklichen Dummköpfe erweisen. Oder das Kind kann sich mit Aschenputtel identifizieren, die immer so ungerecht behandelt wird und dann am Ende doch über ihre bösen Schwestern triumphiert, oder mit der Schönen, die dem Biest dazu verhilft, seine wahre Menschlichkeit wiederzugewinnen, und dabei auch ihren Vater rettet und ihre eifersüchtigen Schwestern auf den Platz verweist, der ihnen zukommt. Und wo ist das Kind, das sich – auch wenn es sich nicht mit Hänsel und Gretel identifiziert – nicht freut, wenn die beiden die böse Hexe besiegen, und das in der Weihnachtszeit nicht glücklich am Knusperhäuschen knabbert, diesem Symbol dafür, wie Kinder mit einer bedrohlichen, bösen, alten Frau fertig werden können?

Die Phantasien der Kinder, die auf Märchen basieren, sind ein äußerst wichtiger Teil ihres Seelenlebens, nicht zuletzt wegen der Gefahren, die in diesen Märchen beschrieben werden, die den grundlegenden Ängsten des kleinen Kindes so ähnlich sind – zum Beispiel der Angst, verlassen, schlecht behandelt oder herabgesetzt oder von Ungeheuern oder wilden Tieren bedroht zu werden. Das glückliche Ende, das Märchen immer nehmen, gibt den Kindern die Sicherheit, daß sie sich schließlich trotz all ihrer Ängste doch behaupten werden. Diese Botschaft hilft den Kindern dabei, mit den Schwierigkeiten und der Bedrängnis in ihrem Leben fertig zu werden, gleichgültig ob sie nun real sind oder phantasiert.

Da den Märchen eine so große Bedeutung in der kindlichen Gedankenwelt zukommt, kann man leicht verstehen, warum Märchenmotive auch noch im Bewußtsein, aber viel häufiger und bestimmender im Unbewußten von Erwachsenen eine so wichtige Rolle spielen, wenn diese oft auch denken, sie hätten das Märchen und die Bedeutung, die es für sie hat, weitgehend vergessen.

Hans Dieckmann liefert in seinem äußerst interessanten Buch einen wichtigen Beitrag; er zeigt zum ersten Mal, daß manche Menschen Märchen in ihrem Leben nachspielen. Die zahlreichen Fallstudien dieses Buches machen deutlich, daß es tiefreichende Verbindungen zwischen dem Lieblingsmärchen eines Kindes und seinem späteren Schicksal geben kann; die Märchenmotive tragen entscheidend zur Bildung der Persönlichkeit bei, sei es im positiven oder im negativen Sinne. Diese Motive beeinflussen die Selbsteinschätzung und die Weltsicht so stark, daß Menschen diese Motive in ihrem Leben ausagieren, und zwar in der Regel, ohne es selbst zu bemerken. Dieckmann zeigt hier, welche Bedeutung Märchen bei der Behandlung von Erwachsenen haben können und wie das psychische Leben eines Menschen von ihnen beherrscht werden kann.

Hans Dieckmann, Psychoanalytiker der Jungschen Schule, interpretiert die Märchen hauptsächlich aus einer Jungianischen Sicht; sie können genausogut auch aus der Freudschen Perspektive heraus verstanden werden. Die eigentliche Bedeutung liegt darin, daß er aufzeigt, daß das Lieblingsmärchen aus der Kindheit auch weiterhin eine entscheidende Rolle im Leben eines Menschen spielen kann, ob dieser sich nun darüber im klaren ist oder nicht. Das Buch zeigt auf, wie man sich einen solchen Einfluß zunutze machen kann, um pathologische Prozesse zu heilen. Glücklicherweise jedoch dienen Märchen im Leben der meisten Menschen einem weitaus positiveren Zweck, wie Hans Dieckmann am Ende seines Buches feststellt: »Wissen aber erwirbt nur derjenige, der auch zutiefst die dunkle Seite des Menschlichen erfahren hat.«

Freud begann seinen 1913 geschriebenen Aufsatz über Märchenmotive in Träumen mit der Feststellung, daß es kaum verwunderlich ist, aus der Psychoanalyse etwas über die große Bedeutung zu erfahren, die Märchen im Seelenleben der Kinder haben. Er schließt dann die Beobachtung an, daß bei einigen Erwachsenen das Lieblingsmärchen aus der Kindheit den Platz bestimmter Kindheitserinnerungen eingenommen hat. Die Geschichten sind dann zu Deckerinnerungen geworden, hinter denen sich Begebenheiten von erheblicher Bedeutung verbergen.

Freud stellte auch fest, daß Elemente und Situationen, die aus Märchen stammen, häufig in den Träumen Erwachsener wieder auftauchen. Bei der Deutung dieser Träume geschieht es immer wieder, daß andere relevante Teile des Märchens erinnert werden und dadurch dann nicht nur der Traum besser verstanden werden kann, sondern auch klar wird, warum gerade dieses Märchen eine besondere Bedeutung für den Träumer hat. Um dies zu illustrieren, beschreibt Freud, welche entscheidende Rolle einige Märchen der Gebrüder Grimm in der Analyse von zwei seiner Patienten spielten. Im einen Fall war es die Geschichte von »Rumpelstilzchen« und in dem anderen eine Mischung aus zwei Märchen, »Der Wolf und die sieben Geißlein« und »Rotkäppchen«. Der Patient des letztgenannten Falles und seine Analyse wurden als der Wolfsmann berühmt, ein Name, den Freud wegen der besonderen Beziehung des Patienten zu diesem Märchen wählte.

Märchen sind so wichtig, weil sie uns dabei helfen können, mit unseren dunklen Seiten zurechtzukommen – manchmal auf krummen Wegen, wie bei einigen Patienten, deren Fälle in diesem Buch vorgestellt werden. Sie können unser Leben auch in positiver Weise beeinflussen.

Während meiner Lehrtätigkeit an der psychologischen Fakultät der Universität bat ich die Studenten einmal, sich an ein

Märchen zu erinnern, das in ihrer Kindheit wichtig für sie gewesen war; dies diente meinen Zwecken, und ich erachtete es auch als sinnvoll für die Studenten. Ich forderte sie auf, diese Geschichte so niederzuschreiben, wie sie sie erinnerten, und darüber nachzudenken, warum ihrer Meinung nach gerade dieses Märchen eine solche Bedeutung für sie hatte. Fast alle Studenten konnten sich an wenigstens ein Märchen erinnern, und den meisten fiel auch etwas dazu ein, warum es ihre Phantasie so sehr beschäftigt hatte.

Nachdem die Studenten dies getan hatten, bat ich sie, das betreffende Märchen noch einmal nachzulesen und einen Aufsatz darüber zu schreiben, wie sie das Märchen in ihrer Erinnerung verändert hatten; sie sollten sich überlegen, warum sie das Märchen in ihrer Erinnerung verzerrt hatten und was dies über die Bedeutung aussagen könnte, die dieses Märchen einst für sie hatte und möglicherweise immer noch hat. Es stellte sich heraus, daß all diese sehr intelligenten Studenten anfangs davon überzeugt waren, sie hätten sich genau an die ursprüngliche Version des Märchens erinnert. Es war für sie äußerst aufschlußreich, herauszufinden, wie sehr sie die Geschichten in ihrer Erinnerung dann doch verzerrt hatten. Die Märchen, so wie die Studenten sie erinnerten, wichen nicht nur deutlich vom Original ab, sondern oft waren diese Geschichten auch Kombinationen von zwei oder mehr Märchen. Manchmal hatten auch Randfiguren oder nebensächliche Ereignisse in der Erinnerung eine zentrale Bedeutung gewonnen, oder wichtige Einzelheiten waren in ihr genaues Gegenteil verkehrt worden.

Als die Studenten dann Vermutungen darüber anstellten, wie und warum sie das Märchen in einer so veränderten Form erinnert hatten, wurde einigen überhaupt erst klar, warum dieses besondere Märchen so wichtig für sie gewesen war, und andere konnten dies jetzt besser verstehen. Außerdem entdeckten sie oft, daß es gerade ihre individuellen Veränderungen waren, die dem Märchen eine so große persönliche Bedeutung für sie verliehen hatten. Nur in dieser verzerrten Form hatte das Märchen zu dem Problem gepaßt, das sie früher einmal so bedrängt hatte, oder hatte den ersehnten Ausweg aus einer problematischen Situation anbieten können. Deswegen konnte das Märchen nur in dieser veränderten Form erinnert werden, und in manchen Fällen hatte es seine Bedeutung in ihrem Leben beibehalten.

Auf die Aufforderung, ihr Lieblingsmärchen aus der Kindheit zu erinnern, schrieb eine Studentin, eine normale Frau, Mitte Zwanzig, die in ihrem Leben gut zurechtkam, statt dessen eine Streitschrift gegen das, was sie als männlichen Chauvinismus in »Hänsel und Gretel« bezeichnete. Dieses Märchen hatte sie als Kind ständig beschäftigt, und auch später wurde sie immer sehr wütend, wenn sie an dieses Märchen dachte, was ziemlich oft geschah. Sie erklärte in ihrem Aufsatz, daß sie sich so über dieses bekannte und beliebte Märchen ärgere, weil das Mädchen darin als ein strohdummes Anhängsel ihres Bruders beschrieben werde, das immer nur tut, was er will, ohne einen eigenen Gedanken zu haben. In ihrer Erinnerung war Hänsel in der Geschichte dominierend und beherrschte auch Gretel völlig; er tat alles, streute die Kieselsteine und später die Brotkrumen aus, damit die Kinder den Weg nach Hause zurückfinden konnten, und am Ende rettete er seine Schwester durch eine mutige Tat: Er schubste die Hexe in den Ofen, so daß sie verbrannte. Hänsel machte alles, während Gretel nur passiv in ihrem Käfig saß und nichts unternahm, um sich zu retten. Das Märchen von Hänsel und Gretel war für diese Frau äußerst wichtig gewesen und war es immer noch, weil es in vielerlei Hinsicht die Geschichte *ihres* Lebens war, das bis dahin vollständig von ihrem Bruder dominiert worden war, der ein paar Jahre älter war als sie. Dieses Märchen machte sie wütend, weil es implizierte, daß Mädchen allein nichts tun können, und es bei Mädchen offenbar bewirkte, daß sie die passive Rolle im Leben akzeptierten, so wie sie das getan hatte. Am Ende ihres Aufsatzes schrieb diese Studentin, sie sei sogar jetzt noch, kurz vor Abschluß ihres Studiums, darauf angewiesen, daß ihr Bruder, der in einer völlig anderen Branche arbeitete, ihr sage, auf welche Stelle sie sich bewerben solle. Sie machte Märchen wie dieses in hohem Maße für ihre Abhängigkeit verantwortlich, weil sie meinte, daß solche Märchen den Mädchen eindrucksvoll vermittelten, es sei ihr unausweichliches Los, von älteren Brüdern oder Männern dominiert zu werden.

Nachdem sie meiner Aufforderung gefolgt war, das Märchen noch einmal zu lesen, war diese Frau überaus verblüfft, als sie entdecken mußte, daß es – ganz im Gegensatz zu ihrer deutlichen Erinnerung an das Märchen – Gretel war, die die Hexe in den Ofen schubste und so sich selbst und Hänsel rettete, der die ganze Zeit hilflos in seinem Käfig saß. Die Studentin war sich sicher, daß sie in ihrer Kindheit das Märchen nur so gekannt hatte, wie sie es auch die ganzen Jahre hindurch erinnert hatte, eine Geschichte, die sie immer wütend gemacht hatte. Sie war davon überzeugt, daß es eine Version von »Hänsel und Gretel« geben mußte, wie *sie* sie kannte; sie suchte tagelang in allen möglichen Bibliotheken nach *ihrer* Geschichte und fragte ihre Freunde und verschiedene Autoritäten in der Hoffnung, jemanden zu finden, der ihre Version kannte.

Schließlich wurde ihr langsam klar, daß sie es selbst gewesen war, die sich immer in der Rolle der armen Gretel gesehen hatte, einer Gretel, sie sich hilflos in den Käfig sperren ließ, passiv ihr Ende erwartete und die umgekommen wäre, wenn Hänsel es nicht geschafft hätte, die Hexe in den Ofen zu schieben und sie beide zu befreien, eine Heldentat, für die ihm Gretel ewigen Gehorsam schuldete. Diese Erkenntnis war äußerst aufschlußreich für die Studentin, und sie bemühte sich dann sehr darum zu verstehen, warum sie dieses Märchen in ihrer Erinnerung so verzerrt hatte und sich auch nie davon hatte lösen können.

Sie war völlig überrascht, als sie herausfand, daß ein traumatisches Erlebnis in ihrer Jugend den Schlüssel zu einem tieferen Verständnis lieferte, warum sie glauben mußte, daß es Hänsel gewesen war, der die Hexe verbrannt hatte. Als diese Studentin noch ein junges Mädchen gewesen war, war ihre Mutter – eine gläubige Katholikin – plötzlich gestorben. Ihr Bruder war damals im Ausland gewesen und hatte nicht zur Beerdigung kommen können. Als sie am Telefon mit ihm darüber sprach, wie die Beerdigung der Mutter arrangiert werden sollte, hatte der Bruder eine Feuerbestattung vorgeschlagen.

Obwohl dies nur ein Vorschlag war und das Mädchen wußte, daß es der Wunsch der Mutter war, begraben zu werden, sah sie, wie in allen Vorschlägen ihres Bruders, darin einen Befehl, den sie befolgen mußte, und traf alle Vorbereitungen für die Verbrennung der Mutter. Aber sie hatte deswegen starke Schuldgefühle, und in ihrem Unbewußten fand sie einen Weg, sich von der Schuld zu befreien, so gegen die Wünsche ihrer Mutter gehandelt zu haben. Um sich selbst davon zu überzeugen, daß nur ein anderer dafür verantwortlich sein kann, wenn ein Mensch verbrannt wird, hatte sie das Märchen von Hänsel und Gretel für sich selbst so verändert, daß es der Bruder war, der die alte Frau verbrannte.

Als sie schließlich erkannte, wie sie diese wichtige Geschichte verzerrt hatte, begriff die Studentin, daß sie die ganze Zeit hindurch auch die Beziehung zu ihrem Bruder verzerrt gesehen hatte. Ihr Bruder hatte sie gar nicht dazu gezwungen, immer das zu tun, was er wollte, sondern sie war es selbst gewesen, die sich ihm völlig unterworfen hatte. Um ihren Schuldgefühlen auszuweichen, war sie darauf angewiesen zu glauben, daß ihr Bruder für die Verbrennung verantwortlich war, und hatte ihn zu ihrem Gott und Meister gemacht, der für sie die Entscheidungen traf, so daß sie für das, was sie tat, nie die Verantwortung übernehmen oder deswegen Schuldgefühle haben mußte.

Wie so oft bei Kindern und ihren Lieblingsmärchen, hatte die Geschichte von Hänsel und Gretel der Studentin gute Dienste geleistet, allerdings nur in dieser verzerrten Form. Das Märchen hatte ihr eine Rechtfertigung dafür geliefert, eine passive Rolle im Leben einzunehmen, in der sie sich zwar oft nicht wohl fühlte, die ihr aber einen völligen Schutz vor Schuld bot. Diese Studentin hatte Gretels Rolle, *so wie sie sie gesehen hatte,* übernommen und damit ihrem Bruder nicht nur erlaubt, ihr Leben in die Hand zu nehmen, sondern ihn geradezu dazu aufgefordert. Dadurch konnte ihr aber auch nichts, was sie erreichte, wirkliche Befriedigung verschaffen, nicht einmal ihr Erfolg auf dem College und auf der Universität. Was sie tat, gab ihr nie die Empfindung, ein unabhängiger Mensch zu sein, denn sie hatte immer das Gefühl, hoffnungslos im Schatten ihres Bruders zu stehen. Sie sah sich selbst als »Opfer«.

Jetzt erkannte sie, daß sie sich selbst in diese abhängige Position gebracht hatte, genauso wie sie es gewesen war, die Gretel diese Rolle in der Geschichte zugewiesen hatte. Als ihr das alles klar wurde und sie den zweiten Essay schrieb, rief sie ihren Bruder an; sie sagte ihm, daß sie sich auf eine andere Stelle bewerben wolle als auf die, die er ihr vorgeschlagen hatte. Sie war sehr erstaunt und begeistert, als er ihr dazu gratulierte, daß sie nun endlich selbst ihre Entscheidungen treffen könne; er sagte ihr dann auch, wie erleichtert er darüber sei und daß er ihre Abhängigkeit von ihm immer als eine Last empfunden habe. Daraufhin beschloß sie, ihr Leben von nun an selbst in die Hand zu nehmen, so wie Gretel es im richtigen Märchen getan hatte.

Ich führe dieses Beispiel an, um zu zeigen, daß es einem positiven Zweck dienen kann, wenn man Grundzüge des Lieblingsmärchens aus der Kindheit in gewissem Maße auslebt. Das Märchen von Hänsel und Gretel, so wie die Studentin es erinnerte, hatte ihr als Entschuldigung dafür gedient, in Abhängigkeit von einem älteren, dominierenden Bruder zu leben, und durch ihre Wut auf diese Geschichte und den männlichen Chauvinismus hatte sie ihre geistige Gesundheit bewahren können. Einige Jahre später ließ mich diese junge Frau wissen, daß sich ihr Leben wirklich verändert hatte. Aber auch jetzt war das Märchen für sie nicht unwichtig geworden, denn in seiner richtigen Form unterstützte es sie weiterhin in ihrem Leben. Immer wenn sie entmutigt wurde, rief sie sich in Erinnerung, daß sie etwas leisten konnte, genauso wie Gretel, die es geschafft hatte, sich selbst und ihren Bruder zu retten. Ihr Märchen von Hänsel und Gretel nahm also ein glückliches Ende. Und dies trifft auch für die Fälle zu, von denen Hans Dieckmann erzählt, denn es ist ihm durch sein sensibles und tiefes Verständnis der Bedeutung, die das Lieblingsmärchen der Kindheit hat, gelungen, viele Patienten zu heilen.

Aus dem Amerikanischen übersetzt von Sabine Osvatic̀

Vorwort

F atum suum habeant libelli!« – »Bücher haben ihr eigenes Schicksal.« So lautet ein altes lateinisches Wort, und dies bewahrheitet sich auch bei diesem Buch. Als es erstmalig im Jahre 1967 erschien, war es nur ein kleines, dünnes Taschenbuchbändchen mit insgesamt vier Kapiteln. Es war damals gerade keine sehr märchenfreundliche Zeit, und ich bin dem Bonz-Verlag, der es damals herausgab, bis heute dankbar, zumal es noch dazu mein erstes Buch war und ich ein junger, recht unbekannter Analytiker. Auch meine Schulrichtung stimmte damals nicht, denn die Analytiker der Schule C. G. Jungs waren in Deutschland sehr isoliert und wenig angesehen. Auch meine ersten Beobachtungen und Forschungen über das Lieblingsmärchen der Kindheit und seine Beziehung zur Neurose steckten damals noch so in den Kinderschuhen, daß ich nur einen ganz kurzen Absatz darüber einfügte.

Wie viele andere Dinge haben auch Märchen ihre Saison, und es gibt Zeiten, in denen sie wenig beliebt sind und man dazu tendiert, sie aus den Kinderstuben zu verbannen. Das gab es nicht nur nach dem Zweiten Weltkrieg, sondern schon im 13. Jahrhundert führte Roger Bacon einen Feldzug gegen die Phantasie, das Irrationale und das Intuitive. Ein gleiches Phänomen haben wir gegen Ende des vorigen Jahrhunderts erlebt, eine Zeit, in der Wilhelm Hauff seinen Märchen eine Parabel vorausschicken mußte, die in diesem Buch näher beschrieben worden ist. Heute ist das wieder anders geworden, und die Märchen aller Völker erfreuen sich einer zunehmenden Beliebtheit, was sich auch in der Psychoanalyse bemerkbar macht. Schon auf diesem Sektor sind so viele Publikationen über Märchen und deren Interpretation erschienen, daß man kaum noch einen Überblick darüber bekommen kann.

Nun aber zurück zu diesem Buch. Es verkaufte sich damals

15

schon recht gut, aber nach drei Auflagen wollte der Bonz-Verlag es nicht noch einmal riskieren, und da sprang damals dankenswerterweise der Gerstenberg-Verlag ein, der eine neue psychologische Abteilung eröffnete. Dies gab mir die Möglichkeit, den Text umzuarbeiten, zu verändern und erheblich zu erweitern. An die Stelle der kurzen Bemerkung über die Lieblingsmärchen traten jetzt mehrere Kapitel über dieses Thema sowie zusätzlich eine ausführliche Interpretation des deutschen Märchens von Hänsel und Gretel, besonders bezogen auf die Entwicklungsschritte, die in der Kindheit relevant sind und durch die Symbolik von Märchen ausgedrückt und gefördert werden können. Das Buch erhielt nun den neuen Titel »Gelebte Märchen« und wurde bald auch im Ausland bekannt. Übersetzungen erfolgten in die englische, portugiesische und japanische Sprache. Leider schloß der Gerstenberg-Verlag, nachdem das Buch dort 1983 in der zweiten Auflage erschienen war, seine psychologische Abteilung, und so verdanke ich es dem Kreuz Verlag, daß er bereit war, dieses Buch nicht vom Markt verschwinden zu lassen, sondern es noch einmal aufzulegen.

Bei dieser Neuauflage habe ich das sehr interessante Vorwort, das der kürzlich leider verstorbene Bruno Bettelheim mir für die amerikanische Fassung des Buches geschrieben hatte, übersetzen lassen und hier zugefügt. Außerdem habe ich das Buch noch einmal auf einen neueren Stand gebracht und ein Kapitel über »König Drosselbart« eingearbeitet. Ein zweites Kapitel behandelt ausführlicher als im alten Text den therapeutischen Umgang mit den Lieblingsmärchen innerhalb einer analytischen Therapie.

Insgesamt sind in diesem Buch die Erfahrungen von circa dreißig Jahren analytischer Arbeit zusammengefaßt, bei der Märchen immer wieder eine große Rolle spielten. Natürlich hat dieses Phänomen auch mit der Gegenübertragung zu tun, denn ein Analytiker, der nicht so an Märchen interessiert ist wie ich, wird kaum so viele Märchenbeispiele in den Träumen und Phantasien seiner Patienten finden. Ich habe aber als Kontrollanalytiker, der auch Ausbildungskandidaten anderer

Schulrichtungen kontrollierte, erfahren, daß diese Märchenmotive auch bei deren Patienten immer wieder auftauchten und daß es dann wichtig war, sie auch zu beachten. Man kann bekanntlich wie Parzival den Gral verlieren, wenn man nicht die richtigen Fragen stellt.

Persönlich haben mich Märchen und Mythen seit meiner frühesten Kindheit begleitet, als ich ihnen, noch auf dem Schoß meiner Großmutter sitzend, aufmerksam gelauscht habe. So habe ich sie auch meinen Kindern und meinen Enkelkindern erzählt, und deren leuchtende Augen und ihr immer wiederkehrender Wunsch nach Wiederholung hat mir nicht nur vermittelt, welch tiefen Eindruck sie auf die kindliche Seele machen, sondern auch, daß sie von einer tiefen Weisheit und Bedeutung erfüllt sind.

Dies Buch ist einerseits zur Information für den an diesem Thema interessierten Laien gedacht, aber auch als eine erste, einfach gehaltene und kurze Einführung für den als Analytiker tätigen Arzt und Psychologen. Es enthält eine anschauliche Darstellung, in welcher Form Märchenmaterial innerhalb analytischer Prozesse auftaucht und wie es für den therapeutischen Prozeß zugunsten des Patienten – sei er nun Kind oder Erwachsener – fruchtbar verarbeitet werden kann.

Mein besonderer Dank gehört an dieser Stelle in erster Linie meiner Frau, die mich in all diesen Arbeiten mit ihren Ideen und Bestätigungen unterstützt hat. Er gehört aber auch im persönlichen Bereich der lebhaften Phantasie meiner Kinder und Enkelkinder sowie meinen Patienten und Ausbildungskandidaten, deren Material ich hier mit ihrer Genehmigung verwenden durfte. Es versteht sich von selbst, daß alle Patientengeschichten so verfremdet wurden, daß man denjenigen, von dem diese oder jene Geschichte stammt, nicht wiedererkennen kann.

Ein letzter Dank gebührt natürlich dem Kreuz Verlag, der es unternommen hat, dieses erste Märchenbuch, das sich speziell auf die Therapie von Patienten bezieht, noch einmal zu verlegen, obwohl in der Zwischenzeit viel ähnliches auf dem Markt erschienen ist. Heute gehört der Begriff des Lieblingsmärchens der Kindheit, das ja auch das Angstmärchen der Kindheit sein kann, fast zum Standard der Analytiker, und man erinnert sich kaum, daß ich 1967 darüber die erste Publikation herausgebracht habe.

Zum Abschluß möchte ich noch meiner langjährigen Sekretärin Ingrid Wiegand danken, die an den vielen Ausgaben und Veränderungen dieses Buches kontinuierlich mitgearbeitet und die viele Schreibarbeit übernommen hat.

Märchen und Traum – ein universales Phänomen

Es gibt eine berühmte indische Märchensammlung, deren Rahmenhandlung damit beginnt, daß jeden Tag in dem Audienzsaal des Königs ein Magier erscheint und ihm einen Apfel überreicht. Der König gibt ihn jedesmal achtlos an seinen Wesir weiter, der ihn seinerseits in eine abgelegene Kammer werfen läßt. Ein ganzes Jahr geht das so, bis eines Tages der Affe der Königin, der sich losgerissen hat, in den Audienzsaal springt, den Apfel ergreift und hineinbeißt. Als er das tut, sehen alle zu ihrem Erstaunen, daß dieser Apfel als Kern einen wunderschönen Edelstein enthält. Nun forscht der König natürlich schleunigst nach dem Verbleib der bisherigen Äpfel und läßt in der Kammer nachschauen. Tatsächlich findet sich unter dem verfaulten Fleisch des Obstes ein Haufen wertvoller Edelsteine, deren Anzahl genau der Zahl der Tage des Jahres entspricht.

Ähnlich geht es uns mit den Märchen. Nach unserer Kinderzeit werfen wir sie meist als wertlos weg. »Nur ein Märchen«, so sagen wir und lassen es in irgendeiner abgelegenen Kammer vermodern. Bis vielleicht einmal die Situation kommt, sei es eine schwere seelische Krankheit, sei es eine Lebenskrise, in der wir aus einer Not heraus diese Kammer öffnen. Auch hier – so könnte man sagen – modert es, weil wir uns all die vielen Jahre um deren Inhalt nicht gekümmert haben. Als Freud anfing, sich mit den unbewußten Phantasien zu beschäftigen, setzte er seinem Traumbuch den Satz voraus: »Flectere si nequeo superos, Acheronta movebo« (Da ich die Götter nicht beugen kann, werde ich die Unterwelt bewegen). Unter den Phantasien in dieser Unterwelt finden wir oft die Edelsteine tiefer Weisheit und die Symbole und Motive nicht nur der Märchen unserer eigenen Kindheit, sondern die der ganzen Menschheit.

Die tiefenpsychologische Deutung von Märchen und Mythen hat sich zunächst aus der Behandlung der Neurosen heraus als notwendig ergeben. Wie allgemein bekannt ist, stellen in der Therapie seelisch kranker Menschen die Träume und ihre Deutung durch den Arzt einen wichtigen Faktor dar. Schon Freud hatte gesehen, daß sich Märchen und Mythen nicht grundlegend von Träumen unterscheiden und in einer gleichartigen symbolischen Sprache sprechen. Immer wieder taucht in den Träumen unserer Patienten mythologisches Material auf und zwingt uns, einen Weg zu dessen Verständnis zu suchen. Hier sind vor allem die Arbeiten C. G. Jungs und seiner Schule wegweisend geworden. Genauso wie der Traum aber ein universales menschliches Phänomen ist, das bei Gesunden und Kranken gleichermaßen vorkommt, sind auch Mythos und Märchen universale Phänomene. Das Verständnis ihrer Symbolik bei dem seelisch kranken Menschen, der innerhalb bestimmter Reifungsprozesse hängengeblieben ist und sich unlösbaren Problemen gegenübersieht, eröffnet so gleichzeitig einen Weg des Verständnisses der allgemeingültigen Sprache der Mythologeme. Der an einer Neurose erkrankte Mensch ist nicht etwa ein ganz anderer Mensch mit ganz anderen Problemen als wir alle, sondern er hat die gleichen Probleme und Schwierigkeiten. Er unterscheidet sich vom Gesunden nur dadurch, daß er sie aus bestimmten inneren und äußeren Gegebenheiten heraus nicht allein zu lösen vermag.

Dieses Buch ist weniger aus der streng ordnenden und distanziert urteilenden Sicht der rationalen Wissenschaft geschrieben als vielmehr aus der Freude und dem Interesse an der herrlichen, farbenprächtigen, vielseitigen Phantasie der Märchen, die das kollektive Unbewußte der Menschheit seit vielen tausend Jahren immer wieder neu hervorbringt. Ihre plastische Gestaltungskraft und ihre tiefe Weisheit haben mich nie mehr ganz losgelassen, seit ich im Hause meiner Großmutter als kleiner Junge das erstemal mit ihr in Berührung gekommen war. Sie wurden wieder ganz lebendig, als ich anfing, sie meinem ersten Kind zu erzählen, und schließlich fand ich alle diese Geliebten meiner Kinderzeit wieder in dem Unbewußten meiner Patienten und Patientinnen, als ich Psychoanalytiker wurde. Sie waren im Bewußtsein der Patienten oft längst vergessen; aber dort unten im Unbewußten, da lebten sie noch. In Träumen stiegen sie wieder auf und sagten diesen Menschen viele sonderbare Dinge, auf die sie nie geachtet hatten, an denen sie immer vorbeigelaufen waren und die sich jetzt auf einmal als die größten Kostbarkeiten ihrer Seele herausstellten. Sie schenkten ihnen oft Erkenntnisse, die einem leer, steril und öde gewordenen Leben wieder Farbe und Lebendigkeit geben konnten.

Diese Sprache, in der Märchen und Mythos aus unserem eigenen Unbewußten zu uns reden, würde ich weniger gerne vermissen als jede noch so kluge rationale Theorie der Wissenschaft. Als Instrument der Behandlung meiner seelisch erkrankten Patienten hat sie mir unendlich viel gegeben, und gar nicht selten sind ein Märchen und die Erkenntnisse, die wir aus seiner tieferen Bedeutung gezogen haben, zum Kernstück einer Behandlung geworden. Dies habe ich besonders in dem Kapitel über das Lieblingsmärchen der Kindheit ausgeführt. Das Letzte und Tiefste, was sich zwischen Arzt und Patient in dieser Art der Begegnung abspielt, kann man nicht schildern. Es bleibt außerhalb des Sagbaren, einmalig und einzigartig in seiner Situation. Es gehört zu den tiefsten Eindrücken meiner beruflichen Erfahrung, daß eine richtige Geschichte am richtigen Ort zur richtigen Zeit, die genau das Problem des Patienten erfaßt, zwischen Mensch und Mensch eine Brücke schlagen kann.

Die symbolische Sprache des Märchens

Es war einmal«, so beginnen bei uns die meisten Märchen, und dann führen sie uns weit zurück in eine ferne, längst vergangene Zeit, in der sonderbare Dinge geschehen – unmöglich für die rationale Vernunft –, in der Ungeheuer existieren und Hexen, Feen und Zauberer oder sprechende Tiere. Es ist eine Welt voller Wunder, in der aus einem Schweinehirten ein König wird, aus einem Aschenputtel eine Prinzessin, in der man das Wasser des Lebens finden kann, eine Lampe, die alle Schätze der Erde herbeizaubert, einen Ring, mit dem man die Welt beherrscht, oder ein Pferd, mit dem man fliegen kann. Es gibt kaum einen unter uns, der nicht mit diesen Geschichten aufgewachsen wäre, für den sie nicht das früheste und erste Erlebnis seiner Begegnung mit der schöpferisch gestaltenden Phantasie unserer Kultur wären.

So sehr, wie wir als Kinder an diesen Geschichten gehangen, sie immer wieder gehört und gelesen haben, so abwertend legen wir sie in der Regel im späteren Alter beiseite. Das Wort »nur ein Märchen« bekommt dann oft einen negativen Akzent von Phantasterei oder gar von Schwindel. Kaum ein Erwachsener würde heute wohl das Interesse und die Ruhe des Königs Schahrirar aufbringen, über tausend und eine Nacht den Geschichten einer Schehersad zu lauschen, obwohl das diesem König doch sehr gut bekommen zu sein scheint; denn was er längst verloren glaubte, Liebe, Vertrauen und menschliche Beziehung, das fand er auf diesem Wege wieder. »Oh, König. Solche Legenden sind voller geheimer Bedeutung, die nur die Eingeweihten wissen«, so sagt Schehersad am Ende eines erzählten Märchens. Wir aber wissen davon meist nichts mehr oder nur sehr wenig.

Auch in unserem Leben, in unserer Wirklichkeit, gibt es dieses »Es war einmal«. Jeder von uns hat eine Zeit gehabt, in der fast täglich neue und verwunderbare Dinge geschahen. Überlegen wir uns nur, daß alles, was dem Erwachsenen selbstverständlich und alltäglich ist, früher irgendwann vom Kind neu entdeckt und erworben werden mußte und welch unendliche Zahl solcher Neuerwerbungen in der Kindheit geleistet wurden, dann ist dies alles ein »wunderbares Geschehen«. Kaum einer von uns wird sich noch in das Gefühl hineinversetzen können, das ihn erfüllte, als er die ersten Schritte aufrecht lief; aber die meisten werden wohl noch wissen, wie es war, als sie das erstemal schwimmen oder Fahrrad fahren konnten. Überall, wo der Mensch in etwas Neues übergreift, etwas bisher nicht Gekanntes oder Gekonntes sich zu eigen macht, geschieht etwas Ähnliches wie der Übergang des Märchenhelden aus der Alltagswelt in ein verzaubertes, unbekanntes magisches Reich, das erlöst werden muß, oder aus dem ein Wert, der die alltägliche Existenz erhöht, zu holen ist. Die Hexen und Ungeheuer sind dann unsere eigenen personifizierten Ängste und Ungeschicklichkeiten, mit denen wir zu kämpfen haben; die hilfreichen Tiere und die Feen sind die uns noch nicht bekannten Fähigkeiten und Möglichkeiten, die uns in solchen Situationen zuwachsen können. So wird auf einer anderen Ebene das, was im Märchen Bild oder Phantasie ist, zur Wirklichkeit.

Diese immer lebendigen Neuerwerbungen und Neuschöpfungen, die in der Kindheit des Menschen in so dichter Folge vorkommen, daß man das Kind getrost als polymorph genial bezeichnen könnte, hören aber in einem gesund bewegten Ablauf eines Lebens niemals ganz auf. Sofern der Mensch nicht in einer leeren Routine erstarrt, was allerdings leider nur allzu oft der Fall ist, geschieht es uns immer wieder, daß wir ein Märchen erleben und daß das »Wunderbare« in unser Leben eintritt als das Neue und bisher ganz Unbekannte. Es gibt in jedem menschlichen Dasein große, allgemeingültige Stationen des Lebensprozesses, an denen derartiges geschehen muß: Jeder Mensch erfährt nach einer Phase kleinkindhafter Angewiesenheit auf die Mutter die erste Verselbständigung und Loslösung in der Trotzphase; jeder auch das Erwachen der Sexualität in der Pubertät und die Notwendigkeit der Beziehung zum anderen Geschlecht. An jeden tritt die Problematik der Lebensmitte heran, wenn das Leben absteigt und mehr in die Tiefe als in die Breite gehen sollte, und jeder endet im Tode mit seinem Problem des Übergangs in eine andere Welt oder eine andere Existenzform, von der wir nichts mehr wissen.

Wenn wir solchen neuen und oft beängstigenden Situationen gegenüberstehen, dann versuchen wir zunächst, uns ein Bild zu machen, ein Bild der Möglichkeiten, wie es sein könnte, wie wir sie bewältigen könnten, welche Aufgaben zu lösen und welche Gefahren zu bestehen sind. An dieser Stelle können uns die kollektiv tradierten Bilder helfen, die, wenn wir sie richtig verstehen, in ihren Symbolen etwas darüber aussagen, wie der Mensch es immer schon gemacht hat oder hat machen können. Die Sprache dieser Bilder ist vielschichtig und eigentlich unergründlich wie jedes echte Symbol, wie jeder spontan entstandene Bedeutungsträger, der die Vergegenwärtigung von Inhalten erlaubt, die auf andere Weise nicht darzustellen sind. So kann auch das Verständnis eines Märchens vielschichtig sein. Auch das Psychologische ist nur ein Teil der möglichen Inhalte, und in jeder Lebensphase läßt sich ein Symbol mit einem anderen zusätzlichen konkreten Inhalt erfüllen. Es gewinnt so eine neue und vertiefte Bedeutung und Verständniserweiterung.

Sehen wir uns einmal an, wie sich das an einem bestimmten Märchen verstehen läßt. Als Beispiel will ich das Märchen von dem in eine Schlange verzauberten oder gar als Schlange geborenen Prinzen nehmen, der durch die Liebe eines Mädchens erlöst wird. Dieses Märchen gibt es in unserem Kulturraum in verschiedenen Variationen, unter anderem in den deutschen Märchen seit Grimm[1], als schwedisches[2], als albanisches Märchen[3] und als griechisches Inselmärchen[4]. In der letzteren Fassung will ich es hier erzählen.

Es war einmal ein Kaufmann, der hatte drei Töchter. Als er eines Tages auf Reisen ging, fragte er sie, was er ihnen mitbrin-

25

gen solle. Die Älteste wünschte sich einen Unterrock, die Zweite Schmuck und die Jüngste nichts als ein paar Rosen, die gerade jetzt auf dem Markte wohlfeil wären. Der Kaufmann wickelte seine Geschäfte ab und besorgte die Geschenke für die Töchter. Auf dem Heimweg aber geriet er in einen Hagelsturm, der ihm den Rosenstrauß zerschlug; schließlich fand er Obdach in einem verlassenen Schloß. Dort standen Speisen auf dem Tisch, von denen er aß, und am Tor stand ein Rosenbusch, von dem er einen neuen Strauß für seine Tochter pflückte. In diesem Moment erschien eine Schlange und verlangte von ihm, daß er als Gegenwert für ihre liebsten Rosen seine jüngste Tochter zu ihr herbrächte. Der verängstigte Kaufmann versprach es und erzählte weinend zu Hause sein Unglück. Die jüngste, sehr verständnisvolle Tochter begab sich daraufhin widerspruchslos zur Schlange, obgleich die älteren Schwestern sie verhöhnten und mit Schmähreden bedachten, weil sie nicht die gleichen Wünsche nach Schmuck und Kleidung gehabt hatte. Die Schlange nun setzte sich jedesmal, wenn das Mädchen bei ihr am Tische aß, auf dessen Schoß und fragte: »Nimmst du mich zum Manne, Liebste?« Aber das Mädchen antwortete immer: »Ich habe Angst vor dir.« Eines Tages nun fand das Mädchen einen Spiegel, in dem sich die ganze Welt spiegelte, und sie sah darin ihren Vater krank vor Kummer über die Trennung von ihr zu Bett liegen. Sie bat um einen Urlaub, und die Schlange gewährte ihr eine Frist von einunddreißig Tagen. Bliebe sie nur einen einzigen Tag länger, so müsse sie, die Schlange, sterben. Durch einen Ring, den das Mädchen in den Mund nahm, wurde sie dann in das Haus ihres Vaters zurückversetzt, der bei ihrem Erscheinen sofort wieder gesund wurde. Als sie ihm von ihrem Leben bei der Schlange erzählte, riet ihr der Vater, auf die Frage der Schlange doch einmal zu antworten, daß sie sie zum Manne nehmen wolle. Trotz des gegenteiligen Rats der Schwestern, sich der Schlange durch einen Verbleib im Vaterhaus über die gegebene Frist hinaus zu entledigen, kehrte das Mädchen pünktlich zurück. Die Schlange begrüßte sie freudig, und als sie das Mädchen nun wieder fragte: »Willst du mich zum Manne,

Liebste✓« antwortete das Mädchen mit Ja. Da warf die Schlange ihre Haut ab. Ein junger, schöner Königssohn stand vor ihr, und der Palast bevölkerte sich mit Dienern und Leuten. Der Prinz erzählte dem Mädchen, daß er zur Strafe für die Verführung einer Waise in eine Schlange verwandelt worden sei, bis sich ein Mädchen fände, das ihn heiratete. Sie ließen nun den Vater und die Schwestern holen. Da aber die letzteren ganz gelb vor Neid waren und voller Bosheit, verwandelte sie der Prinz, der gelernt hatte, Gut und Böse zu unterscheiden, in zwei Krähen. Die Gestalt sollten sie behalten, bis sie sich von ihren bösen Wünschen gereinigt hätten. Der Prinz und sein Mädchen aber feierten Hochzeit und machten den Vater zum Minister.

Eine psychologische Deutung kann nun davon ausgehen, daß alle in dem Märchen vorkommenden Personen, Handlungen, Tiere, Orte und Symbole innerseelische Regungen, Impulse, Haltungen, Erlebnisweisen und Strebungen darstellen. Das Märchen ist gewissermaßen ein Traum, der, wie Jung sagt, »jenes Theater ist, wo der Träumer Szene, Spieler, Souffleur, Regisseur, Autor, Publikum und Kritiker ist«[5]. Der Unterschied zu einem der üblichen Träume unserer Nächte besteht allerdings darin, daß das Märchen nur kollektive Elemente enthält und nichts mit unseren persönlichen Alltagswünschen, Sorgen und Bedürfnissen zu tun hat. Wir finden in ihm also nur die typischen, allgemeingültigen Formen seelischer Erlebnisweisen.

Gerade aus diesem Grunde ist es auch möglich, ein Märchen bei der Deutung nach der männlichen oder weiblichen Psychologie aufzulösen[6] wie auch in die Probleme der verschiedenen Lebensalter einzusetzen. Es steht dem Zuhörer, je nach seinen eigenen Gegebenheiten, offen, sich mit der männlichen oder weiblichen Hauptfigur der Erzählung zu identifizieren, die dann in der gleichen Weise erlebt und handelt wie das Ich im Traum. Natürlich gibt es Märchen – und das ist fast die Regel –, die mehr eine Interpretation nach der einen Seite hin nahelegen. Bei dem hier erzählten Schlangenmärchen ist die jüngste

Tochter die aktiv handelnde, erleidende und die Erlösung vollbringende Figur. Es liegt also nahe, das Märchen als Darstellung eines weiblichen Problems aufzufassen. Das schließt aber keineswegs die andere Möglichkeit aus; denn grundsätzlich kann sich der Zuhörer auch mit dem verzauberten Prinzen oder dem Vater identifizieren und das Märchen von der männlichen Psychologie her verstehen. Ich will nun im folgenden versuchen, eine solche Deutungsmöglichkeit in ihren verschiedenen Variationen aufzuzeigen.

Es ist nicht der Sinn dieses Buches, ein einzelnes Märchen in allen seinen psychologischen Feinheiten und Tiefen zu durchleuchten und zu deuten. Wer das sucht, sei auf die Arbeiten von H. v. Beit[7], M. L. v. Franz[8], Laiblin[9] oder A. Jaffé[10], um nur einige zu nennen, hingewiesen. In der Zwischenzeit ist, insbesondere seit den siebziger Jahren, eine Fülle von Märcheninterpretationen erschienen, die hier im einzelnen gar nicht aufgeführt werden können. Als besonders empfehlenswert möchte ich hier nur von der Freudschen Schule das Buch von Bettelheim »Kinder brauchen Märchen«[11] sowie das Buch von Verena Kast »Märchen als Therapie«[12] sowie die ganze Reihe des Kreuz Verlages »Weisheit im Märchen« anführen[13], in der ich selbst die ausführliche Interpretation des französischen Märchens »Der blaue Vogel« veröffentlicht habe[14]. Es soll hier nur in großen Zügen auf die Zusammenhänge aufmerksam gemacht werden, um Verständnismöglichkeiten zu eröffnen und zu weiteren eigenen Gedanken anzuregen.

So finden wir bei einem Überblick über unser Märchen von der Schlange etwas für sehr viele Märchen Charakteristisches im Hinblick auf die Orte des Geschehens. Da gibt es immer zwei Welten: die eine Welt des völlig natürlichen, normalen und üblichen Erlebens. In dieser lebt ein Handelsmann mit seiner Familie zusammen, beziehungsweise mit seinen Töchtern, denn von einer Mutter hören wir nichts. Er macht seine Geschäftsreisen, von denen er die noch heute üblichen Mitbringsel nach Hause trägt. In die zweite Welt gerät er dann ganz unversehens auf dem Heimweg. Jetzt ist es eine magische Welt, eine Welt, in der eine sprechende Schlange existiert, die zudem noch wie ein Mensch in einem großen Haus wohnt und die einen Zauberspiegel besitzt, in dem man die ganze Welt sehen kann. Sie kann auch mit Hilfe eines Wunschringes die Tochter mühelos von einem Ort an den anderen versetzen und ist selbst nachher in Wirklichkeit keine Schlange, sondern ein verzauberter Prinz.

Würde man diese zwei Welten nun in das Innere der Seele versetzen, dann entspräche der erste Bereich, in dem das Normale und Übliche abläuft, unserem Bewußtsein. Die zweite, phantastische Region ist unserem Unbewußten gleichzusetzen, jenem Bereich, aus dem die Träume und Phantasien kommen, in denen bekanntlich auch alles möglich ist, was sonst unmöglich erscheint. Bewußtsein und Unbewußtes – das sind die beiden großen Gegensätze, in denen sich das Märchen abspielt und zwischen denen das Märchen eine Beziehung herzustellen sucht. Das Unbewußte kann dabei in vielen Variationen auftauchen. Erinnern wir uns, wieviele Möglichkeiten das Märchen findet: Sei es der verzauberte Palast wie in diesem Märchen, oder die Welt der Frau Holle unter der Erde, die Himmelfahrt des Marienkindes, der Wald und das Hexenhaus in »Hänsel und Gretel« oder die Höhle mit dem Drachen oder einem anderen Untier, die Welt unter dem Meer, der See oder Brunnen.

Versuchen wir nun zunächst einmal, den eigentlichen Kern der Handlung von der weiblichen Psyche her zu verstehen. Das liegt für dieses Märchen als erstes nahe, da hier die Hauptfigur eine Heroine ist. Es geschieht ja hier durchaus ähnliches wie in dem allgemein bekannten Märchen der Brüder Grimm vom Froschkönig[15]:

Ein junges Mädchen, das bisher wohlbehütet im Elternhaus aufgewachsen ist, wird auf einmal durch eine scheinbar zufällige Schicksalskonstellation genötigt, eine meist ekelerregende, unangenehme und im Falle der Schlange sogar sehr gefährliche Wesenheit zu akzeptieren, mit ihr zusammenzuleben, gemeinsam zu essen und sie schließlich sogar in ihr Bett zu nehmen und zu heiraten.

In beiden Märchen ist das Motiv der liebenden Annahme

eines Kaltblüterwesens enthalten. Gerade aber durch diese Annahme, auch in letzter Konsequenz und in einer innigsten Verbindung des Ich mit diesem Unbekannten, erfolgt ein Wandlungsgeschehen. Aus dem niedrigen, unangenehm gefährlichen Kaltblüter schält sich ein Stück gesunder Aktivität heraus, und ein ganzer Bereich der Seele, der unter Bann und Verzauberung gelegen hat, blüht wieder auf und verlebendigt sich zu geschäftigem Leben.

Die Schlange ist ein außerordentlich vieldeutiges Symbol, das in der Mythologie, in der religiösen Symbolik oder in der von Kult und Ritus in den verschiedensten Bedeutungen auftritt. Es reicht von der Schlange des Paradieses über die Midgardschlange der germanischen Mythologie bis zur Aeskulapschlange Griechenlands oder der Hydra. Da gibt es die eherne Schlange bei Moses, die zutiefst verehrungswürdig ist, oder die bösartig gefährlichen Schlangenhäupter der Gorgonen in der griechischen Mythologie. Über die ganze Erde verstreut taucht dieses Symbol immer wieder unter dem Aspekt hoher Bedeutsamkeit auf und wird mit den verschiedensten Inhalten erfüllt. Es handelt sich hier offensichtlich um ein Stück unbewußter Naturkraft, das weder gut noch böse ist, wie die Natur selbst, und auf einer noch undifferenzierten, jeder persönlichen Beziehung fremden Stufe des Kaltblüterdaseins steht.

Einem solchen Stück Natur entspricht in der Seele des Menschen der Triebgrund und die natürliche, an sich gesunde, aber noch undifferenzierte und unpersönliche Triebhaftigkeit. Die Bildersprache unserer Schlangenmärchen legt nun zunächst nahe, diese Triebhaftigkeit mit der in der Pubertät auftauchenden Sexualität und mit der Entwicklung der Liebesbeziehung zwischen Mann und Frau zu identifizieren. Es gibt im Märchen dafür folgende Hinweise: einmal die im heiratsfähigen Alter stehende Tochter, dann die Bitte der Schlange, zum Mann genommen zu werden. Hierbei kann man auch an die sehr charakteristische phallische Bedeutung der Schlange selbst denken, die sich wie das Glied aufzurichten vermag. Schließlich ist da noch der Abschluß des Märchens mit der Heirat zwischen Mädchen und Prinz, und endlich noch der Grund der

Verwünschung des Prinzen, der in einem sexuellen Vergehen liegt. So kann hier die Schlange und ihr ganzer Bereich Symbol für die in der Pubertät auftauchenden sexuellen Regungen und Bedürfnisse in der Psyche der Frau stehen, und das Märchen zeigt einen Weg, das zunächst völlig Rätselhafte und Unbekannte, ja das als gefährlich und ekelhaft Erscheinende, das da aus der Tiefe der eigenen Natur auftaucht, anzunehmen und zu gestalten. Über Jahrhunderte, ja Jahrtausende hindurch sind in unserer Kultur die Frauen so erzogen worden, daß bis zur Heirat alles, was mit Sexualität und Erotik zusammenhängt, schmutzig und häßlich sei und verdrängt und unterdrückt werden müsse. Mit dem Eintritt in die Ehe sollte dann dieses gleiche, vorher ganz Schlechte, nun auf einmal das ganz Gute und ganz Schöne werden, was letztlich genau so schwer verständlich und verwunderbar ist wie die Verwandlung einer Schlange in einen Jüngling. Erst heute wird deutlich gegen dieses Vorurteil angegangen; aber der Abbau dieses jahrhundertealten Vorurteils liegt bei den meisten Menschen noch an der Oberfläche des Bewußtseins, während es in der unbewußten Gefühlswelt oft noch recht lebendig und wirksam ist. Genau wie im Märchen wird es dann in der Wirklichkeit auch die kollektive, mit dem Vater-Archetyp verbundene geistige Einstellung sein können, der dem Mädchen rät, seine Sexualität anzunehmen und zu leben. Hierbei tritt der Vater im innerseelischen Bereich an die Stelle der kollektiv tradierten Bewußtseinseinstellung, die dem Menschen vorschreibt, welche Schritte in bestimmten Situationen zu vollziehen sind. Er braucht nicht einmal als persönlicher Vater so zu handeln oder überhaupt vorhanden zu sein. Gelingt dieser Vorgang, dann tritt tatsächlich innerhalb der Psyche eine »Erlösung« ein, und ein breites vorher nicht verfügbares Gebiet des Erlebens wird neu erschlossen.

Man wird der Mannigfaltigkeit eines solchen kollektiven dynamischen Bildgeschehens nicht gerecht, wenn man ein so vielseitiges Symbol der Schlange nur mit *einer* Bedeutung, der der Sexualität und Erotik, erfüllt. Sie ist ein animalisch-archaisches Symbol der Quelle der psychischen Energie (Libido) und daher auch dem Archetyp des Selbst zugehörig. Aus diesem Grund sind auch Interpretationen auf vielfachen Ebenen möglich, die sich klinisch nach den jeweiligen Assoziationen und Amplifikationen des betreffenden Patienten sowie seiner aktuellen Lebenssituation richten müssen. Schließlich erzählt man Märchen auch heute noch vorwiegend Kindern, und auch für diese muß eine greifbare Bedeutung darin liegen. Obwohl wir seit Freud wissen, daß auch das Kind eine Sexualität und sexuelle Probleme besitzt, ist dessen Streben nach erotischer Lusterfüllung noch ganz anders als das, was später in der Pubertät auftaucht.

Denken wir dagegen an die bereits anfänglich erwähnte Trotzphase, so läßt sich zwangslos ein gleichartiges Verstehen der im Märchen sich abspielenden Vorgänge aufbauen: Dem psychischen Komplex, der sich als Trotz äußert, entspricht im Märchen die Schlange. Das Mädchen erfüllt zunächst den Wunsch der Schlange nicht, wehrt sich gegen ihn, wie sich auch ein Kind gegen seine aggressiven Impulse zu wehren pflegt, und lehnt ihn ab. Erst als der Vater dazu rät, kann das Mädchen zu dem Wunsch der Schlange ja sagen.

Auch die aufsteigende Affektivität und Aggressivität der Trotzphase ist gut und böse gleichzeitig. Ein kleines Mädchen, das trotzig und bockig wird und gerade das nicht tut, was man von ihm will, wird zunächst von der Mutter Verurteilung und Schimpfe erleben, womit das auftauchende Aggressionsstreben auch für das Kind als böse klassifiziert wird. Dessen ungeachtet enthält der Trotz etwas Gutes und Wertvolles, da er die erste Regung einer Verselbständigung und Ablösung von der Mutter enthält, einen Reifungsschritt, der auch von der Tradition der Kultur (an dieser Stelle steht im Märchen wieder der Vater) gefordert wird.

Wir wissen heute, daß der Mensch nicht nur im körperlichen, sondern auch im seelischen Bereich die Merkmale beider Geschlechter besitzt, das heißt, daß sowohl Mann als Frau gegengeschlechtliche Hormone haben und ebenso beide männliche und weibliche Qualitäten und Eigenschaften. So werden, was mit der Umgangssprache nicht immer identisch ist, in der Psychologie das aktiv-dynamische Prinzip als männlich, das passiv-rezeptive und statische Prinzip als weiblich bezeichnet. Sie treten auch unter einer entsprechenden Symbolik in den Träumen auf. Schlange und Prinz unseres Märchens entsprechen so in weitestem Sinne einer aktiv-dynamischen Naturkraft, die aus einem weitgehend unbewußten und »kaltblütigen« Zustand zur Vermenschlichung und Bewußtheit erlöst werden sollten.

Die in der Trotzphase auftretende Aggressivität des Kindes gegen die Autoritätspersonen, insbesondere gegen die Mutter, wird zunächst von dem Kind selbst als fremdartig und nicht zur eigenen Psyche gehörig erlebt. Es wird gewissermaßen von der eigenen aggressiven Regung überfallen. So kommt es häufig vor, daß das Kind beim Abklingen des Zornes den »Bock« (der Bock ist ja auch ein aggressiv männliches Tier) regelrecht personifiziert und sich seiner entledigt, ihn zum Beispiel in den Mülleimer oder aus dem Fenster wirft. Ein mir bekanntes Kind tat ihn immer in die Toilette und spülte sicherheitshalber hinterher. Erst allmählich lernt das Kind, diese ungezielte und chaotische Wut zu beherrschen und in den Bereich der Psyche einzugliedern. Aus dem, was zunächst wilder Trotz war, können dann wertvolle Charaktereigenschaften werden: Ein Stück Selbständigkeit, produktive Aktivität und Eigenständigkeit. Das kann aber nur dann ungestört vor sich gehen, wenn das Bewußtsein diese Kräfte nicht nur ablehnt, unterdrückt oder verdrängt, sondern, um nun wieder in der Sprache unserer Märchenbilder zu reden, mit ihnen zusammenlebt, sie akzeptiert und sich schließlich positiv bejahend mit ihnen vereinigen kann, eine Vereinigung, die durch Erlösung und Hochzeit symbolisiert wird.

Erkennen wir das Motiv des in der Tiernatur verborgenen Prinzen so auf einer weiteren Ebene, dann wird der Weg frei, diesem Geschehen eine größere Allgemeingültigkeit zu geben und es innerhalb verschiedener Reifungsstufen zu verstehen. Wir werden so der Vieldeutigkeit und Vielschichtigkeit dieser aus der menschlichen Kollektivpsyche heraus entstandenen symbolischen Gestaltung und seiner Attraktionskraft auf

Menschen verschiedener Art und unterschiedlichen Alters eher gerecht. Märchen sind bekanntlich nicht nur für Kinder da; auch viele Erwachsene werden, wenn dies auch in unserer auf das Rationale hin ausgerichteten Kultur seltener geworden ist, von ihnen angezogen und ahnen in ihnen einen tieferen Sinn. Viele unserer großen Dichter, die als Künstler den Gestaltungen des Unbewußten besonders nahestehen, haben sich mit dem Märchen beschäftigt und selbst Märchen geschrieben, wie Goethe, Brentano, Tieck, E.T.A. Hoffmann, um nur einige wenige der allgemein bekannten zu nennen. Auch Shakespeares »Sommernachtstraum« ist ein Märchen.

Weit mehr verbreitet als bei uns ist das Märchen als Bestandteil des Erwachsenenlebens im Orient. Bis in die heutige Zeit entspricht sein Stellenwert etwa dem, was von der Leyen über die Sammlung von »Tausendundeiner Nacht« sagt: »... die Liebe und der Glaube an diese Geschichten ist etwas Unbedingtes. Diese Erzählungen können den, der sie hört, vor Unheil bewahren; durch Geschichten retten oder fristen Verurteilte ihr Leben, sie sind die größte und reinste Freude der Monarchen und erleichtern ihnen die Schwere ihres Berufes, und der geringste Lastträger will lieber von allem irdischen Glück ausgeschlossen sein, als eine dieser Erzählungen vermissen. In einem indischen Märchen wird ein Erzähler, weil er eine Geschichte unterbrach und nicht zu Ende führt, von den zuhörenden, empörten Geistern mit drei furchtbaren, lebensgefährlichen Strafen bedroht. Im Arabischen wird eine Reise nach einem Märchen unternommen, es wird teurer bezahlt als die kostbarsten Edelsteine. Wenn eine Geschichte bevorsteht, ist keiner, der sich etwa fortschleicht, auch Geister schütteln sich vor Freude, wenn sie ein Märchen hören dürfen. Jedes soll wunderbar und seltsam sein, und eine bekannte Wendung lautet: ›Meine Geschichte ist so, daß, würde sie mit Sticheln in die Augenwinkel gestichelt, sie eine Warnung wäre für jeden, der sich warnen ließe.‹ Wie kritisch, wie gefahrdrohend, wie dringend zum raschen Handeln eine Lage auch sein mag, für eine Geschichte vergißt der Araber das ganze andere Leben, seine ganze Gefahr und seine ganze Ehre.«[16]

Hier handelt es sich also nicht um Kinder, sondern um Erwachsene. Noch heute kann man im Orient dem berufsmäßigen Märchenerzähler begegnen. Ich hatte selbst einmal Gelegenheit, in einer abgelegenen Ortschaft im Rifgebirge einen solchen Mann zu beobachten. Seine einzigen Requisiten waren eine alte Apfelsinenkiste und ein Stab, mit denen er aber so plastisch arbeitete, daß aus der Kiste je nach Bedarf ein Haus, ein Schloß, eine Höhle, aus dem Stab ein Prinz, eine Prinzessin oder eine Schlange wurde. Obwohl er arabisch sprach und wir kein Wort verstehen konnten, glaubten wir doch, den Sinn der Geschichte zu erfassen. Die Zuhörer, die gebannt und fasziniert seiner Erzählung lauschten, waren fast ausnahmslos Erwachsene. Über Mangel an Publikum konnte er sich gewiß nicht beklagen; denn er war immer von einem dichten Kreis von Menschen umlagert.

Für das Phantasieerleben dieser Menschen war das Märchen noch immer ein bewußter, lebendiger Anteil. Es galt im Orient auch keineswegs nur zur Unterhaltung, sondern einige der großen orientalischen Märchensammlungen, wie die indische Pantschatantra[17] oder das türkische Papageienbuch[18], wurden als Regentenspiegel zur Erziehung junger Prinzen benutzt. Das erstere ist laut seiner Rahmenerzählung sogar ausdrücklich zu diesem Zweck geschrieben worden:

Es wird hier erzählt, daß in der Stadt Mahilaropja im Dekkahn einst ein weiser König namens Amaraschakti herrschte. Dieser hatte drei völlig unbegabte Söhne. Als er nun sah, daß sie zur Staatswissenschaft kein Geschick zeigten, berief der König seine Minister und pflog mit ihnen Rat: »Es ist euch ja bekannt, daß diese meine Söhne gänzlich unbegabt sind. Wie könnte man es also bewerkstelligen, ihren Verstand zu wecken?« Da sprachen einige der Minister: »Majestät, zwölf Jahre dauert bekanntlich das Studium der Grammatik; hat man diese mit Mühe gemeistert, so muß man weiter die Wissenschaften der Religion, Staatsweisheit und Liebeskunst studieren. Das alles ist für den Klugen schon schwer genug, um wieviel mehr für jemand, der trägen Verstandes ist? Für einen solchen Fall ist der Beste der Brahmane Wischnuscharman, ein gründ-

35

licher Kenner aller Lehrbücher der Staatskunst, von dessen Ruhm zahlreiche Schüler künden.« Wischnuscharman wurde also an den Hof des Königs geholt und erklärte sich bereit, die Prinzen binnen sechs Monaten zu Meistern der Staatskunst zu machen. Als der König dieses kaum glaubliche Versprechen des Brahmanen vernahm, war er ebenso wie die Minister erstaunt und erfreut, und ehrerbietig übergab er die Prinzen Wischnuscharman. Dieser aber ging daran, ihnen die Wissenschaft der Staatskunst durch das Erzählen von Fabeln beizubringen, und dazu verfaßte er die fünf Bücher, genannt Pantschatantra: »Entzweiung von Freunden«, »Gewinnung von Freunden«, »Der Krieg der Krähen und der Eulen«, »Des schon Gewonnenen Verlust« und »Vorschnelles Handeln«. Jedes dieser fünf Bücher enthält innerhalb einer eigenen Rahmenerzählung eine Reihe von Fabeln. Das Pantschatantra enthält vorwiegend Tierfabeln, und in jeder liegt eine nützliche Lehre, die unaufdringlich in die Tiefen menschlicher Problematik geht. Nach ihrem Anhören, und nachdem die Prinzen diese Bilder in sich aufgenommen haben, ist ihre offensichtlich neurotische Intelligenzstörung geheilt.

Kehren wir aber zu unserem Märchen von der Schlange zurück und versuchen wir, es von der Problematik des Erwachsenen her zu verstehen. Wir könnten es dann als einen innerpsychischen Prozeß etwa in die Zeit der Lebensmitte verlegen. Auch diese Zeit gehört zu den Krisensituationen des Menschen, und viele Neurosen pflegen hier ihren Anfang zu nehmen. Die großen äußeren Anpassungsaufgaben an das Leben, wie Stabilisierung im Beruf, Beziehung zur Sozietät und zum anderen Geschlecht sollten normalerweise gelöst und bewältigt sein. Die Ehe ist, wenn sie gehalten hat, über die ersten Stürme hinaus. Die Kinder gehen schon lange zur Schule und fangen an, das Elternhaus zu verlassen und ihrerseits ins Leben hinauszugehen. Es tritt ein Zustand ein, in dem die Umwelt nichts mehr so gänzlich Neues bietet, und der Lebensweg des Menschen führt nicht mehr in das Leben hinein, sondern aus ihm heraus, dem dunklen Ende, dem Tode, zu. C. G. Jung hat diese Problematik und ihre Verbindung mit der Häufigkeit von seelischen Erkrankungen in seinem Aufsatz »Die Lebenswende«[19] dargestellt. Die seelische Energie, die bisher in den äußeren Lebensaufbau geflossen ist, wird von daher nicht mehr gefordert und wird frei. Sie sollte sich nun eigentlich der Innenwelt zuwenden, um damit das Leben weniger in die Breite, sondern mehr in die Tiefe zu führen. Wir treffen auch tatsächlich in dieser Gruppe älterer Menschen auf einen zunehmenden Prozeß der Verinnerlichung.

Die eigene Innenwelt scheint uns nun aber in der Regel bei einem vorher nach außen gerichteten Leben genau so unbekannt und fremd, wie die Schlange der jüngsten Tochter im Märchen erschien. Sie ist oft auch auf einer ebenso niedrigen Entwicklungsstufe wie ein Kaltblüterwesen und ist das ganz Andere und das ganz Fremde. Es ist genauso mühsam, eine richtige Beziehung dazu zu finden. So wird zum Beispiel, wenn wir das Märchen hier wieder von der weiblichen Seite sehen, eine Frau, die bisher ganz für ihre Kinder gelebt hat, sich eine neue Aufgabe suchen müssen, wenn diese sie nicht mehr brauchen. Sie mag sich dann vielleicht, wenn sie klug ist und sich nicht als das Schreckgespenst der lästigen Schwiegermutter über die Zeit hinaus an ihre Kinder klammert, längst vernachlässigten geistigen und intellektuellen Möglichkeiten, die bisher unentwickelt in ihr selbst lagen, zuwenden. In der Entfaltung dieser neuen Seite in ihr kann sie einen »inneren Prinzen« entdecken und einen erlösungsbedürftigen Bereich wiederbeleben. Die in der eigenen inneren Natur enthaltenen geistig-intellektuellen Kräfte sind, im Gegensatz zur weiblichen Materie, in der Regel in der Psychologie als männlich symbolisiert, wie ich im Vorangegangenen schon ausgeführt habe. Sie sind für einen stark gefühlsbetonten Menschen, wenn sie ihm dann bewußt werden, oft unangenehm, ja befremdend, so daß es zu einer schwierigen Aufgabe werden kann, sie anzunehmen und sie zu lieben. So würde der Prinz hier einem solchen der Frau innewohnenden männlichen Geistprinzip entsprechen, das bei seiner Enwicklung den Menschen zu einer vertieften Urteilsfähigkeit in seinen Welt- und Lebensanschauungen bringen würde. Es führt zur »Ausbildung einer geistigen Haltung, welche aus der Beschränkung und Befangenheit im Eng-Persönlichen erlöst«[20] und kann dem Bewußtsein als eine tätig schaffende Kraft zur Verfügung stehen. Ich glaube, daß dieses Problem gerade in der heutigen Zeit eine erhebliche Rolle spielt. Die Beschränkung der Frau auf Haus und Küche ist weitgehend aufgehoben, das durchschnittliche Lebensalter erheblich verlängert, und die Groß-Familie, in der die Frau, die über die Lebensmitte hinaus war, im sogenannten weiblichen Rahmen doch noch irgendwie ihr Aufgabengebiet finden konnte, existiert nicht mehr. Auch die eigenen Kinder heiraten meist nicht mehr im selben oder nächsten Dorf, sondern ziehen oft bis über Kontinente entfernt fort. Es bleibt der Frau nichts anderes übrig, als die Einsamkeit und das Verlassenwerden in der Lebensmitte zu einem Teil zu akzeptieren und in sich selbst den Ausgleich und eine neue Erfüllung zu suchen. Ich habe diese Problematik ausführlicher in meinem Buch über die Lebensmitte[21] behandelt.

Wie bereits erwähnt, liegt es näher, das Schlangenmärchen eher nach der weiblichen Psychologie zu deuten. Ich werde später ein ähnliches Märchen, »Die drei Federn«, anführen, wo die Deutung nach der männlichen Seite hin näherliegt. Es war aber auch vorher gesagt, daß es grundsätzlich möglich ist, ein Märchen sowohl nach der männlichen als auch nach der weiblichen Seite hin aufzulösen. Alle diese Gestalten des Märchens, auch der Heros oder die Heroine, sind ja im Grunde genommen kein menschliches Ich, sondern archetypische Figuren. Die Märchenheldinnen und -helden sind, wie Max Lüthi[22] sagt, »reine Handlungsträger«, und ihnen fehlt die »Tiefenhaftigkeit« und die menschliche Gefühlswelt. Der Held ist somit einerseits übermenschlich, indem er in der Lage ist, Leistungen zu vollbringen, die ein menschliches Ich allein nicht hätte erreichen können, andererseits steht er aber auch unterhalb des Menschen infolge seiner fehlenden Variabilität, Tiefenhaftigkeit und seiner ausgeprägten Einseitigkeit.

So ist es richtiger, auch den Helden oder die Heldin selbst als einen Funktionskomplex aufzufassen, der zwar in einer entsprechenden Situation eine zeitweilige Identifikation erlaubt, aber niemals eine dauernde. Fällt zum Beispiel ein Kind von einer Brücke ins Wasser, und ein junger Mann springt, ohne zu überlegen, hinterher und rettet es, so hat sich sein Ich kurzfristig und sinnvoll mit diesem Archetyp des Helden identifiziert. Versucht aber jemand, dauernd den Helden zu spielen, und läßt die notwendigen Sicherheitsmaßnahmen und das lebensnotwendige Maß an Ängstlichkeit und Feigheit außer acht, so handelt es sich um einen Fall von »märchenhafter« Dummheit, den das Leben oft genug unter Todesstrafe stellt. Es soll im späteren Verlauf dieses Buches auch noch dargestellt werden, welche unangepaßten und krankhaften Zustände auftreten, wenn ein Mensch sich selbst beziehungsweise sein bewußtes Ich mit einem solchen archetypischen Bild, wie es eine Märchenfigur darstellt, verwechselt und in welch hohem Ausmaß gestörte Menschen das oft tun.

Die einzelnen Figuren des Märchens stellen, den Helden oder die Heldin eingeschlossen, Möglichkeiten des seelischen Erlebens dar, und unter dieser Voraussetzung kann etwa die Hauptfigur unseres Märchens, die jüngste Tochter, für die Gefühlsseite eines Mannes stehen. Auf diese Weise ließe sich dann die ganze Erzählung auch von der männlichen Psyche her verstehen. Ich nehme als Ausgangspunkt hier wieder die zuletzt beschriebene Situation der Lebensmitte, in der in einem natürlichen Ablauf der menschlichen Reifungsprozesse eine Um- und Neuorientierung erfolgen sollte. Der Ablauf des Geschehens, das heißt die Übersetzung des Märchens ins Psychologische, würde sich dann wie folgt verstehen lassen:

Bisher hätte solch ein Mann im Leben vorwiegend seine Denkfunktion ausbilden mögen. Die Neuorientierung der Lebensmitte würde nun gerade erfordern, daß der Gegensatz hierzu entwickelt würde, das heißt, daß das tätige Interesse sich mehr der Innenwelt zuwendet und die Vertiefung – anstatt die Verbreiterung des Erlebens – über die Entwicklung des Gefühls verläuft. Die Forderungen, die diese jüngste und unentwickelte Seite stellt (dies würde dem Wunsch der Tochter nach den Rosen entsprechen), und die gerade zu dieser Zeit reif werden (im Märchen sind die Rosen gerade jetzt wohlfeil auf dem Markte), sind aber nicht so einfach und leicht zu erfüllen, wie es zunächst scheint. Ihre Erfüllung ist allerhand Zufällen und Mißhelligkeiten ausgeliefert, die schließlich zu einer Begegnung mit der magisch-mythologischen Bilderschicht der eigenen Innenwelt führt. Eben gerade diesen Bildern muß jetzt die gefühlsbezogene Aufmerksamkeit und das tätige Interesse zugewandt werden (dieses entspräche im Märchen der Auslieferung der Tochter an die Schlange), wodurch eine vorübergehende schwierige Krisensituation entsteht (im Märchen die Krankheit des Vaters). Jedermann kennt derartige Krisenzustände und das Absinken der seelischen Energie ins Unbewußte, wo alle Gefühle und Gedanken scheinbar steril immer um das gleiche Problem kreisen und für die Umwelt keine Aufmerksamkeit mehr übrig bleibt. Erst die Erkenntnis dieses Zustandes und der Brückenschlag zwischen den beiden Bereichen, dem Bewußtsein und dem Unbewußten (hier benutzt das Märchen das Motiv des Spiegels und der partiellen Rückkehr der Tochter), beginnt den krampfhaft festgefahrenen Zustand aufzulösen. Durch die Bindung und Verpflichtung an den unbewußten Bereich (im Märchen ist es das Versprechen der Rückkehr) ist eine einfache Wiederherstellung des vorher bestehenden Zustandes nicht mehr möglich. Die Stimmen (die im Märchen durch die beiden Schwestern personifiziert werden) dürfen nicht beachtet werden, die dem Menschen zuraunen: »Laß das ganze Unternehmen bleiben. Bleib so, wie du vorher warst. Du hast doch damit ganz schöne Erfolge gehabt. Du hast es doch gar nicht nötig, den mühevollen Prozeß von Reifung und Änderung auf dich zu nehmen.« Es sind negativ festhaltende und unproduktive Ängstlichkeiten. Erst durch die erneute und diesmal freiwillige bewußte Zuwendung zu der Innenwelt (dem entspricht die Rückkehr der Tochter) und deren liebevolle Annahme (wie es durch die Heirat symbolisiert wird) kommt es zu einer Erschließung der in der inneren eigenen Natur gelegenen Werte (dem entspricht im Märchen die Verwandlung in den Prinzen). Dies führt zu einer Erweiterung des Bewußtseins und zu einer Vergrößerung der Persönlichkeit (im Märchen steht hierfür das erlöste Land und die Rückkehr von Prinz und Mädchen aus dem magischen Bereich). Der Mensch verfügt gewissermaßen jetzt über zwei Reiche, das Reich der Außen- und das der Innenwelt. Der aus der Schlange erlöste Prinz des Märchens stellt dann den in der eigenen inneren Natur enthaltenen höchsten Wert dar, der dank einer bewußten Bemühung aus dem Zustand tiefer Unbewußtheit befreit wurde.

In vielen Märchen übernimmt dann diese Figur den höchsten Platz der Psyche und löst den alten König oder Vater ab, wie es auch hier angedeutet ist. Dem entspräche dann eine Umorientierung der Wertskala, wie sie immer wieder im gesunden Lebensprozeß vorkommt. Das, was uns in unserer Jugend als das Höchste und Wichtigste erschien, kann für den reifen Mann von nicht mehr so hoher Bedeutung sein. Neue, andere Werte treten an dessen Stelle. Sind etwa die weitgehend biologischen Aufgaben der ersten Lebenshälfte, die Gründung von Familie und Existenz, erfüllt, dann sollten an deren Stelle die Interessen allmählich auf kulturschaffende und soziale Aufgaben übergehen. Es bildet sich dann innerlich ein neuer Wert (ein junger König, der die Regierung übernimmt), dem das Ich zu dienen hat.

Dieser Prozeß der Persönlichkeitsentwicklung, in dem das Leben nicht mehr nur auf seine biologischen Ziele hin orientiert wird, trifft gleichermaßen auf Mann und Frau zu. Hier ist die Aufgabe gestellt, eventuell auch gegen die Natur das spezifisch Humane zu entwickeln. Immer wieder stoßen wir an irgendeiner Stelle in uns selbst auf die Schlange, die eigene unbewußte Triebnatur, und müssen diese in einem mühevollen und schmerzhaften Prozeß aus ihrer reinen Animalität befreien, ein Prozeß, der immer unvollständig bleibt und viel zu oft mißlingt oder gar nicht stattfindet.

Wie wir gesehen haben, läßt sich dieses so außerordentlich häufige und vielschichtige Erlösungsmotiv in den verschiedenen Lebensphasen jeweils mit einem andersartigen Inhalt erfüllen. Nun mag man sich sagen, daß dieses alles vielleicht geistvolle und interessante Interpretationen seien, die aber doch spekulativ bleiben und deren Wirklichkeitscharakter im

Menschen höchst fragwürdig sei. Ich möchte daher im folgenden einen Traum einer 24jährigen jungen Frau mitteilen, der eine deutliche Ähnlichkeit mit diesem Märchen aufweist. Wenn auch selbstverständlich die einzelnen Handlungszüge unterschiedlich sind, so steht doch in beiden an zentraler Stelle das Motiv der Verwandlung der Schlange in den Prinzen. Ich muß hier noch einfügen, daß die Deutung der Traumsymbole in einer Behandlung auch bei Märchenträumen mitbestimmt wird durch die Einfälle des Patienten. Wie ich schon ausgeführt habe, können das Symbol der Schlange und so auch alle anderen Symbole sehr vieldeutig sein. Es ist in der Deutung jeweils derjenige Inhalt einzusetzen, der sich durch die Einfälle und die Situation des Patienten ergibt. Der Traum dieser Frau lautete nun:

Ich war mit meinem Freund zusammen in einem Zirkuszelt. Da war noch ein anderes vollbusiges Mädchen, das hinter meinem Freund her war und mir ähnelte. Sie brachte noch einen jungen Mann mit, den mein Freund, der jetzt der Zirkusdirektor war, beschäftigen sollte. Ich interessierte mich nicht für ihn. Dann ging ich am Abend durch den Zaun des Geländes über eine Straße zum Wald. An einem Baum war eine Schlange mit goldenen Punkten auf dem Körper aufgeringelt. Diese Schlange war der junge Mann von vorher, und ich dachte: »Du brauchst keine Angst zu haben.« Dann fiel mich plötzlich ein Wolf an, und dann verwandelte sich die Schlange wieder in den jungen Mann, der mich gegen den Wolf verteidigte.

Genau wie im Märchen haben wir in diesem Traum die beiden verschiedenen Welten, die Welt des Alltags und der Realität, die durch das Geschehen des Zirkus' dargestellt wird, und die andere, die magische Welt, die jenseits des Zaunes beginnt. Ihr Freund war über zwanzig Jahre älter als sie, also eher eine Art Vaterfigur, und ähnlich wie im Märchen ist auch eine konfliktuöse Spannung zwischen der Patientin und einer gleichaltrigen weiblichen Figur vorhanden. Im Märchen ist diese Spannung durch das Verhältnis der Heldin zu ihren beiden Schwestern dargestellt. Die Patientin hatte ausgesprochene Angst vor Schlangen, und in früheren Träumen waren diese immer höchst bedrohlich gewesen. So zeigt hier die Betonung »Du brauchst keine Angst zu haben« einen ähnlichen Wechsel in der gefühlsmäßigen Einstellung zu dem Tierwesen an, wie er auch im Märchen vorkommt. Nach dieser Einstellungsänderung erfolgt auch im Traum die Wiederverwandlung der Schlange in einen Menschen.

Diese junge Frau litt an einer schweren Neurose, die sie praktisch vom 16. Lebensjahr an arbeitsunfähig gemacht hatte. Es war eine schwere Störung und Lähmung ihrer Aktivität vorhanden, so daß sie die Schule nicht beenden konnte und über keinerlei Ausbildung für einen künftigen Beruf verfügte. Sie blieb dadurch von anderen Menschen abhängig und hatte ein überstarkes Bedürfnis, versorgt zu werden.

Nachdem die Behandlung schon einige Zeit durchgeführt worden war, brachte sie diesen Traum mit. Er beeindruckte sie zwar stark, aber sie konnte zunächst nichts Rechtes damit anfangen. In dieser Zeit der Analyse wurde nun, nachdem bereits eine Reihe von Ängsten abgebaut worden war, das Problem akut, die verlorengegangene produktive Aktivität wiederzufinden und sich nach einer eigenen Arbeit umzusehen. Tatsächlich begann die Patientin kurze Zeit danach eine Berufsausbildung, die sie auch durchhielt und mit Erfolg beendete. In dem jungen Mann symbolisierte sich für sie dieses Stück produktiver Aktivität, das in verwandelter Form und von falscher Ängstlichkeit befreit in der Lage ist, die zerstörerisch-verschlingende Kraft des Wolfes zu überwinden. Einen solchen Wolf kennen wir aus dem Märchen vom Rotkäppchen. Er tritt dort an die Stelle der guten Großmutter und stellt damit einen negativ-dämonischen Aspekt des Weiblichen und der Mutter-Kind-Beziehung dar. Auch bei dieser Patientin deuteten die Assoziationen zu dem Wolf auf ein weiblich-mütterliches Symbol hin. Auf ihr Problem übertragen, würde es sich dann um ihre infantile Abhängigkeit von einer mütterlich-ernährenden Person handeln und um ihre Unfähigkeit, allein und selbständig zu leben.

Im Gegensatz zum Märchen reicht hier die einfache liebevolle Annahme des vorher angstbesetzten Persönlichkeitsanteils nicht aus, um Befreiung, Erlösung und Wiedergesundung der Psyche zu erreichen, sondern zusätzlich tritt noch der bedrohende Wolf auf. Es muß also noch ein weiterer Konflikt ausgetragen werden mit einer negativen Strömung, die die Träumerin zu vernichten droht. So wie es auch im Leben keineswegs immer ausreicht, sich einfach mit etwas liebevoll zu vereinigen, damit es als endgültiger Besitz in die Persönlichkeit eingeht, sondern man dafür Mühen und Schwierigkeiten auf sich nehmen muß, genau so findet sich auch diese Problematik im Märchen wieder. Zwei der bereits vorher erwähnten Variationen unseres Schlangenmärchens zeigen zusätzlich diese Seite des Problems:

In dem deutschen Märchen »Die Schlange« gebiert eine Gräfin als Strafe für ihre zänkische Ehe eine Schlange. Diese verlangt eines Tages von der Mutter eine Frau zum Heiraten. Die Gräfin beredet nun ein armes Hütemädchen, das auf dem Hof die Hennen füttert, die Schlange zu heiraten. Als das verzweifelte Mädchen vor einem Muttergottesbild betet, fängt dieses plötzlich an zu sprechen und gibt dem Mädchen den Rat, in der Hochzeitsnacht, wenn die Schlange sagt »Zieh dich aus«, von ihr siebenmal zu verlangen, sie möge sich erst selber ausziehen. Die Schlange würde sich dann siebenmal häuten, und beim siebenten Male würde ein schöner Prinz vor ihr stehen. Das Mädchen folgt diesem Rat, und als am nächsten Morgen die Mutter an die Tür der Brautkammer kommt, tritt ihr der entzauberte Sohn mit dem Mädchen entgegen. Zunächst ist die Freude groß, aber mit der Zeit bereut es die Mutter, ihren Sohn mit einem Mädchen so geringen Standes verheiratet zu sehen, und sie liegt ihm in den Ohren, das Mädchen zu verstoßen. Er aber bleibt standhaft und weist das immer wiederkehrende Ansinnen der Mutter zurück, bis sie endlich ihre bösen Absichten aufgibt.

Wir sehen, wie in dieser Variation der Akzent viel stärker auf dem Wandlungsmotiv der Häutung liegt, den das Mädchen siebenmal vollziehen lassen muß. Die Zahl Sieben ist eine

magische und heilige Zahl in Mythen, Märchen und im Volks-
glauben. Schon in dieser mehrfachen Häutung liegt eine deutlich größere Bemühung um den unbewußten Inhalt. Außerdem
muß dieser anschließend gegen den negativen Einfluß der
Mutter wiederholt verteidigt werden. Die offensichtlich zänkische und mißgünstige Gräfin entspricht so auf einer anderen
Stufe dem Wolf im Traum der Patientin.

Nicht immer geht es so glatt und gut aus, wie in dieser
Variation. In dem albanischen Märchen »Das Schlangenkind«
wird die Erlösung zunächst wieder verspielt:

Da vereinbart eine Königin mit ihrer Freundin, der Frau des
Wesirs, die drei Töchter hat, daß ihr noch nicht geborener
Sohn eine dieser drei Töchter heiraten soll. Sie gebiert dann
eine Schlange, und als die herangewachsen ist, verlangt sie
von der Mutter der Töchter die Einlösung des Abkommens.
Zweimal weist die Frau des Wesirs die Königin ab, als sie um
die beiden älteren Töchter bittet. Schließlich droht die Schlange, wenn man ihr nun nicht die Dritte und Jüngste zur Frau
gäbe, würde sie nachts kommen und alle töten. Diese Jüngste
geht nun zu einer alten, klugen Frau, die ihr den Rat gibt,
vierzig Unterröcke übereinander zu ziehen. Auch hier solle sie
jedesmal, wenn die Schlange in der Hochzeitsnacht verlange,
daß sie sich ausziehe, von der Schlange das gleiche fordern
und jeweils nur einen Unterrock ausziehen. Nach der vierzig-
sten Häutung würde ein schöner Prinz vor ihr stehen. Es geschieht nun auch so, aber der Prinz verlangt nun von dem
Mädchen, daß es bis zur Geburt des gemeinsamen Kindes über
das Geschehen schweige. Er schlüpft am Morgen wieder in
seine Schlangenhäute zurück, um sich nur in den gemeinsamen
Nächten wieder in den Prinzen zu verwandeln. Acht Monate
hält das Mädchen allen Fragen ihrer Mutter über die Ehe mit
der Schlange stand, bis sie endlich doch mit der Wahrheit
herausplatzt. Nun verschließt ihr die Schlange den Schoß und
verschwindet. Das unglückliche Mädchen geht in die Welt, um
ihren Prinzen zu suchen. Sie trifft wieder auf eine weise alte
Frau, die ihr rät, auf einen Berg in der Ferne zu steigen. Dort
werde sie ein schmutziges Wasser mit vielen Würmern finden.

Wenn sie einen Schluck davon trinke, werde sich die Erde vor ihr öffnen. Unten treffe sie dann die beiden Töchter der Sonne, die ihr sagen konnten, wo ihr Gemahl zu finden sei. Das Mädchen folgt ihrem Rat, und die ältere Tochter der Sonne zeigt ihr das Haus in der Unterwelt, wo ihr Gemahl mit einer anderen Frau lebt. Gleichzeitig gibt sie ihr eine Walnuß, eine Haselnuß und eine Mandel. Das Mädchen quartiert sich nun in Verkleidung einer Nonne in dem Anwesen ihres Mannes ein und öffnet zunächst die Nuß, aus der eine goldene Glucke mit Küchlein kommt. Da die andere Frau diese begehrt, fordert sie als Preis dafür eine Nacht mit dem Ehemann. Die Frau geht darauf ein, betäubt ihn aber mit einem Schlaftrunk. Darauf öffnet das Mädchen am nächsten Tag die Haselnuß, die einen goldenen Papagei enthält. Wieder geschieht das Gleiche, aber diesmal hat ein Kupferschmied das Klagen des Mädchens in der Nacht gehört, die immerzu rief: »Gib mir den silbernen Schlüssel, damit ich das goldene Kind gebären kann!« Der Kupferschmied teilt das dem Schlangenprinzen mit, der sich darüber sehr verwundert. Am nächsten Tag öffnet das Mädchen die Mandel, die eine goldene Wiege enthält. Wiederum begehrt die Frau dieses kostbare Kleinod und erklärt sich bereit, dafür ihren Mann für eine Nacht der »Nonne« zu überlassen. Diesmal aber verschüttet der Prinz den Schlaftrunk. Er erkennt nun seine erste Frau wieder und flieht mit ihr auf die Oberwelt zurück.

Hier versinnbildlicht das Märchen, daß ein bereits errungener Wert wieder verlorengehen kann, wenn nicht genug Stabilität vorhanden ist. Wir erfahren es ja auch im Leben oft, daß wir glauben, einen Reifungsschritt schon geschafft zu haben. Gerade dann passiert es besonders leicht, daß man unaufmerksam und leichtsinnig wird und das fast Gewonnene wieder verliert. So muß das Mädchen die mühsame Wanderung in das magische Reich des Unbewußten antreten, und dort gelingt die Wiedervereinigung erst beim dritten Versuch. Dieses dreimalige Versuchen ist identisch mit den so überaus häufigen drei Proben, die der Held oder die Heldin zu bestehen haben. Eine ausführliche Deutung dieser Symbolik findet sich in der

Interpretation des Märchens von Amor und Psyche von Erich Neumann[23].

Wir wollen noch einen Blick auf die »Heldinnen« dieser drei Variationen des Märchens werfen, da in ihnen eine sehr typische und häufige Märchenfigur auftritt. Im Griechischen und Albanischen ist es jeweils die jüngste Tochter, im Deutschen das ärmliche Hirtenmädchen. Dieses Motiv, den geglückten Heldenweg jeweils von dem Jüngsten, Ungeschicktesten, anscheinend Schwächsten oder Ärmsten ausführen zu lassen, benutzen die Märchen ungewöhnlich häufig. Das trifft nicht nur wie hier für die weibliche Hauptfigur zu, sondern, um nur zwei Beispiele zu nennen, in den »Drei Federn« der Gebrüder Grimm oder im russischen Märchen »Jungfrau Zar«, auch für die männliche Hauptperson.

Psychologisch gesehen entspricht nun dieses Minderwertige, Verachtete und Unangepaßte einer bisher nicht entwickelten psychischen Funktion. Aus der Fülle der Entwicklungsmöglichkeiten, die dem Menschen zur Bildung seiner Persönlichkeit zur Verfügung stehen, werden in der Regel zunächst die anlagemäßig besten und für die entsprechende Umwelt am meisten geeigneten entwickelt und ausgebildet. So wird zum Beispiel ein mit einem guten Verstand begabter Mensch, der zudem in einer rational eingestellten Umwelt lebt, zunächst diesen schulen, ausbilden und entwickeln. Er ist auch imstande, einen großen Teil der auftretenden Lebensprobleme durch dieses geschulte Denken zu lösen. Andere Funktionen werden dagegen undifferenziert und archaisch bleiben, und zwar um so mehr, je stärker sie geeignet sind, die leitende Hauptfunktion zu stören. Dem Denken entgegengesetzt ist nun bekanntlich das Gefühl. Das Denken trifft seine Entscheidungen nach dem Prinzip »wahr und unwahr« oder »richtig und falsch«, während das Gefühl nach »sympathisch und unsympathisch« urteilt. Gerade das Richtige und Wahre kann aber gefühlsmäßig unsympathisch sein und umgekehrt, weshalb der exakt denkende Mensch nach Möglichkeit Gefühlseinflüsse ausschaltet. Das will nicht heißen, daß ein solcher Mensch nun etwa keine Gefühle hätte, aber genau so wie im körperlichen Bereich ein nicht geübter und genutzter Muskel schwach und minderwertig bleibt oder sich sogar zurückbildet, bleibt im seelischen Bereich bei einem vorwiegend auf das Denken hin orientierten Menschen das Gefühl undifferenziert und unangepaßt.

In unserem Märchen besteht nun am Beginn die so häufige Vierheit, der Vater mit den drei Töchtern (in anderen Märchen auch ein Vater mit drei Söhnen oder eine Mutter mit drei Töchtern), die im innerseelischen Bereich den von C. G. Jung beschriebenen vier psychischen Grundfunktionen, dem Denken, Fühlen, Empfinden und Intuieren, entsprechen[24]. Die Heldin ist die Jüngste, das heißt die zuletzt Gekommene und Schwächste. In der deutschen Variation unseres Märchens ist es das »Hennemädchen«, also die Minderwertige und Verachtete. Folgen wir dem oben genannten Beispiel, dann entsprächen Vater oder Mutter der voll ausgebildeten Hauptfunktion, dem Denken, die beiden Geschwister den noch mitausgebildeten Hilfsfunktionen von Empfinden und Intuition, die das Denken nicht erheblich zu stören brauchen, während die jüngste Tochter der undifferenzierten Fühlfunktion entspräche. Ihr Wunsch nach einem Strauß Rosen, einem typischen Gefühlssymbol, würde dann auch gut in den Rahmen dieser Auffassung passen. Gerade diese minderwertige und vernachlässigte Funktion ist in der Lage, die in dieser Psyche entstandene Problematik zu lösen und den neuen Wert aus dem Unbewußten zu befreien. Im Leben entspräche das einer Situation, in der wir mit den üblichen und gewohnten Mitteln, Haltungen und Verhaltensweisen nicht mehr weiterkommen können und auf etwas sehr Ungewohntes und Ungeübtes zurückgreifen müssen. Wir sind genötigt, ein Problem gerade mit unserer schwächsten Seite zu lösen, was zum Beispiel dann eintreten kann, wenn ein »Denker« sich verliebt oder in der Lebensmitte der weitere Lebensweg neue Haltungen, Einstellungen und Formen des Erlebens von uns fordert.

Auch in dem vorher erwähnten Märchen von den drei Federn kommt noch deutlicher als in dem hier zugrundegelegten diese Problematik heraus[25]:

Ein König hat drei Söhne, von denen zwei als klug gelten, der dritte aber Dümmling genannt wird. Als der König alt und schwach wird, will er die Erbfolge danach entscheiden, wer ihm den feinsten Teppich bringt. Er bläst drei Federn in die Luft und befiehlt den Söhnen, zu ziehen, wie die Federn fliegen. Die eine Feder fliegt nach Osten, die andere nach Westen, die dritte aber geradeaus und fällt bald zur Erde. Die beiden älteren Brüder, die nach rechts und links wandern, lachen den Dümmling aus, der bleiben muß, wo die Feder hingefallen ist. Dieser setzt sich traurig nieder, bemerkt aber auf einmal neben der Feder eine Falltür, die er hochhebt und unter der sich die Treppe befindet. Er steigt hinab, kommt an eine andere Tür und klopft an. Daraufhin ruft es inwendig:

»Jungfer grün und klein,
Hutzelbein,
Hutzelbeins Hündchen,
Hutzel hin und her,
laß geschwind sehen, wer draußen wär.«

Die Tür geht auf, und der Königssohn sieht eine große, dicke Itsche (Kröte) sitzen, umgeben von vielen kleinen Itschen. Als er sein Begehren vorbringt, läßt sich die Itsche eine große Schachtel bringen und gibt dem Dümmling daraus einen Teppich, »so schön und so fein, wie oben auf der Erde keiner konnte gewebt werden«.

Die älteren Brüder haben sich, da sie dem Jüngsten doch nichts zutrauten, gar nicht bemüht und bringen grobe Tücher einer Schäferin. Da der König zugunsten des Jüngsten entscheiden muß, bitten die älteren um eine neue Probe. Der Vater verlangt den schönsten Ring und bläst wieder die drei Federn in die Luft. Seine Feder führt den Jüngling wieder zur Falltür, und er erhält von der Itsche einen Ring, der »glänzte von Edelsteinen und war so schön, daß ihn kein Goldschmied auf der Erde hätte machen können«.

Die hochmütigen Brüder bringen einen Wagenring. Der Vater spricht abermals dem Jüngsten das Reich zu. Aber auf Drängen der Älteren stellt er noch eine dritte Bedingung, und

zwar die nach der schönsten Frau. Die Itsche gibt dem Dümm-
ling eine ausgehöhlte Rübe mit sechs Mäusen bespannt. Den
enttäuschten Konigssohn fordert sie auf, eine der Itschen in den
Rübenwagen zu setzen. Er greift aufs Geratewohl eine aus dem
Kreis. Als sie im Wagen sitzt, wird sie zum schönsten Fräulein,
die Rübe zur Kutsche, und die sechs Mäuse zu Pferden. Er küßt
sie und jagt mit ihr zum König, wohin die Brüder nur Bauern-
weiber mitgebracht haben.

Noch eine vierte Probe erbetteln die älteren Brüder vom Vater.
Die Frauen sollen durch einen Reif springen. Die Brüder glau-
ben, daß das die starken Bauersfrauen eher können als das
zarte Fräulein. Aber diese brechen sich ein Bein, während das
schöne Fräulein leicht »wie ein Reh« hindurchspringt. – »Also
erhielt er die Krone und hat lange in Weisheit geherrscht.«[25]

Im Grunde genommen handelt es sich hier um das gleiche
Motiv wie im ersten Märchen. Es ist die Erlösung aus einer
kaltblütigen Tiergestalt ins Menschliche hinein, nur daß an die
Stelle des Schlangensymbols das der Kröte getreten ist. Das
Märchen betont ausdrücklich, daß es sich nicht nur um den
jüngsten, sondern auch dümmsten Sohn handelt, also den unangepaßten und minderwertigen Persönlichkeitsanteil, der
hier zum eigentlichen Helden wird. Die beiden geübteren und
angepaßten Brüder versagen vor dieser Aufgabe eigentlich to-
tal, und anstatt echter Werte erreichen sie nur Minderwertiges, anstatt eines Teppichs grobes Gewebe, anstatt eines Rin-
ges Wagenreifen und anstatt eines feinen Fräuleins grobe Bau-
ernmägde. Es kommt hier zum Ausdruck, wie in einer besonderen, nicht alltäglichen Situation die geschulten Funktionen
nur in der Lage sind, das Gewöhnliche und Übliche zu erreichen, das, was längst bekannt und gekonnt ist, während das
wirklich Wertvolle und Ungewöhnliche nur auf dem unübli-
chen Wege erreicht werden kann, auch wenn wir unbeholfen
und ungeschickt sind, wie immer, wenn die gewohnten Waffen
versagen[26].

Es lag mir daran, in diesem Kapitel auf Grund eines Beispiels, dem Märchen von der Schlange, einen Einblick in die ganze Breite der Möglichkeiten zu geben, unter denen man die Bilder und Symbole dieser Erzählungen verstehen kann. Dem einen oder anderen mag diese Auffassung zu vielseitig sein, und er wird dazu neigen, nur *eine* Interpretation für die einzig richtige zu halten und ein enger umschriebenes einzelnes Problem darin zu sehen. Eine solche Auffassung geht meines Erachtens an dem Phänomen vorbei, daß das Märchen praktisch in jedem Lebensalter und bei Menschen jeder Reifungsstufe ein lebendiges Interesse auszulösen vermag, das weit über seinen rein ästhetischen Wert, der im übrigen oft recht gering sein kann, hinausgeht. Den hierfür empfänglichen Menschen muß das Märchen also immer wieder etwas sagen, es muß etwas in ihrer Tiefe anrühren und in Bewegung bringen, was sich anders nicht besser als in diesen Bildern auszudrücken und zu formulieren vermag.

Auch ihre immer wiederkehrende Symbolik ist über die Jahrhunderte und Jahrtausende während menschliche Kulturentwicklung in ihren großen Zügen gleichgeblieben. Schon in dem ältesten Märchen unserer Kultur, das wir kennen, dem ägyptischen Brüdermärchen aus der 19. Dynastie um 1200 vor Christus[27], treffen wir die Motive von Verwandlung und Rückverwandlung von Mensch in Tier und Pflanze, von der Begegnung zwischen Menschen und Göttern, von Verzauberung und von sprechenden Tieren. Es unterscheidet sich in seinen Grundzügen nicht wesentlich von den Märchen, die wir heute noch erzählen.

Die Grundprobleme menschlicher Existenz ziehen sich nicht nur durch unser ganzes Leben hindurch, sondern durch das Leben der Menschheit. Sie müssen in jedem Zeitalter auf ihre Art verstanden, gestaltet und interpretiert werden, ebenso wie in jeder einzelnen Phase unseres eigenen Lebens. Unsere Verständnismöglichkeiten kreisen so um das urtümliche Bild, und von jeder neuen Sicht glänzt eine andere Facette seines ihm innewohnenden Sinnes auf. Ganz verstehen werden wir es nie, und so bleibt ein Stück Geheimnis, das uns immer wieder anzieht und zum Nachdenken auffordert. Auch ohne jede bewußte Deutung spricht das Märchen zu uns, und es spricht bei jedem das jeweils akute Problem an. So entfaltet es seine Wirkung auch unterhalb des wissenden Bewußtseins. Das letzte vertieft oder verstärkt es nur.

Märchen für Kinder?

Das wissende rationale Bewußtsein entsteht erst im Laufe des Entwicklungs- und Reifungsprozesses. Nach den Forschungsergebnissen der Psychoanalyse beginnt es sich um das 6. Lebensjahr herum zu bilden. Bis dahin lebt das Kind in einer magisch-mythischen Welt, in der neben einem dunklen Trieb- und Instinktbewußtsein zunächst ein imaginatives Bildbewußtsein entsteht, in dem magische und mythische Motive, Bilder, Identifikationen, Reaktionen, Haltungen, Verhaltensweisen und Praktiken nebeneinander bestehen. Diese Schicht der frühen Bewußtseinsentwicklung und einer Weltauffassung, die nach Cassirer[1] komplex denkt und die Identität der Grundgestalt erhält, ist der früheste Ursprung des Geistes. Dieses anschauliche mythische Welterleben bleibt als Grundlage unterhalb unseres rationalen Denkens immer erhalten und hat keineswegs nur einen regressiv-negativen Charakter, der sich in Aberglauben oder Neurosen äußert. Diese Schicht emotional hoch aufgeladener Bilder und Phantasien ist vielmehr auch die Grundlage von seelischen Neuerwerbungen sowie von Wandlungs- und Reifungsvorgängen in der Psyche des Erwachsenen. Selbst im Bereich wissenschaftlicher Forschung wird die Wichtigkeit derartiger archetypischer Imagines bestätigt, und der bereits erwähnte Physiker Pauli hat darauf hingewiesen, daß bei »der Entwicklung wissenschaftlicher Ideen jedes Verstehen ein langwieriger Prozeß ist, der schon lange vor der rationalen Formulierbarkeit des Bewußtseinsinhaltes durch Prozesse im Unbewußten eingeleitet wird. Als anordnende Organisatoren und Bildner in dieser Welt der symbolischen Bilder funktionieren die Archetypen als eben die gesuchte Brücke zwischen den Sinneswahrnehmungen und den Ideen und sind demnach auch eine notwendige Voraussetzung für die Entstehung einer naturwissenschaftlichen Idee.«[2] Diese

Auffassungen Paulis werden auch durch die modernen Chaostheorien bestätigt, nach denen sich in chaotischen, nicht-linearen Zuständen spontan immer wieder Ordnungsfiguren bilden, die sogenannten Fraktale, von denen aus dann neue Ordnungssysteme entstehen können. So erklärt man sich heute auch die Entstehungsgeschichte des gesamten Universums aus einem ursprünglichen Chaos, das dann die festumrissenen Haufen der Galaxien sowie der einzelnen Sterne mit ihren Planetenbahnen bildete. Diese Fraktale zeigen eine verblüffende Ähnlichkeit mit den abstrakten geometrischen Figuren der Archetypen wie Dreieck, Viereck, Kreis, Pentagon etc., aus denen heraus dann komplizierte komplexhafte Gebilde entstehen können. Der Mitarbeiter des Fraktalpioniers Benoit Mandelbrot, Thomas Watson, Research Center der Firma IBM, hat am Computer mit mehreren dieser fraktalen Grundmuster nach unzähligen Rechenschritten schließlich Gebirge, Wolken und Monde auf dem Monitor erscheinen lassen, also hochkomplexe archetypische Gebilde[3].

Das, was an kreativem komplexem Aufbau in der Natur von den chaotischen Fraktalen herführt, trifft mit Sicherheit auch auf unsere Psyche zu, da wir aus den linearen Bewußtseinsprozessen des Tages immer wieder in die nicht-linearen »chaotischen« Prozesse der unbewußten Materia prima des Schlafes zurücksinken.

Aus diesen Überlegungen heraus erhält die Frage, ob man Kindern Märchen erzählen sollte und ihnen überhaupt die Anregung vermittelt, sich mit dieser magisch-mythischen Schicht auseinanderzusetzen und sich in ihr zu bewegen, einen Akzent, der meist übersehen oder wenig beachtet wird. Von einigen werden Märchen als überholt, magisch oder unmodern abgelehnt, auch wegen ihrer oft vorhandenen Grausamkeit verworfen, andere hängen wieder aus Pietät, Romantik oder sentimentalen eigenen Erinnerungen daran und verteidigen sie lebhaft. Unabhängig von solchen Diskussionen aber werden die Märchen weitererzählt, begierig von den Kindern aufgegriffen (die meist das schönste technische Spielzeug liegenlassen, wenn sie ein Märchen hören können), und Märchen nehmen im

Leben der Kinder ohne Rücksicht auf alle Diskussionen ihren alten Stellen- und Bedeutungswert weiter ein.

Das Problem, für oder gegen das Märchen zu sein, ist im übrigen sehr alt und wurde schon vor bald 100 Jahren von dem Dichter Wilhelm Hauff[4] dargestellt. Hauff hat in seiner Märchensammlung eine Geschichte als Vorwort gegeben, die er »Märchen als Almanach« nennt. Der Almanach kam zu dieser Zeit im Stellenwert etwa dem populärwissenschaftlichen Buch von heute gleich. Hauff beschreibt in dieser Geschichte nun, wie das arme Märchen von den rational aufgeklärten Menschen vertrieben wurde und weinend zu seiner Mutter, der Phantasie, flüchtet. Mutter Phantasie ist aufs tiefste empört, daß die Wächter, die die Menschen vor ihrer Welt aufgestellt haben, ihre älteste Lieblingstocher nicht mehr einlassen wollen. Sie vermutet mit Recht, daß die böse Muhme, die Mode, das Märchen verleumdet hat. Einfallsreich wie sie ist, tarnt sie das Märchen, indem sie ihm das Kleid eines Almanachs schneidert, und schickt es so wieder zu den Menschen. Die Wächter merken es leider, daß das Märchen in diesem Gewand steckt, und lachen es aus, aber das Märchen gaukelt ihnen die bunten Bilder seiner Geschichten vor, bis sie einschlafen. Ein freundlicher Mann nimmt das Märchen dann bei der Hand und führt es an den schlafenden Wächtern vorbei zu den Kindern.

Es erscheint nun angebracht, sich einmal von der Psychologie her mit der Frage des Märchens zu beschäftigen und die ästhetischen und moralischen Gesichtspunkte, um die herum meistens der Streit entbrennt, beiseitezulegen. Was bedeutet eigentlich ein Märchen für die Seele des Kindes? Welchen Sinn könnte es haben, über das bloße Vergnügen der Unterhaltung hinaus? Wie kommt ein so starkes Interesse an einem oft vom künstlerischen Standpunkt recht ärmlichen Gebilde zustande?

Um zu einer sinnvollen Antwort zu kommen, ist es notwendig, etwas anders zu denken, als wir das sonst in unserem Kulturkreis üblicherweise zu tun pflegen. Wir sind in der Regel mit unseren Vorstellungen und Gedanken auf die Außenwelt hin orientiert und beziehen von daher unsere Maßstäbe. Wenden wir diese aber auf das Märchen an, dann wird tatsächlich ein haarsträubender Unsinn daraus, den man gutgläubigen Kindern auf keinen Fall weitererzählen sollte. Man kann schon wegen der Witterung unmöglich ein Pfefferkuchenhaus in einem Walde bauen, und wer von uns möchte zum Beispiel eine Prinzessin auf der Erbse heiraten, die unweigerlich bei jedem Händedruck oder Kuß blaue Flecken bekommt?

Es wird vielfach die Auffassung vertreten, daß es sich bei den Phantasiebildungen, die im Mythos und Märchen auftauchen, um Erinnerungsspuren an eine längst vergangene Zeit der Menschheitsentwicklung handelt. So wäre etwa der Drache eine Erinnerung an die Saurier der Urzeit, der Riesenvogel Roch des arabischen Märchens gleich dem Urvogel, dem Archaeopteryx, und ähnliches mehr. Sicher mag darin eine Spur von Berechtigung liegen, man denke etwa an die Sintflut und den Nachweis von Naturereignissen und Katastrophen, die in vorgeschichtlicher Zeit die Menschheit auch tatsächlich heimgesucht haben. Die wissenschaftliche Suche nach dieser Verbindung des Mythologems mit einem in der Außenwelt tatsächlich stattgefundenen Ereignis steht heute in voller Blüte. Der Erfolg eines Buches wie »Und die Bibel hat doch recht«[5] spricht für sich. An vielen Stellen schießt diese Suche aber wohl auch über ihr Ziel hinaus. Ich darf an dieser Stelle auf eine sehr geistvolle Persiflage hinweisen: »Die Wahrheit über Hänsel und Gretel«[6]. Der Autor weist in diesem Buch mit wissenschaftlicher Akribie, ganz im Stile der üblichen Veröffentlichungen auf diesem Gebiet, nach, daß das Märchen von Hänsel und Gretel aus einem tatsächlichen Geschehen heraus entstanden ist, und zwar aus dem Kampf zweier Interessenten im Mittelalter um ein Pfefferkuchenrezept.

Bis zu einem gewissen Grade mag die Herstellung einer Beziehung zwischen Märchen, Mythos, Sage, Legende etc. zur Umwelt durchaus seine Berechtigung haben. Der Mensch steht aber innerhalb seines Lebens nicht nur der einen großen Aufgabe gegenüber, seine Umwelt zu erfahren, zu bestehen, zu bewältigen und zu gestalten, sondern er muß gleichzeitig eine zweite, mindestens genauso große Aufgabe erfüllen, die in der Bewältigung und Gestaltung seiner eigenen Innenwelt besteht. Diese steht als Mikrokosmos dem äußeren Makrokosmos gegenüber und ist ohne Zweifel genauso bedeutsam und umfangreich. Gehen wir einmal von der Vorstellung aus, daß das Märchen, genau wie der Mythos oder auf der höchsten Ebene die Religion als Bestandteil dieser Innenwelt zu verstehen ist und als ein Mittel, diese zu gestalten, so können wir einen Einblick in den Sinn und das Wesen des Märchens erhalten, der uns auf viele Fragen eine Antwort gibt. Hier in der Innenwelt existieren ja alle diese sonderbaren und verwunderlichen Dinge tatsächlich, die in den Märchen vorzukommen pflegen. Wir brauchen gar nicht in fernste Zeiten zurückzugehen, um etwa einen Drachen zu finden, sondern er ist eine lebendige Realität des Heute, Hier und Jetzt wie zum Beispiel in dem nachfolgenden Traum eines 25jährigen Patienten:

Ich bin in einem Haus, das wie eine Halbkugel geformt ist. Ein Drache kommt und frißt alle Menschen auf. Er will auch in das Haus. Es liegen dort alte Waffen herum, und als der Drache durch ein Fenster will, werfe ich ihm Beile entgegen. Er fällt um wie eine Gummipuppe, richtet sich aber wieder auf. Ich kämpfe gegen den Drachen, der jetzt in den Raum eingedrungen ist, mit Pistolen und Messern. Er will mich verschlingen, aber ich versuche nun, mit ihm zu verhandeln. Plötzlich hat er mich doch verschluckt. Ich kann aber weiterleben und sage ihm, er müsse sich übergeben, dann würde er mich wieder los. Der Drache würgte und würgte, hatte aber keinen Brechreiz.

Der junge Mann hatte eine schwere Neurose, und sein Hauptproblem zu dieser Zeit war, sich gegen dunkle Triebansprüche und Triebdurchbrüche zu behaupten, zum Beispiel irgend etwas Wertvolles zu zerstören oder zu zerschlagen. Diese eigene, in ihm wohnende, dunkle, zerstörerische Triebkraft stellt sich ihm im Bilde eines Drachen dar, und er erlebt im Traum das uralte Märchen- und Mythenmotiv vom Drachenkampf. Wir sehen auch, daß er hier noch wenig erfolgreich ist und sein noch schwaches Ich dem Triebbedürfnis nicht widerstehen kann und unterliegt.

Ich möchte diesen Traum aber nur als ein Beispiel für die lebendige Existenz eines Märchenmotives im Unbewußten benutzen, einen Hinweis auf seine Bedeutung für die innere Auseinandersetzung, und ihn nicht ausführlich behandeln. Ich möchte vielmehr auf das Märchen selbst zurückkommen und anregen, sich einige Gedanken über dessen Bedeutung für das Kind zu machen. Das Märchen ist in der Regel das erste und früheste geistig gestaltete Kulturprodukt, mit dem der Mensch in Berührung kommt und das er in sich aufnimmt. Es stammt, abgesehen vom Kunstmärchen, nicht aus der Phantasiewelt eines einzelnen Menschen, sondern gehört zu den kollektiven geistigen Bildungen eines Kulturraumes, an dem wahrscheinlich unendlich viele Menschen mitgewirkt haben, ehe es in der uns bekannten Form schriftlich fixiert wurde. Von anderen Kulturen und in früheren Zeiten ist der Wert des Märchens wie bereits erwähnt für die Erziehung und geistige Bildung des Menschen oft sehr hoch eingeschätzt worden. Auch als Heilmittel wurde das Märchen gebraucht. In der Hindumedizin und bei den Aborigines Australiens gibt es eine Heilmethode für seelisch desorientierte Menschen, denen ein Märchen, in dem ihre Problematik enthalten ist, zur Meditation vorgelegt wird[7]. Alle diese Vorstellungen gehen davon aus, daß in den Märchen mehr enthalten ist als nur eine schöne und interessante Geschichte. Sie basieren auf der Voraussetzung, daß es einen Wert besitzt, unter Umständen einen heilenden Wert, für Bildung und Gestaltung der menschlichen Innenwelt. Die Figuren und Gestalten wie auch die Handlung des Märchens werden dann nicht mehr als ein in der Außenwelt wirklich existierendes Geschehen erlebt, sondern als Personifikationen von inneren seelischen Bildungen und Verläufen. Sie sind Symbole und nehmen stellvertretend den Platz ein für etwas, was sich im Menschen an seelischer Dynamik abspielt und für das kein treffenderes und besseres Abbild gefunden werden könnte. – Ich will im folgenden den Versuch machen, unter derartigen Gesichtspunkten eines der bekannten deutschen Volksmärchen zu betrachten und es einem bestimmten Problem der seelischen Entwicklung des Kindes zuzuordnen. Als

Beispiel möchte ich das Märchen von Hänsel und Gretel benutzen, dessen Inhalt in der üblichen Fassung der Gebrüder Grimm[8] ich kurz ins Gedächtnis zurückrufen möchte:

Das Märchen führt uns zu einer Holzhackerfamilie, in der große Not herrscht. Alles Brot ist bis auf einen halben Laib aufgegessen, und so beschließen die Eltern auf Initiative der Stiefmutter hin, die beiden Kinder im Walde auszusetzen. Die Kinder hören aber von diesem Plan, und Hänsel sammelt Kieselsteine, die er den ganzen Weg über ausstreut, um zurückzufinden. Im Wald angekommen, zünden die Eltern ein Feuer an, geben den Kindern das letzte Stück Brot und heißen sie, sich niederzulegen, während der Vater in der Nähe Holz schlägt. Sie täuschen dann die Kinder durch einen im Wind schlagenden Ast und gehen heimlich nach Hause. Hänsel und Gretel, die am Feuer eingeschlafen waren, warten nach Einbruch der Nacht den Mondschein ab und finden mit Hilfe der Kieselsteine wieder nach Hause zurück.

Es dauert nun nicht lange, dann tritt die gleiche Notsituation in der Familie wieder ein, und diesmal verschließt die Stiefmutter die Tür, so daß keine Kiesel gesammelt werden können. Hänsel benutzt daher Brotkrümel, um den Weg zu markieren, die aber von den Vögeln aufgefressen werden. So sind die beiden Kinder diesmal wirklich im Wald verlassen und auf sich gestellt. Nachdem sie drei Tage umhergeirrt sind, treffen sie auf einen weißen Vogel, der wunderschön singt. Sie gehen ihm nach, und er führt sie zu einem Häuslein »aus Brot gebaut und mit Kuchen gedeckt; aber die Fenster waren von hellem Zucker«. Es folgt die bekannte Szene, in der die Kinder von dem Haus essen und auf die Frage der Hexe, wer an ihrem Haus knabbere, antworten: »Der Wind, der Wind, das himmlische Kind«. Die Hexe nimmt dann die Kinder zunächst freundlich auf, gibt ihnen reichlich zu essen und ein weiches Bett. Am nächsten Morgen aber sperrt sie Hänsel in einen Stall, um ihn wie eine Gans zu mästen und später zu fressen, während Gretel bei ihr putzen und kochen muß.

Nur durch Hänsels List, der Hexe immer ein Knöchelchen statt des Fingers hinzuhalten, kann das Gefressenwerden zunächst aufgehalten werden. Schließlich muß Gretel aber doch den Ofen heizen, in den sie dann mit Hilfe einer List die Hexe selbst stößt, die nun elend verbrennen muß. Die Kinder sind befreit, beladen sich mit all den Schätzen, die im Hexenhaus aufgespeichert sind, und treten den Heimweg an. Dabei stoßen sie auf ein großes, unüberschreitbares Wasser, das den magischen Bereich, den Hexenwald, begrenzt. Hier hilft ihnen eine Ente, die erst Gretel und dann Hänsel über das Wasser trägt. Als sie zu Hause ankommen, ist die Stiefmutter gestorben. Vater und Kinder können nun von den erbeuteten Werten in Glück und Zufriedenheit ohne Not leben.

Es wird am richtigsten sein, wenn wir uns bei unseren Überlegungen gleich mit der Zentralfigur des Geschehens, der Hexe, beschäftigen. Es lassen sich an dieser Hexe zwei Charakteristika herausheben. Einmal ist sie offensichtlich durch und durch böse, im Gegensatz zu anderen ähnlichen Märchenfiguren, wie etwa der Frau Holle, die nur der Pechmarie gegenüber ihren bösen, hexenhaften Aspekt herauskehrt. Zweitens hat sie sehr deutlich und vordergründig etwas mit dem Essen zu tun: Sie ist die Inhaberin eines eßbaren Häuschens. Es wird hervorgehoben, daß sie die halb verhungert bei ihr erscheinenden Kinder reichlich speist. Sie mästet dann den Hänsel, und schließlich ist sie selbst darauf aus, die Kinder zu kochen, zu braten und zu essen. Es scheint sich also in ihrer Figur eins der ganz tiefen, frühen und archaischen Probleme des Menschen zu verkörpern, von dem schon Schiller[9] sagte:

»Einstweilen, bis den Bau der Welt
Philosophie zusammenhält,
Erhält sie (gemeint ist die »Natur«) das Getriebe,
Durch Hunger und durch Liebe.«

Diese Hexe ist eine böse, eine dämonische Mutterfigur, die den Hunger der Kinder dazu benutzt, um sie in ihre Gewalt zu locken, sie gefangenzuhalten, ihre Arbeitskräfte wie die Gretels für höchst egoistische Zwecke auszunutzen und sie zum Schluß aufzufressen. Wir können uns zunächst fragen: Gibt es solche Mütter? Auf diese Frage müssen wir mit einem Ja und einem Nein antworten. Mit einem Nein, weil es das reine Böse bei einem Menschen wohl gar nicht oder nur ganz selten gibt. Märchenfiguren sind Typen, und sie verkörpern in sich nur allgemeinmenschlich typische Charakteristika, lassen aber die oft in sich widerstrebende oder nebeneinander herlaufende Vielfalt der verschiedensten Gemütsbewegungen und Eigenschaften, die erst den eigentlichen Menschen ausmachen, vermissen. Hierauf hat besonders M. Lüthi[10] hingewiesen. Mit einem Ja müssen wir unsere Frage deshalb beantworten, weil es diesen mehr oder weniger unbewußten Zug, das Kind verwöhnend bei sich festzuhalten, seine Liebe durch Süßigkeiten zu kaufen, sein Selbständigwerden zu verhindern und seine Existenz zur Befriedigung der eigenen Bedürfnisse und Ansprüche zu benutzen, bei doch sehr vielen Müttern leider gibt. Wir kennen viele Fälle schwerer kindlicher Neurosen, bei denen eine solche »fressende Mutterliebe« tatsächlich die Eigenpersönlichkeit des werdenden Menschen verschlungen hat. Wenn wir sehr ehrlich mit uns selber sind, dann werden wir sogar entdecken, daß wir alle in mehr oder minder großem Maße solche Züge in uns finden.

Es bedarf immer wieder einer ernsthaften Selbsterziehung, um zu verhindern, daß wir unsere Kinder dazu benutzen, die eigenen Ansprüche durch sie erfüllen zu lassen.

Wir haben mit dieser Überlegung, die ich hier nicht weiter ausführen möchte, bereits *eine* Antwort auf die Frage der psychologischen Bedeutung des Märchens für das Kind gefunden:

Das Kind erlebt und lernt an den Figuren des Märchens mit den auf es zukommenden, für die eigene Persönlichkeit gefährlichen und negativen Ansprüchen und Bedürfnissen der Umweltfiguren umzugehen. Es erlebt, wie man übermächtigen Kräften gegenüber, wie es der Erwachsene im Vergleich zum Kinde ist, bestehen kann, welche Formen und Möglichkeiten des Umganges es mit diesen Mächten gibt und wie man sie schließlich auch überwinden kann.

Ich glaube aber, daß diese Seite noch nicht einmal die wichtigste ist, daher wollen wir nun einen weiteren Schritt vollziehen, den ich bereits anfangs erwähnte, indem wir das Märchen und seine Figuren in die Innenwelt des Kindes verlegen. Wir würden in der Hexe nicht mehr die negative Kehrseite einer »overprotective mother«, die in der Umwelt wirklich existiert, sehen, sondern wir nehmen an, daß sich in dieser Figur ein dem Kinde innewohnendes Problem verkörpert. Wir nehmen also, ganz primitiv gesprochen, an, daß in dem Kinde selbst etwas existiert, was man als Hexe bezeichnen könnte. Um nun zu beantworten, um was sich das handelt, kehren wir zunächst noch einmal zu unserem Märchen zurück.

Das Märchen von Hänsel und Gretel weist wieder eine sehr deutliche Einteilung in zwei verschiedene Welten auf. Da gibt es zunächst die Welt des realen Alltags, in der ein einfacher Holzfäller mit seiner Familie lebt, und dann gibt es im geheimnisvollen Dunkel des Waldes die andere, magische Welt, in der Hexen existieren, hilfreiche Vögel, unermeßliche Schätze und anderes mehr.

Übertragen wir dieses Motiv wieder in den Bereich der Seele, so läßt sich für die reale Welt des Alltags unser Bewußtsein einsetzen, für die wunderbare magische Welt aber unser Unbewußtes. Es ist eigentlich gar nicht zu übersehen, daß alle diese merkwürdigen und unwahrscheinlichen Dinge, die sich dort zutragen, ganz genauso in unseren Träumen und Phantasien, den Manifestationen unseres Unbewußten, vorkommen. Innerhalb dieses Bereiches regiert in dem Hänsel- und-Gretel-Märchen die Hexe, eine der wichtigsten Hauptgestalten des magischen Reiches, die später noch ausführlicher behandelt werden soll. Wir finden diese Figur immer wieder, teils als Hexe, teils als Spinnenfrau in nordamerikanischen Märchen[11] oder als Babayaga[12] in russischen, teils als Dämonin oder als Gottheit, als Ahnfrau, als Großmutter oder gar nur als altes Weib, das über ein tieferes Naturwissen verfügt, wie die Alte in den »Zertanzten Schuhen«, die dem Soldaten sagt, wie er herausbekäme, was die Prinzessinnen des Nachts trieben. Sie ist teils gut, teils böse, ein Problem, das wir auch bei Frau Holle streifen, und stellt so eine archetypische Mutterfigur dar, die ein überlegenes Wissen und überlegene Kräfte besitzt und den Menschen teils hilfreich und spendend, teils dämonisch und zerstörend entgegentreten kann. Sie hat ihre mythologischen Parallelen in den großen Naturgöttinnen der vorchristlichen Religionen und stellt so eine Personifikation einer tiefen, gewaltigen, das bewußte Ich des Menschen weit übersteigende Naturkraft dar.

Wir können uns an dieser Stelle einmal darüber klarwerden, daß unser bewußtes Ich keineswegs immer der Herr im eigenen Hause ist, sondern daß wir Menschen von tieferen seelischen Kräften gesteuert werden, mit denen wir oft nur sehr unzureichend umzugehen verstehen. Wenn es gutgeht, können wir der Diener segensreicher gestaltender und produktiver Kräfte werden, wenn es schlechtgeht, werden wir zum Exponenten dunkler, dämonischer Triebe wie Machtgier, Zerstörungswut und Freßlust in pathologischem Sinne.

Versuchen wir aber jetzt einmal, diese vorher erwähnten mythischen Bilder in den Alltag hineinzubringen, und zwar in das alltägliche Erleben einer kindlichen Existenz. Es ist dazu nötig, noch einmal an den ganz frühen Anfang des werdenden Menschen zurückzugehen: Ursprünglich ist das Kind psychisch und physisch eine Einheit mit der Mutter, und erst ganz allmählich im Laufe vieler Entwicklungsjahre erfolgt eine mehr oder weniger geglückte Lösung, Abtrennung und Verselbständigung aus diesem Einheitszustand heraus. Wir wissen heute, daß dieser Vorgang weder nach der einen noch nach der anderen Seite hin gestört werden darf, ohne daß schwere Schädigungen bei dem betreffenden Kinde auftreten. Zu frühe Verselbständigung, im Extremfall etwa Fortfall der Mutter wie beim Hospitalkind, ergibt Stehenbleiben und Rückfall der körperlichen-seelischen Entwicklung, wie es besonders R. Spitz[13] gezeigt hat. Andererseits ergibt wieder ein Zuviel an »Mutter« eine Schädigung der Selbständigkeit und der Individualität des Kindes. Durch diese vorgegebenen Tatsachen der menschlichen Entwicklung erhält der Faktor Mutter, wenn ich es einmal so nennen darf, für das Kind je nach der entsprechenden Situation einen negativen oder positiven Charakter.

Übertragen auf eine Alltagsgeschichte mag das so aussehen: Ein Kind ist soweit, daß die ersten Ausflüge in die Welt gestartet werden und etwa ganz alleine ein Lutscher aus dem Lebensmittelgeschäft geholt wird. Bevor so ein Kind losgeht, vollbringt es eine große Leistung: Es muß seine eigene Angst überwinden und die mit der Angst auftauchenden Sehnsüchte, lieber in der Geborgenheit zu bleiben, sich überfüttern zu lassen, lieber zu Hause zu bleiben. Gibt das Kind jetzt nach und sagt: »Nein, ich gehe lieber doch nicht«, dann hat die Hexe es geschnappt, und es sitzt wie Hänsel hinter Gittern. Geht es dagegen los, dann gerät es vielleicht sogar noch einmal mit der Hexe in Konflikt. Wir sind kein sehr kinderfreundliches Land, und im Laden kümmert sich oft niemand um das Kind. Erwachsene drängen sich rücksichtslos vor. Wieder muß das Kind Angst überwinden und mit der Angst den Impuls, wegzulaufen und unter Mutters Schürze zu kriechen. Es muß sich bemerkbar machen, muß mit dem Kaufmann verhandeln und den sorgsam gehüteten Groschen eintauschen gegen den ersehnten Lutscher. Hat das Kind dies geschafft, dann hat es wieder die Hexe überwunden, alle Not hat ein Ende, und es kann die Schätze bzw. den Lutscher nach Hause tragen. Wieder ist hier das, was im Märchen Hexe heißt, ein tiefer instinktiver Impuls, ein bequemes, sattes, warmes Nest dem Kampf um die Welt vorzuziehen. Das Märchen schildert nun sehr eindringlich, was hinter der Fassade von solchen Geborgenheitswünschen passiert. Wir würden damit eine zweite Antwort auf die Frage nach der psychologischen Bedeutung des Märchens für das Kind erhalten:

Das Kind muß lernen, sich mit den tief instinktiven und triebhaften Gegebenheiten seiner eigenen Natur auseinanderzusetzen, und muß sein Ich gegenüber diesen oft überlegenen Kräften behaupten. Die Märchen bieten dem Kind hierbei in bildhaft-symbolischer Form typische Möglichkeiten und Entwürfe an, um in diesem Kampf zu bestehen.

Betrachten wir unter diesem Gesichtspunkt ein Motiv wie das Verbrennen der Hexe im Backofen, so bekommt es einen anderen, tieferen Sinn, wie auch die sogenannte Grausamkeit der Natur meist viel weniger grausam ist als das, was der angeblich zivilisierte Mensch tut. Der Backofen ist seinerseits selbst wieder ein Mutterleib-Symbol, aus dem die Brote knusprig und braun geboren werden. Der Weg von der Gewinnung des Getreides zur Herstellung des Brotes ist ein Weg der Verwandlung eines Naturproduktes in eine spezifisch menschliche Nahrung. So ist der Backofen gleichzeitig ein Wandlungssymbol, in dem eine Naturkraft in etwas menschlich Genießbares umgestaltet werden soll. Die Aussage des Märchens würde dann lauten, daß die negativ-dämonische Seite des mütterlichen Triebgrundes reif für eine Wandlung wäre und sie erfahren sollte. Recht typischerweise fällt auch im Märchen in dem Augenblick, als die Hexe verbrennt, die Stiefmutter fort, was auf den geheimen Zusammenhang dieses Problems im Bewußten und Unbewußten hinweist. Wenn die Bewußtseinssituation verarmt ist und keine neuen Erfahrungen mehr gemacht werden, dann stagniert das Leben und hungert. Es ist dann sogar nötig, daß solche Antriebe auftreten, wie die der Stiefmutter, die die Kinder in den Reichtum der unbewußten Welt stoßen.

Auch den weißen Vogel mit dem lieblichen Gesang können wir auf dieser Ebene verstehen. Vögel stehen sehr oft im Traum für Gedanken, Phantasien, intuitive Ideen oder geistige Inhalte. Weiß ist nun die Farbe der Gläubigkeit, des Heils, des Friedens und der Freude. Man sollte eigentlich erwarten, daß das ein schwarzer Unheilsbote ist, der die Kinder da verführt und verlockt, ihnen zum Haus der Hexe zu folgen, eine negative, dunkle und böse Idee. Das ist aber nicht der Fall. Das Märchen ist mit Recht der Ansicht, daß es eine glänzende, eine gute Idee ist, der Pfefferkuchenhexe zu begegnen und sich mit ihr auseinanderzusetzen, und wir können uns dieser Meinung ruhig anschließen.

Etwas Ähnliches steckt in den Kieselsteinen und den Brotkrümeln des Hänsel. Wenn wir uns an das Starre und Tote, den Stein, halten, dann kommen wir zwar immer wieder zurück, aber ändern tut sich gar nichts. Die alte Not, der alte Hunger bleibt immer derselbe. Es gibt auch viele erwachsene Menschen, die dauernd Kieselsteine streuen, wenn sie etwas machen oder denken, und die nie aus dem Gewohnten herauskommen. Als aber das Brot gestreut wird, die Wandlungssubstanz, wie wir es vorher sahen, da geschieht etwas. Da verschwindet dieses Symbol aus dem Bewußtsein, um dann erst wieder in der Form des Backofens aufzutauchen.

Je länger man Märchen meditiert, je mehr man sich mit ihnen beschäftigt, desto mehr öffnen sie sich und zeigen verborgene Feinheiten und Schattierungen, die man vorher noch übersehen hatte. Hänsel und Gretel werden ausgesetzt und auf diesen Weg gestoßen. Sie weinen bitterlich und wollen gar nicht in diese unheimliche, fremde Welt, von der her letztlich allein ihre Erlösung kommen kann. Ist das nicht an unendlich vielen Stellen unser menschliches Schicksal? Ich erinnere mich in diesem Zusammenhang an die großartige Darstellung Klaus Kammers von dem »Bericht an eine Akademie« von Kafka. Dort wird die Menschwerdung dargestellt, die ein Affe aus bitterster Not und Zwang heraus freiwillig-unfreiwillig vollzieht. Die Not, als eine der großen Lehrmeisterinnen der Menschheit, führt auch hier im Märchen die unfreiwilligen Helden ihrer Aufgabe zu. Wir kennen dieses zutiefst menschliche Motiv von dem normal ängstlichen Menschen, den nur das Schicksal dazu zwingt, ein Held zu werden, und der nur allzugern davonlaufen würde, aus sehr vielen Märchen und Mythen. Man denke da nur an die sehr schöne Geschichte von Jona und dem Walfisch aus der Bibel.

Es wäre noch etwas zu dem Schluß des Märchens zu sagen. Wir treffen da auf die erstaunliche Tatsache, daß sich auf dem Rückweg der Kinder nach Hause offensichtlich die ganze Landschaft verändert hat. Wo vorher ein übergangsloses Ineinander der beiden Welten vorhanden war und die normale Holzfällerwelt einfach in den magischen Bezirk überging, da trennt jetzt ein großes, breites Wasser diese beiden Reiche. Nur mit Hilfe der Ente sind die beiden Kinder in der Lage, wieder in das Alltagsleben zurückzukehren. Bildlich drückt sich hierbei ein Zustand aus, der gegenüber dem Anfang des Märchens deutlich einen psychologischen Fortschritt darstellt. Die fehlende Abgrenzung zwischen Bewußtsein und Unbewußtem finden wir vorwiegend bei einem noch unreifen und labilen Ich. Ein solcher Mensch ist noch allen Affekten, Launen, Impulsen oder Triebbedürfnissen, die aus der unbewußten Psyche aufsteigen, ausgeliefert. Er lebt im Stadium einer participation mystique[14] mit diesen unbewußten Inhalten. Sein Ich ist ihnen ausgeliefert, wird von ihnen überschwemmt oder gerät ganz und gar in ihren Bann. Beim stabilen und gesunden Ich dagegen besteht eine klare Grenze zwischen den beiden Bereichen. Das Ich ist in der Lage, zu entscheiden, welcher aufsteigende Impuls, welches Bedürfnis angenommen und ausgeführt werden soll und welches nicht. Erst wenn die magische, böse und negative Seite des Unbewußten, die Hexe, überwunden ist, entsteht diese klare Grenze. Ein Tier wie die Ente, das in der Lage ist, in zwei Bereichen zu leben, der Luft und dem Wasser, mag dann auch das geeignete Symbol sein für den Vermittler zwischen diesen beiden Welten. Sie wird so zu dem passenden Transportunternehmen für das, was hinüber kann und darf, und für das, was vom Bewußtsein abgewiesen werden muß.

Ich bin mir darüber klar, daß ich nur einen kleinen Teil dessen angedeutet habe, was in einem solchen Märchen enthalten ist. Jedes Kunstwerk, und das Märchen ist ein Kunstwerk, gestaltet von der Seele eines ganzen Volkes, ist im Grunde genommen unerschöpflich und weit wie der gestaltende, schöpferische Grund der Seele selbst. Ich wollte hier nur einige Anregungen geben, welche Gedanken und Vorstellungen man sich über ein solches Gebilde machen kann; welche Wirkungen ein solcher dynamischer Bildablauf in der Seele auszulösen vermag, der tiefenpsychologische Erfahrungen enthält, die die Wissenschaft heute und jetzt in rational-abstrakten Begriffen beschreibt.

Das, was heute unsere modernsten Erfahrungen sein mögen, wußte das Märchen längst, seit uralter Zeit. Es redet nur in der anderen, sehr einfachen und gleichzeitig sehr schwierigen und sehr tiefen Sprache der Bilder.

Märchenmotive in Träumen und Phantasien

Während im vorangegangenen Kapitel der Ausgangspunkt meiner Überlegungen ein Märchen war und ich seinen Ablauf mit seelischen Erlebnisweisen in Beziehung gebracht habe, soll jetzt der umgekehrte Weg beschritten werden. Das Ausgangsmaterial stellen im folgenden die Träume, Phantasien, Erinnerungen und Einfälle der Patienten dar, die wegen einer seelischen Erkrankung eine psychotherapeutische Behandlung in Anspruch nahmen. Von diesen Phantasieprodukten ausgehend, sollen dann Parallelen zu den Märchenstoffen aufgezeigt werden.

Die Reichhaltigkeit von Mythologemen und Märchenstoffen in den unbewußten Phantasien des Menschen ist, wie insbesondere die Arbeiten von Freud[1] und Rank[2] erweisen, bereits der frühen Psychoanalyse aufgefallen. Erst durch die Arbeiten C. G. Jungs und seiner Schüler aber ist dieser mythologischen Schicht des Unbewußten eine besondere Würdigung gegeben worden. Nach der Auffassung von Jung existiert gewissermaßen unterhalb der persönlichen Erinnerungen und Vorstellungsinhalte in unserem Unbewußten eine Schicht allgemeinmenschlicher seelischer Entwicklungsmöglichkeiten, die uns von der Anlage her bereits mitgegeben sind und von der kulturentsprechenden Bilderwelt aufgefüllt werden. Jung nennt diese Schicht das kollektive Unbewußte. Die Sprache des kollektiven Unbewußten ist die der Welt mythologischer urtümlicher Bilder, und sie kann, richtig verstanden, den Menschen auf Erlebnisweisen und Möglichkeiten des seelischen Funktionierens hinweisen, die an sich außerhalb seiner persönlichen Erfahrung liegen. Jung schreibt hierzu:

»Wir können ein persönliches Unbewußtes unterscheiden, welches alle Aquisitionen der persönlichen Existenz umfaßt, also Vergessenes, Verdrängtes, unterschwellig Wahrgenommenes, Gedachtes und Gefühltes. Neben diesen persönlichen unbewußten Inhalten gibt es aber andere Inhalte, die nicht aus persönlichen Aquisitionen, sondern aus der ererbten Möglichkeit des psychischen Funktionierens überhaupt, nämlich aus der ererbten Hirnstruktur stammen. Das sind die mythologischen Zusammenhänge, die Motive und Bilder, die jederzeit und überall ohne historische Tradition oder Migration (Wanderung, der Verf.) neu entstehen können. Diese Inhalte bezeichne ich als kollektiv unbewußt. So gut wie die bewußten Inhalte in einer bestimmten Tätigkeit begriffen sind, so sind es auch die unbewußten Inhalte, wie uns die Erfahrung lehrt. Wie aus der bewußten psychischen Tätigkeit gewisse Resultate oder Produkte hervorgehen, so gehen auch aus der unbewußten Tätigkeit Produkte hervor, zum Beispiel Träume und Phantasien.«[3]

Diese tiefe seelische Schicht urtümlicher Bilder wird immer dann angesprochen, wenn eine äußere oder innere Situation mit den herkömmlichen, bisher praktizierten und gelernten Erlebnisweisen, Haltungen und Mitteln nicht mehr verstehbar und lösbar ist. Im Grunde genommen stellt jede Neurose ein solches unlösbares inneres und äußeres Problem dar, und je schwerer und tiefgreifender dieses ist, desto mehr häufen sich oft die ungewöhnlichen, bizarren, kosmischen und mythologischen Motive, die aus dem Unbewußten auftauchen. Was für die seelische Krankheit gilt, die ein Steckenbleiben in solch einer problematischen Krise bedeutet, gilt aber auch beim Gesunden für die normalerweise in jedem Leben auftretenden Krisensituationen. Jeder Mensch kennt den Zustand, daß bei ihm in einer schwierigen inneren oder äußeren Notlage die »unwahrscheinlichsten« Gedanken und Phantasien auftauchen. Man hat schwere, unruhige Träume von dunklem, hintergründigem Inhalt, die so sonderbar sind, daß man sie überhaupt nicht versteht. Aus alledem heraus kristallisiert sich dann vielleicht, wenn es gutgeht, eine Lösung oder eine Idee, auf die man vorher nie gekommen wäre. Es zeigt sich ein Weg, der bisher ganz unbekannt war und von dessen Möglichkeiten man so lange noch gar nichts wußte. Wie das Ganze geschehen ist, weiß man nicht so genau. Man nimmt es in der Regel mit gutem Recht als ein Geschenk der inneren Natur hin. Nur der mit diesen Vorgängen vertraute Psychotherapeut, der gleichzeitig eine entsprechende Kenntnis der Mythologie hat, weiß, daß in diesen bizarren Träumen und Phantasien mythologische Motive enthalten sind, in denen bereits die Lösungsmöglichkeit steckt. Die Seele hat, um in einem Bild zu sprechen, gewissermaßen bei einem alten weisen Mann, der in uns selbst enthalten ist, nachgefragt, wie der Mensch solche Probleme schon immer gelöst hat oder lösen konnte, und dieser hat eine Antwort gegeben. Die Schwierigkeit besteht aber immer wieder darin, diese Stimme der eigenen tiefen inneren Natur richtig zu verstehen und auch verstehen zu wollen; denn manchmal ist das, was da gesagt wird, für das Bewußtsein widerwärtig, unangenehm oder gar beängstigend.

Ich möchte nun ein Beispiel bringen, das dieses Funktionieren der Seele zeigt und an dem deutlich wird, wie ein Problem zunächst mit den »konventionellen Methoden« angegangen werden soll. Erst wenn diese sich als untauglich erweisen, flutet die seelische Energie in eine tiefere Schicht und bringt von dorther ein Mythologem an die Oberfläche. Dieses enthält für den Träumer eine Lösungsmöglichkeit. Das Beispiel stammt von einer siebenunddreißigjährigen Frau, die am Beginn einer psychotherapeutischen Behandlung folgenden Traum hatte:

Ich war bei meinem Arzt in der Behandlungsstunde, und wir verabredeten einen Termin für die nächste Sitzung. Wir befanden uns in einem Nebenzimmer des Behandlungsraumes. Dann hielten wir uns bei den Händen. Ich wurde aktiv und drückte sie zärtlich, hatte aber dabei plötzlich Schuldgefühle. Dann kam die Frau des Arztes plötzlich herein und sagte: »Es ist ja hier eine furchtbare Luft, so, als ob die Höhensonne gebrannt hätte«, und sie öffnete das Fenster. Dann war ich auf einmal in dem richtigen Behandlungszimmer, und es war so, als ob dieses ein See wäre. In diesem See schwamm der Kopf des Arztes in einer gläsernen Schale, und er sagte, ich müßte mir darüber

klarwerden, daß es kaum noch zu erwarten wäre, daß ich einen
Mann bekäme, weil ich nicht attraktiv, nicht jung genug sei und
nicht genug Anstrengungen mache. Dann verwandelte sich der
Kopf und wurde wie eine Unterwasserpflanze, die sich völlig
mit Wasser aufsaugte. Es waren dann noch zwei junge Töchter
meines Arztes dabei, und wir schwammen zu dritt um diese
Pflanze herum, hoben sie feierlich und vorsichtig auf unseren
Händen aus dem Wasser und stellten sie in die Sonne, damit sie
sich wieder ausbreite. Das Ganze war mit mehr religiösen Ge-
fühlen begleitet, so, als ob es sich bei der Pflanze um etwas
Göttliches handelte.

Es muß nun zunächst etwas über die Situation und das Problem dieser Träumerin gesagt werden. Sie war eine geschiede-
ne Frau und hatte keine Kinder. Zwei Versuche, eine Ehe zu
führen, waren fehlgeschlagen, und sie fragte sich zu dieser
Zeit, ob sie nicht doch noch alle Energie und allen Mut aufbringen sollte, um einen dritten Versuch zu wagen. Sie hatte
einen künstlerisch-schöpferischen Beruf, an dem sie sehr hing
und in den hinein sie in den letzten Jahren ihre ganze Seele
gelegt hatte. Sie war in schwere Zweifel gekommen, ob das
richtig gewesen war, und wurde von erheblichen Ängsten vor
Einsamkeit überflutet. Von diesen Ängsten getrieben, erwog
sie ernsthaft, einen Mann ihres Bekanntenkreises zu heiraten
und aus dem Beruf herauszugehen. Die Ängste bewirkten bei
ihr, daß sie sich auch auf diesem beruflichen Sektor unsicher
fühlte.

Der Traum handelt nun sehr hintergründig das Problem der
Mann-Frau-Beziehung an der Existenz der Figur des Analytikers ab. Er beginnt damit, daß mit den »konventionellen«
Mitteln gearbeitet wird: Mann und Frau, der Arzt und die
Patientin, treffen in einer nahen seelischen Beziehung aufein-
ander. Die Patientin reagiert zunächst einfach als Frau. Es ist
die gewöhnliche und übliche Fortsetzung der Beziehung zwischen Mann und Frau, daß nach der Herstellung seelisch-ge-
fühlsmäßiger Harmonie die Situation erotisch wird. Das geht
hier aber offensichtlich nicht. Sie bekommt Schuldgefühle,

und als deren Ausdruck tritt im Traum die Frau des Arztes ein und charakterisiert die Situation sehr treffend als übelriechend und als künstlichen Ersatz (Höhensonne). Die Flut der Gefühle und der seelischen Energie, die in den üblichen Bahnen ihren Abfluß suchte, findet ihn nicht. Sie wird unterbrochen, gestaut, fließt wieder zurück und muß einen anderen Weg suchen. Der Traum charakterisiert bereits am Anfang sehr schön, daß es sich hier nicht um den richtigen Weg handelt; denn er verlegt die ganze Szene in ein Nebenzimmer.

Nun erfolgt ein neuer Ansatz, und diesmal findet er in dem richtigen Behandlungsraum statt. Die seelische Energie ist den kollektiven Bildern zugeflossen, und die Situation, die das Traum-Ich der Patientin jetzt erlebt, wird märchenhaft. Das Ganze spielt in einer Welt unter Wasser. Von dem Arzt ist nur noch der Kopf da, der ihr offensichtlich sehr harte und unangenehme Dinge sagt, und schließlich verwandelt er sich in eine von Nixen oder Nymphen umschwommene Pflanze, die in einer Art Geburtsvorgang aus dem Wasser an das Sonnenlicht gehoben wird. Diesmal aber ist es die richtige, natürliche Sonne und keine Höhensonne, keine mechanische Apparatur, die der Mensch aus- oder anstellen kann. Auch die begleitenden Gefühlsqualitäten haben sich geändert. Das, was vorher Zärtlichkeit war, ist religiös geworden.

Die Träumerin stand diesen, wie sie sagte, abstrusen Ideen zunächst ratlos gegenüber. Bei den entsprechenden Kenntnissen der menschlichen Kollektivseele läßt sich aber doch ein durchaus verständlicher Sinn darin finden. Der wahrsagende, sprechende Kopf findet sich in vielen Märchen, sei es als Tierkopf wie in der Gänsemagd der Brüder Grimm[4] oder als Menschenkopf wie im südamerikanischen Märchen »Der Mond«[5] oder im Eskimo-Märchen »Der rettende Totenkopf«[6]. In allen diesen Märchen handelt es sich um einen sprechenden Schädel, der offensichtlich über ein geheimes Naturwissen verfügt. Dem entspricht, daß bei sehr vielen Völkern der Kopf als Sitz der Seele oder des Lebenszentrums angesehen wird und so auch das ganze Wesen und Wissen des Betreffenden enthalten kann. Nach Lévy-Bruhl[7] heben die Eingeborenen von Neu-

Guinea die Schädel der Verstorbenen auf, schmücken sie und nennen sie »korwars«. In diesem Schädel, so glauben sie, wohne die Seele des Verstorbenen, und keiner der Eingeborenen wird bei einer wichtigen Entscheidung versäumen, diesem Schädel ausführlich seinen Plan zu erläutern und ihn um Rat zu fragen.

Setzt man diese Vorstellungsinhalte in den Traum ein, so reduziert die in dieser Frau wohnende primitive Naturseele den Arzt auf das Symbol eines Kopfes, der mit wahrsagenden, aus Märchen und Mythen bekannten Qualitäten ausgestattet ist. Diesem unterbreitet sie gewissermaßen ihren Plan, zu heiraten, und er weissagt ihr, daß dieser Plan sinnlos sei, weil er nicht gelingen könne. Daß sie nicht mehr jung ist, stimmt mit der Wirklichkeit überein, obwohl sie eine ausgesprochen attraktive Frau ist. Der harte Satz von der fehlenden Attraktivität dürfte also mehr den Sinn haben, daß es verfehlt wäre, ihre Energien in äußere Anziehungskräfte zu investieren. Offensichtlich hält also dieser Kopf nicht viel von ihren allzu verständlichen Wünschen und rät ihr ab, Aufmerksamkeit und Energie in diese Richtung zu verschwenden. Selbstverständlich gibt der Arzt selbst in der Therapie keine Ratschläge, sondern es handelt sich hier um ein spontanes Produkt des Unbewußten der Patientin, das heißt um einen Rat, den dieses Unbewußte an das Bewußtsein gibt.

Nachdem dies geschehen ist, gesellt sich die Patientin zu den »Töchtern des Kopfes«, was einer Zuwendung des Ich zu dieser inneren Naturseele entsprechen würde. Daraufhin erfolgt die Verwandlung. Die auftretenden Nixen oder Nymphen sind uns aus unendlich vielen Erzählungsstoffen her bekannt: Sie treten, wohl je nachdem, in welcher Haltung oder Situation man ihnen begegnet, teils als hilfreiche, teils auch als gefährliche Naturwesen auf. Es handelt sich um ein tiefes Stück weiblicher Natur, das hier in seiner Tendenz, dem Auftauchen und der Sonne zuzustreben, am ehesten an das schöne Märchen von Andersen »Die Seejungfrau«[8] erinnert. Andersen hat hier in der Gestalt der jüngsten Tochter eines Meerkönigs einer tiefen, der Natur innewohnenden Sehnsucht nach Bewußtwerdung, die allein die unsterbliche Seele vermittelt, Ausdruck gegeben: Dieses Märchen und das Motiv der Nymphen oder Nixen werden im nächsten Kapitel in Verbindung mit einem Lieblingsmärchen der Kindheit ausführlich besprochen.

Eine ähnliche Sehnsucht nach Bewußtwerdung finden wir auch in der bekannten romantischen Erzählung »Undine« von de la Motte Fouqué[9]. Auch Undine ist die Tochter eines Seekönigs und hat ebenfalls die unbezwingliche Sehnsucht nach Beseelung. Sie wird daher einem Fischerehepaar zugespielt, das sie großzieht. Als bei einem Sturm ein Ritter in deren Hütte Unterkunft sucht, bezaubert sie ihn durch ihren Liebreiz. Ein passenderweise ebenfalls vom Sturm in die Hütte verschlagener Priester traut das Paar. Sie gesteht ihrem Mann, daß sie keine Seele besitze, und bittet ihn gleichzeitig flehentlich, daß er ihr nie in der Nähe eines Wassers ein böses Wort gebe, da sie sonst von den Bewohnern dieses Elementes zurückgeholt würde.

Der Ritter nimmt sie mit auf seine Burg, aber natürlich plagt ihn das gute christliche Mißtrauen, und zu aller Verhängnis erscheint dann auch noch ein schönes Fräulein Berthalda, die des Ritters Frau zu werden hofft. Dem Ritter wird nun Undine immer unheimlicher, und als sie bei einer Bootsfahrt anstatt der ins Wasser gefallenen Kette Berthaldas eine Korallenkette hervorzieht, schilt er sie eine Hexe und Zauberin. Tränenüberströmt schwingt sich Undine über den Rand des Nachens und verschwindet in ihrem Element, aber nicht ohne den Ritter zu warnen, ihr treu zu bleiben, da die Wasservölker sich sonst rächen würden.

Der Ritter schlägt aber die Warnung in den Wind und rüstet nach einiger Zeit die Hochzeit mit Berthalda aus. Diese läßt am Hochzeitstag aus dem von Undine versiegelten Schloßbrunnen Schönheitswasser holen. Als man den Stein, der den Brunnen verschließt, abhebt, steigt der Geist Undines daraus hervor, begibt sich zu dem Ritter, umarmt ihn, und er stirbt an dem Kuß.

Hier ist der Erwerb der Seele nicht an die Hochzeit als

solche geknüpft, sondern an den dauernden Lebensbund, und beide scheitern, als sie ihn nicht einhalten. Die gefährliche und die beglückende Seite dieses weiblichen Naturwesens sind in dieser Erzählung in einer Figur vereint.

Kehren wir aber zu dem Traum der Patientin zurück: Offensichtlich durch Zurücksinken des Bewußtseins in diese tiefe unbewußte Schicht der weiblichen Naturseele wird in dem Symbol des Kopfes ein Wandlungsgeschehen und ein zur Sonne gerichteter Geburtsvorgang ausgelöst. Nach den Angaben der Patientin selbst handelt es sich um ein religiöses Geschehen. Es erscheint dementsprechend angebracht, eine Analogie zu dieser merkwürdigen Pflanzengeburt aus dem religiösen Raum zu suchen. Wir kennen das Motiv der Blumengeburt im Abendland kaum, dagegen ist es im orientalischen Raum, vor allem im Buddhismus, wohlbekannt, und es gibt viele Geschichten von einer Lotosgeburt des Buddha. In der Schrift »Leben und Lehren von Tibets großem Guru Padma-Sambhava« wird die Lotosgeburt eines Buddha beschrieben:

Da dachte Buddha Amitabha bei sich: »Ich will im Dhanakosha-Teich geboren werden«; und aus seiner Zunge schoß ein Strahl roten Lichts, das meteorgleich in die Mitte des Teiches drang. Wo der Strahl einfiel, erschien eine kleine, mit goldfarbigem Gras bedeckte Insel, aus deren Mitte sich eine Lotosblume erhob. Gleichzeitig sandte Buddha Amitabha aus seinem Herzen ein hellstrahlendes fünfzackiges Szepter, das in die Mitte der Lotosblume eindrang...

Als sich bei der Rückkehr in das Land Ugyan der Minister Tribunadhara dem König zur Begrüßung nahte, sah der König einen fünffarbigen Regenbogen über dem Dhanakosha-Teich. Der Himmel war wolkenlos, und die Sonne strahlte...

Der König und der Minister gingen zu dem Teich und erreichten in einem kleinen Boot die Stelle, über der der Regenbogen stand. Hier erblickten sie eine duftende Lotosblüte, deren Umfang einen Körper mit verschlungenen Armen einrahmte. Inmitten der Blüten lag ein rotbäckiger kleiner Knabe, der dem

*Buddha sehr ähnlich war und in seiner rechten Hand eine
kleine Lotosblüte, in der linken Armbeuge einen kleinen drei-
zackigen Stab hielt.*

*Den König erfüllte große Verehrung für dieses selbstgeborene
Kind, und er weinte im Übermaß der Freude. Er fragte das
Kind: »Wer sind dein Vater und deine Mutter, aus welchem
Land und welcher Kaste kommst du? Welche Nahrung erhält
dich, und warum bist du hier?« Das Kind antwortete: »Mein
Vater ist Weisheit und meine Mutter Leere. Mein Land ist das
des Dharma. Ich gehöre keiner Kaste und keinem Glauben an.
Verworrenheit erhält mich, und hier bin ich, um Lust, Ärger und
Trägheit zu zerstreuen.« ... Vor Freude überwältigt, nannte der
König das Kind »In den Teich geborenen Dorje«; und er und
sein Minister bezeugten ihm Ehrfurcht[10].*

Sinn und Inhalt dieser Lotosgeburt ist hier eine religiöse
Figur, ein Buddha, dessen Aufgaben nicht im biologischen,
sondern im kulturschöpferischen Bereich liegen. Seine Energie fließt nicht in die Gründung von Familie und Existenz,
sondern in die Verkündung einer Lehre, die eine allgemeine
Entwicklung der Humanität hervorrufen soll. Es mag vermes-
sen erscheinen, ein derartig großes und bedeutungsschweres
Bild in den Heilungsprozeß einer Neurose einzufügen, aber es
steckt hintergründig in vielen dieser Erkrankungen ein Problem, bei dem es um Sinn und Hintergrund der menschlichen
Existenz überhaupt geht.

Das Schicksal hatte dieser Frau, wie so vielen anderen auch,
die Erfüllung ihrer an sich berechtigten biologischen Wünsche
versagt. Es hätte für sie auch keinen Sinn mehr, so sagt ihr das
eigene Unbewußte, jetzt noch einmal mit Gewalt den Versuch
zu machen, ihren Lebensweg in diese Richtung zu zwingen.
Dafür weist es sie aber in eine andere Richtung. In der Sprache
dieser mythischen, märchenhaften Bilder zeigt es dem Bewußtsein einen Weg, der einerseits Opfer und Verzicht erfor-
dert, andererseits seine eigene Beglückung in der kulturschöpferischen Tat finden kann.

Wie bereits erwähnt, besaß die Patientin durch ihren künstlerischen Beruf die Möglichkeit dazu. Im Grunde genommen wurde sie durch das Unbewußte in ihrem Sein bestätigt, aber es eröffnete ihr gleichzeitig einen tieferen Aspekt ihrer Tätigkeit, den sie bisher zu wenig beachtet hatte. Sie war nämlich recht unbewußt in diesen Beruf hineingekommen. Zunächst hatte sie ihn mehr als einen Broterwerb betrachtet, den der Mensch nun einmal haben muß. Eigener Existenzaufbau und Geltung hatten im Vordergrund gestanden. Wenn sie das Bild ihres Traumes verstand und annahm, könnte es ihrer Tätigkeit einen neuen, tieferen Sinn und Inhalt geben und damit sie selbst aus ihren Zweifeln erlösen.

Es ist natürlich immer eine offene Frage, ob der betreffende Mensch sich so verhält. Die Bilderwelt des Unbewußten spricht zu uns; wir können nur versuchen, diese Sprache zu verstehen und ihre Inhalte sorgfältig in unsere Erwägungen miteinzubeziehen. Wir müssen es aber nicht. Es gibt viele Menschen, die an sich selbst vorbeileben, die wenig von dem verstehen, was ihre eigene Natur ihnen sagt, oder es gar nicht beachten. Meist geschieht das zu ihrem eigenen Schaden und führt zu Mißerfolgen, äußeren und inneren Konflikten oder in die Krankheit. Es genügt auch nicht das einfache Verstehen, sondern der sorgfältig erwogene Kompromiß zwischen Bewußtsein und Unbewußtem muß in einem oft langen und mühseligen Prozeß errungen werden. In dem hier beschriebenen Fall geschah es so. Die Patientin beschritt den vom Unbewußten vorgeschlagenen Weg mit dem Erfolg, daß ihre Krankheitssymptomatik sich allmählich besserte.

Sehen wir uns nun aber den Traum eines anderen Patienten an. Diesmal ist es ein junger, zwanzigjähriger Mann, der den Traum gegen Ende einer Behandlung hatte. Die Figur, mit der er sich hier auseinandersetzt, ist die allgemein bekannte Figur der Hexe, die uns schon im Märchen von Hänsel und Gretel begegnet ist und die wir hier in einer anderen Erscheinungsform antreffen. Dieses Märchenwesen ist neben dem bösen Riesen, dem Magier, der Nixe, dem Zwerg eine der häufigsten Märchenfiguren, die in den Träumen von Patienten auftreten. Der Traum lautete:

Ich war mit meiner Schwester in eine kleine Stadt gefahren und stromerte mit ihr in den Straßen herum. Später war ich allein und kam in eine schmale, mittelalterliche Straße, die von rechts nach links führte und etwas bergauf ging. Ich blieb vor einer Zauber- und Antiquitätenhandlung stehen. Ich ging hinein. Die Besitzerin war etwas füllig und hatte Schleier im Haar. Sie war sehr anziehend und sah aus wie eine richtige Lady. Sie zeigte mir ihre wunderbaren Sachen sehr nett. Ich merkte, daß sie eine Hexe war, und überredete sie, mir das Zaubern beizubringen. Sie führte mir Tricks vor und ließ unter anderem eine Kugel verschwinden. Es machte mir große Schwierigkeiten, das nachzumachen. Ich mußte die Kugel an einer Schnur straffziehen und Simsalabim oder ähnliches dabei sagen. Ich merkte, daß Zaubern schwierig ist. Sie brachte mir allerhand bei, und als ich schon geschickter war, nahm sie mich in ihre privaten Räume mit. Dort zauberten wir weiter. Der Trick gelang mir jetzt gut, so gut, daß die Hexe die Kugel fast nicht wieder holen konnte. Wir entdeckten sie dann im Heizkörper, und ich mußte die Kugel fest mit einer Schnur umwickeln. Als ich es fertig hatte, sagte sie mir, es wäre ein Stück Welt, was ich selbst erschaffen hätte. Ich zweifelte das an, aber sie ging zur Tagesordnung über und schrieb etwas in ihr Buch ein.

Dieser junge Mann war ein lebhaftes und vitales Kind gewesen. In seinem siebten Lebensjahr wurde sein Vater aus politischen Gründen verhaftet und kam erst acht Jahre später wieder zur Familie zurück. Nach diesem Ereignis traten bei der Mutter schwere Angstzustände auf, die die gesunde Entwicklung des Jungen stark hemmten. Er durfte nicht allein weg und mußte abends immer zu Hause bleiben. Auch als er schon älter war, mußte er immer angeben, wo er war oder wo er hinging. Er war so ein Einzelgänger geworden, der übermäßig viel zu Hause hockte und in unproduktive Träumereien versank. Als er zur Behandlung kam, hatte er bei allem Verständnis für das Problem der Mutter doch innerlich eine recht negativ-ablehnende Haltung allem Mütterlich-Weiblichen gegenüber, da dieses ja Gefangenschaft in einem Angstbezirk für ihn bedeutete. Er lehnte damit allerdings gleichzeitig einen wesentlichen Teil seiner eigenen Substanz ab, denn der Mensch ist nun einmal ein Produkt von Vater und Mutter. Als Folge davon war er von hochgradigen Minderwertigkeitsgefühlen besessen, die starke Arbeitsstörungen und die Unfähigkeit zu einer Berufswahl mit sich brachten.

Nachdem er im Verlauf der Behandlung ein Stück energischer Männlichkeit gewonnen hatte, mit deren Hilfe er sich gegen die negativ festhaltenden, mütterlichen Ängstlichkeiten durchzusetzen vermochte, wendete er sich gegen Ende der Behandlung nach dem oben genannten Traum noch einmal dem Mutterproblem zu. Er entdeckte nun hinter dem vorher dämonisch-hexenhaften Angstbereich eine andere Seite der eigenen inneren Natur, die er bisher immer abgelehnt hatte. Früher sagte er immer: »Aus so einem Menschen wir mir kann ja nichts Vernünftiges herauskommen.« Jetzt stellte er aber fest, daß in ihm eine recht wertvolle musische Begabung enthalten war und ein beachtliches zeichnerisches Talent. Diese musische Komponente stammte von der mütterlichen Seite her. Nun wurde sie von ihm entwickelt, und er entschloß sich, auf einer bekannten Kunsthochschule zu studieren, wo er auch ohne Schwierigkeiten die Aufnahmeprüfung bestand.

Der Traum leitete, wie bereits gesagt, diese Entwicklung ein. Die Zauberin, der noch ein gewisses Etwas von der früheren bösen festhaltenden Hexe anhaftet, lehrt ihn jetzt, ein Stück Welt zu erschaffen, wobei gerade die Kugel ein deutliches Symbol der Welt darstellt. Zum Zeitpunkt des Traumes will er selber das noch nicht glauben und annehmen. Daher heißt es am Schluß, daß er das anzweifelt. Die in der Hexe symbolisierte »große Mutter Natur«, die dem, der lernend und sich mühend mit ihr arbeitet, ihre Gaben und Fähigkeiten zur Verfügung stellt, kümmert sich aber wenig um diesen Zweifel und schreibt offensichtlich seinen weiteren Weg, um den sie schon sicher weiß, in das Buch des Schicksals ein.

Wir sind meistens gewöhnt, bei dem Wort Hexe zunächst an die böse Hexe zu denken, wie wir sie etwa aus dem Märchen von »Hänsel und Gretel« kennen. Ebenso häufig ist aber im Märchen auch das Motiv einer magischen, gütigen Mutterfigur enthalten, die denjenigen, der ihr dienend begegnet, reich belohnt. Wenn wir diese beiden Seiten der großen Mutter in der Natur einmal gegenüberstellen, so entsprechen ihnen im Märchen am deutlichsten die Figur der Frau Holle und die der »Hänsel-und-Gretel«-Hexe.

In dem Märchen von Frau Holle hat eine Witwe zwei Töchter, von denen die eine faul und putzsüchtig, aber die rechte Tochter ist, die andere fleißig, aber ein Stiefkind und als Aschenputtel behandelt wird. Sie muß am Brunnen sitzen und spinnen, bis ihr die Hände blutig werden, und als ihr einmal die Spindel in den Brunnen fällt, springt sie aus Angst nach, um sie wieder herauszuholen. Dort unten kommt sie auf eine Wiese, wo ein Backofen von ihr verlangt, sie möge das fertiggebackene Brot herausziehen, und ein Apfelbaum sie auffordert, seine reifen Äpfel zu schütteln. Das Mädchen tut beides und gelangt schließlich zum Hause der Frau Holle, einer alten Frau mit großen Zähnen, vor der sie zunächst Angst hat. Diese ruft sie aber freundlich herein, und das Mädchen verdingt sich bei ihr zum Säubern des Hauses und zum Bettenmachen. Wenn sie das Bett aufschüttelt und die Federn fliegen, dann schneit es in der Welt. Als sie ihr einige Zeit fleißig gedient hat, bittet sie nun um Rückkehr zur Oberwelt, und Frau Holle führt sie vor ein großes Tor. Als es sich auftut, fällt ein Goldregen über das Mädchen, so daß es reich beschenkt nach Hause kommt.
Nun will natürlich die faule Schwester das Gleiche versuchen, springt in den Brunnen, geht aber an Ofen und Baum vorbei und gelangt auch zur Frau Holle. Hier gelingt es ihr nur mühsam, den ersten Tag zu arbeiten, und dann legt sie sich wieder aufs Faulbett, bis es der Frau Holle schließlich zu dumm wird und sie sie entläßt. Sie wird auch vor das Tor geführt, aber jetzt regnet es statt Gold Pech, das so fest an ihr hängenbleibt, daß es nicht abgehen wollte, solange sie lebte.

Wir haben in diesem Märchen wieder die zwei Bereiche, den Alltagsbereich des Bewußtseins und das magische Reich des Unbewußten, das hier durch einen Brunnen zu erreichen ist und unterhalb der Erde liegt. Die Raum- und Zeitlosigkeit des Unbewußten und die Verkehrung von Oben und Unten sind in dem Märchen sehr schön dargestellt durch die Tatsache, daß es oben schneit, wenn unten kräftig die Betten geschüttelt werden.

Auch in der Seele gibt es ja im Grunde genommen kein Unten und Oben. Wenn wir einen solchen Ausdruck wie etwa den der Tiefe für Seelisches benutzen, so übertragen wir einen Begriff aus unserer räumlichen Welt in ein unräumliches Gebilde. Zentralfigur des magischen Reiches ist die Frau Holle, das Bild einer Naturgöttin, die über die Elemente gebietet. Genau wie in dem Traum des Patienten hat auch sie noch, selbst für die fleißige Goldmarie, ein Stück des negativ-dämonischen Aspektes der Hexe mit ihren langen Zähnen. Diesen zerstörerisch-negativen Aspekt kehrt sie auch gegenüber der Pechmarie heraus; denn nur eifrige Bemühungen, Fleiß und echtes Interesse können die wertvollen Seiten des Unbewußten zur Geltung bringen. Eine Haltung, die gewaltsam egoistisch und faul die im Unbewußten enthaltenen Energien zu eigenem Nützlichkeitsstreben ausbeuten will, ist meist zum Scheitern verurteilt und endet in einer Pechsträhne.

Der Backofen, dem die Mädchen als erstes begegnen, mag wohl eines der ältesten Wandlungssymbole der Menschheit sein. Zu diesem Symbol können hier noch einige Überlegungen nachgetragen werden. Versucht man sich einmal in die Situation des Urmenschen zurückzuversetzen, so kann man ermessen, was für eine ungeheure Entdeckung es gewesen sein mag, das Naturprodukt des Kornes in eßbares und wohlschmeckendes Brot umzuformen. Es steckt in dieser Handlung eine seelische Leistung des Triebverzichtes und der Triebgestaltung unserer frühesten Vorfahren, vor der wir allen Grund zu unbegrenzter Achtung haben sollten. Was mag es zum Beispiel den frühen Menschen gekostet haben, den heftigsten und bedrohlichsten Trieb, den Hunger, in einem langen und strengen Winter zu ertragen, ohne das Saatkorn aufzuessen und sich aus dem Bewußtseinszustand der Augenblickbefriedigung in den weiträumiger Planung zu entwickeln? So steht der Backofen, der in Form und Funktion auch dem Symbol eines nährenden, Reifungsvorgänge fördernden Mutterleibes entspricht, am Beginn des magischen Reiches der »Großen Mutter«. Wer an ihm vorbeigeht, kann nicht erwarten, daß ihm etwas gelingt. Im Demeterkult Griechenlands ist die Weizenähre das »Kind« der Göttin des Kornes. Es wurde »der Starke« genannt, weil die Kraft des Menschen im Brot ihren Ursprung hat[11]. Auch dem, der sich nicht einmal die Mühe macht, die reifen Früchte der Natur aufzusammeln, wie sie in dem Apfelbaum dargestellt sind, kann die Natur selbst letztlich nicht freundlich gesinnt sein, sondern er verfällt ihrer dämonischen Seite.

Diese finden wir nun ganz ausgesprochen in dem vorher ausführlich besprochenen Märchen von »Hänsel und Gretel« wieder. Einige zusätzliche Bemerkungen und Überlegungen sind aber hier noch notwendig: Eigentlich ist das Ende dieses Märchens für unsere Begriffe sehr unmoralisch; denn der Vater, der zu schwach war, um den bösen Einflüsterungen seiner Frau zu widerstehen, und mit ihr die Kinder im Walde ausgesetzt hat, wird nicht nur nicht für seine höchst unmoralische Handlungsweise bestraft, sondern er genießt auch noch die von den Kindern mitgebrachten Schätze. Er wird also für seine schwächliche Haltung gewissermaßen belohnt; denn wäre er dem bösen Rat seiner Frau nicht gefolgt, wäre er wohl genau so arm geblieben wie vorher. Die Märchen sind aber nicht auf die üblichen Probleme des menschlichen Kulturbewußtseins abgestimmt, sondern sie sind eine Art Menschheitsträume. Genau so wenig wie unsere Träume kümmert sich das Märchen um die im Bewußtsein üblichen ethischen Normen. M. L. von Franz spricht daher von einem Ethos des Unbewußten, der Natur selbst, bei dem es um das »richtige« Verhalten geht, das zu einem glücklichen Ende leitet, im Gegensatz zu einem unrichtigen Verhalten, das ins Unheil führt[12]. Im Grunde genommen steckt die ganze Zweideutigkeit unseres Problems von Gut und Böse in diesem Märchen. Im Faust drückt sie der Mephistopheles durch den Satz aus:

Ich bin ein Teil von jener Kraft,
die stets das Böse will und stets das Gute schafft.

Im Märchen ist es eigentlich der böse Geist der Stiefmutter, von dem der Vater besessen ist, der schließlich die Erlösung der Familie aus der bittersten Not bewirkt.

Während der gütige Aspekt der Mutter den Hunger stillt und das Bemühen lohnt, benutzt die böse Mutter eben diese Triebbedürfnisse, um das Kind anzulocken und es dann in Gefangenschaft zu halten (Hänsel), wie auch seine Arbeitsfähigkeit und Produktivität (Gretel) für die eigenen egoistischen Triebbedürfnisse auszunutzen. Die Überwindung dieser übermächtigen Dämonie gelingt hier durch List, eine Handlungsweise, die das Märchen offenbar sehr liebt – man denke an das Märchen vom »Bauern und dem Teufel« oder »Das tapfere Schneiderlein« – und die häufig zum Erfolg führt. Es ist anscheinend so, daß Gretel durch die Gefangenschaft innerhalb des negativen Mutterkomplexes, wie wir es psychologisch nennen würden, etwas von diesem gelernt hat; denn mit List hat ja auch die Hexe selbst die Kinder in ihren Bereich gelockt. Es steckt in diesen Motiven etwas von dem Wissen des Märchens um die übermächtigen Naturkräfte, denen die Stärke des einzelnen Menschen einfach nicht gewachsen ist. So muß er, im Kampf um seine Existenz, auch einmal zu ungeraden und hinterhältigen Waffen greifen. Das Böse wird so gewissermaßen durch sich selbst überwunden und verbrennt im eigenen Backofen.

Häufig werden derartige Träume von der bösen, festhaltenden Hexe im Walde von Patienten innerhalb der psychotherapeutischen Behandlung als Erinnerung aus der Kindheit berichtet. So teilte mir zum Beispiel eine vierundzwanzigjährige Frau mit, daß sie als Zehn- bis Elfjährige geträumt habe, sie komme in einen Wald, und plötzlich hätten die Bäume sie nicht mehr losgelassen. Es sei da eine Hexe gewesen, die sie immer angelockt und den Bäumen befohlen habe, sie auf keinen Fall mehr fliehen zu lassen. Dieser Traum habe sie so stark beeindruckt, daß sie sogar einen Aufsatz darüber in der Schule geschrieben habe.

Man kann natürlich sagen, das Kind ist von einem erzählten oder gelesenen Märchen wie etwa »Hänsel und Gretel« so stark beeindruckt oder gar geängstigt, daß es das Gehörte oder Gelesene im Traum einfach reproduziert. Dem steht entgegen, daß wir schon im Laufe eines einzigen Tages einer fast unübersehbaren Fülle von Wahrnehmungen und Eindrücken ausgesetzt sind. Daher bleibt die Frage offen, warum im Traum gerade dieses Motiv ausgewählt wird, während anderes, was vielleicht real viel beängstigender ist, unbeeindruckt beiseitegelegt wird. Es findet sich dann auch regelmäßig, sofern man sich nur die Mühe macht, danach zu suchen, eine deutliche Beziehung eines solchen Märchenmotives zu der persönlichen Problematik des betreffenden Kindes. So war es auch in diesem Fall:

Die Patientin hatte durch den Krieg sehr früh den Vater verloren und war ohne Geschwister nur bei der Mutter aufgewachsen. Vom achten bis zum zehnten Lebensjahr erkrankte sie schwer an einer Tuberkulose und mußte mehrere Monate im Krankenhaus fest im Bett liegen. Auch nach ihrer Entlassung sorgten die Mutter und ihre Umgebung ängstlich dafür, daß sie sich möglichst wenig bewegte. Zu den in der Behandlung immer wieder auftauchenden traurigen Erlebnissen ihrer Kinderzeit gehörte die Erinnerung, daß sie auf einer Wiese still auf einer Decke im Schatten liegen mußte, während alle anderen Kinder ausgelassen um sie herum tobten und spielen durften. Sie versuchte dann krampfhaft, mit allen möglichen Listen und Schlichen eines der Kinder zu ihrer Decke zu locken, damit es bei ihr bliebe und mit ihr spielte, was ihr aber leider nur selten gelang. So war einerseits ihre eigene Krankheit und die Sorge der Umgebung die festhaltende Hexe, andererseits war sie selbst ein Stück mit dieser identisch geworden, indem sie ihrerseits versuchte, die anderen Kinder einzufangen und bei sich festzuhalten.

In der Behandlungsstunde, in der dieser längst vergessene Traum aus der Kinderzeit wieder aus dem Unbewußten auftauchte, wurde erstmalig dessen Beziehung zu ihrem eigenen Schicksal und auch zu ihrer jetzt bestehenden Erkrankung deutlich. Sie war wegen erheblicher Depressionen und Arbeitsstörungen gekommen. Sie erinnerte sich jetzt, daß sie noch lange Zeit nach Abklingen der damaligen Erkrankung eine furchtbare Angst vor Rückfällen, vor dem Wieder-krank-Werden gehabt hatte. Sie hätte sich nie getraut, richtig mit den anderen Kindern zu spielen und wäre in eine Einzelgängersituation gekommen, zu der allerdings noch eine Reihe von anderen Faktoren beigetragen hatte. Auch in ihrer jetzigen Depression, in ihrer zeitweiligen Unfähigkeit zu konstruktiver Arbeit und Bewegung lag noch immer die gleiche alte tiefe Angst und Unsicherheit ihrer eigenen körperlichen Natur gegenüber, zu der auch die Trieb- und Instinktschichten des Unbewußten gehören. Da jedes Bewußtsein erst aus dem Unbewußten entsteht, und der Körper die Materie (von lat. mater = Mutter) des Menschen ist, besteht hier ein Zusammenhang mit dem Erlebnis eines Bildes der großen Mutter, die für diese Patientin derartig magisch festhaltende und umklammernde Züge erhalten hatte. Es handelt sich hier um die überpersönliche Bedeutung der Mutterfigur, die genau wie die persönliche Mutter eine Negativseite in dem Festhaltenwollen des Kindes besitzt. So ist in der Hexe der Todesaspekt der Mutter Natur ausgedrückt, die mit ihrer furchtbaren Seite ihre eigenen Geburten wieder zerstört und in sich zurücknimmt. Eine entsprechende dunkle Wirkung geht auch immer vom Unbewußten aus, da jede Reifung und Bewußtwerdung nur mit Mühe und gegen einen Widerstand des Unbewußten erfolgt. Auch droht letzteres immer wieder das errungene Bewußtsein zu verdunkeln oder zu verschlingen, was bei einem schwachen Ich innerhalb einer psychischen Erkrankung leider nur allzu häufig geschieht.

Inwieweit die Patientin dieser Gefahr ausgesetzt war, zeigt ein Traum aus den Anfängen ihrer Behandlung. Er wirft außerdem ein Licht auf das Motiv des in die Tiergestalt verbannten Menschen, das wir aus dem ersten Märchen von der Schlange bereits kennen. Die Patientin träumte:

Ich habe wunde Füße und tanze damit in einem Raum her-
um. Jemand, der selbst ein Tiger ist, sagt zu mir: »Wollen wir
uns nicht in ein Raubtier verwandeln, dann merken wir nichts
mehr von unserer Krankheit.« Ich tue es aber nicht.

Dieser Traum erinnert sie zunächst an das Märchen von Andersen »Seejungfrauen«[13], das bereits an früherer Stelle erwähnt wurde. Bei Andersen gehört es zu den Charakteristika der Meerprinzessin, daß die aus dem Fischschwanz neugewachsenen Füße beim Laufen und Tanzen schmerzen, als ob sie von scharfen Schwertern durchschnitten würden. Der Vorgang, eine menschliche Seele zu bekommen, das heißt Reifung und Bewußtsein, ist hier offensichtlich mit Leid und Schmerzen verknüpft. Die Patientin machte zu dieser Zeit die ersten, noch mühevollen und oft noch nicht gelungenen Schritte, aus dem Zustand der Unbewußtheit herauszukommen. Neben den Depressionen existieren bei ihr gehäuft heftige Trieb- und Affektdurchbrüche, nach denen sie sich zwar etwas erleichtert fühlte, die sie aber in unmögliche Situationen brachten, denn sie waren mit der »oberen« menschlichen Seite ihrer Persönlichkeit nicht in Einklang zu bringen. In dem Traum wehrt sie das erste Mal die Verlockung ab, die aus ihrer eigenen Seele aufsteigt, sich ihrem Leiden durch Getriebenheit, Sichgehenlassen und animalische Unbewußtheit zu entziehen. In dem Raubtier verbildlicht sich die unbewußte Triebhaftigkeit ihrer eigenen Natur, die ihr menschliches Ich auszulöschen droht. Wir erinnern uns nun daran, daß eine derartige Triebhaftigkeit auch die Sünde jenes Prinzen war, der in unserem ersten Märchen in eine Schlange verwandelt wurde und der Erlösung durch das Mädchen bedurfte. Es hieß dort, seine Verwandlung sei die Folge einer Verwünschung gewesen, weil er eine Waise verführt habe. So wirft dieser Traum eines modernen Menschen ein Licht des Verständnisses auf dieses uralte Motiv des seiner animalischen Triebnatur verfallenen Menschen und auf die Entstehung des Motivs.
Um die außerordentliche Vielschichtigkeit, die Zusammensetzung aus den verschiedensten Elementen und das Bewußt-

seinsferne beziehungsweise -fremde eines Komplexes auszudrücken, greift das Unbewußte oft auf die Bilder der phanta-
stischen Zoologie von Mythos und Märchen zurück. In unseren
Träumen tauchen dann Sphinx, Einhorn, Vogel Phönix, Greif,
Harpyen, Zentauren oder ähnliche Ungeheuer auf, und der
Träumer hat sich mit diesen auseinanderzusetzen. Auch hierfür
soll wieder ein Beispiel angeführt werden. Der nachfolgende
Traum stammt von einer achtundzwanzigjährigen Frau und
wurde bald nach Beginn einer psychotherapeutischen Behandlung geträumt. Er lautete:

*Ich gehe mit meinem Freund über Planken im Wasser, das
teils seicht, teils tief ist. Ein Weg führt am Wasser entlang, aber
dort war ein Bienenschwarm, weshalb wir auf den Planken
gingen. Als wir wieder an Land kamen, war der Schwarm weg.
Dann gelangten wir an ein großes, schloßartiges Haus, rechts
stand ein Turm, der sich nach oben verjüngte und viele Fenster
hatte, alles aber ausgebrannt und verfallen. Wir gingen herum.
Es sollte dort eine Pastorenfamilie wohnen. Hinter dem Haus
lag ein Garten. In ihm sahen wir einen Vogel Greif, der ein Ei
legte wie eine Henne, und wir lachten über ihn. Das nahm er
übel und lief uns nach. Dann war mein Freund plötzlich nicht
mehr da. Ich verkroch mich in einem Haus ohne Fenster. Aber
auch der Greif konnte dort hinein; außerdem war noch ein
blondes Mädchen und ein Wolf darin. Der Greif wollte mich
umbringen, und das Mädchen und der Wolf gaben mir gute
Ratschläge: Ich sollte nichts essen, sondern alles dem Vogel
überlassen. Worauf ich ihm aus einer Zwiebel ein Gericht
machte. Ich kroch in den Küchenschrank ins obere Fach. Über
meinem Kopf war noch ein weiteres Fach; darin stand immer
die Speise, die er sich holte. Als er das dritte Mal kam, gab ich
ihm Honig. Ich hatte einen süßen Geschmack und fand es
schlecht, daß ich dasselbe gegessen hatte wie er. Dann kam er
noch einmal, und ich fühlte den heißen Atem über meinem
Kopf. Er zerrte mich heraus. Jetzt war er ein Wolf geworden und
sagte zu mir: »Das ist ja ein wundervolles Nachtgeschirr«; das*

*Nachtgeschirr war ich. Ich hatte lange, verschnörkelte Rokoko-
glieder. Dann ermordete ich den Wolf, indem ich ihm die Luft
abdrückte. Er war inzwischen ein Marder geworden. Ich wun-
derte mich, wie leicht das ging. Dann steckte ich ihn zur Sicherheit in einen Topf mit siedendem Wasser, und da war es wieder
der Vogel Greif. Als ich den Vogel endlich im Topf drin hatte,
wußte ich, daß noch eine dritte Prüfung kam.*

Es liegt leider außerhalb des Rahmens der hier gegebenen
Möglichkeiten, diesen symbolreichen, farbigen Traum in seinen Einzelheiten zu besprechen, wir müssen uns auf das Kern-
problem, die Auseinandersetzung der Träumerin mit dem Vogel Greif, beschränken.

Der Patientin fiel zu diesem Traum das Grimmsche Märchen
vom Vogel Greif ein, das sie als Kind stark beeindruckt hatte:
In diesem Märchen ist die Tochter eines Königs schwer er-
krankt. Es gelingt dem »dummen Hans«, dem jüngsten von
drei Bauernsöhnen, die Königstocher zu heilen, nachdem seine
beiden älteren und klügeren Brüder daran gescheitert sind. Um
sie zu heiraten, muß er aber noch drei vom König gestellte
Aufgaben lösen. Die dritte besteht darin, eine Schwanzfeder
des Vogel Greif zu holen. Hans wandert einen weiten Weg,
auf dem ihm noch drei Fragen an den Vogel, der »alles weiß«,
aufgetragen werden. Schließlich gelangt er zu dessen Höhle.
Dort findet er eine alte Frau, die Mutter des Greifen, die ihn
vor dem Vogel, der jeden Christen auffräße, versteckt. In der
Nacht reißt sie dem Greif die Schwanzfeder aus und erklärt,
sie hätte übel geträumt, wobei sie ihm gleichzeitig die Antworten auf die drei Fragen ablistet. Hans gelangt nun wohlbehal-
ten nach Hause und kann die Königstochter heiraten.

Der Greif ist in diesem Märchen offensichtlich ein höchst
bösartiges, dem Menschen sehr gefährliches und christenfeind-
liches Wesen. Sein Zusammenleben mit der alten Frau erinnert an die Kombination vom Teufel und seiner Großmutter.
Auch in dem fast mit diesem identischen Märchen »Der Teufel
mit den drei goldenen Haaren«[14] muß der Held in die Hölle
und erlangt dort – wieder mit Hilfe von des Teufels Großmut-

ter – diese Haare vom Bösen selbst. Wir kennen das Symbol des Greifen schon aus vorchristlicher Zeit, wo es von Herodot und Plinius beschrieben wurde. Die ausführlichste Beschreibung stammt von Sir John Mandeville im 85. Kapitel seiner berühmten Reisen: »Ferner gibt es dort viele Greifen, mehr als anderswo, und manche sagen, der vordere Teil ihrer Körper sei gleich dem eines Adlers und der hintere dem eines Löwen, und dies ist die Wahrheit, denn so sind sie geschaffen; aber der Greif hat einen Körper, der größer ist als acht Löwen, und er ist stärker als hundert Adler. Denn es besteht kein Zweifel, daß er ein Pferd mit Reiter im Flug zu seinem Nest bringen kann oder zwei eingespannte Ochsen, wenn sie zum Pflügen auf das Feld gehen, denn er hat Krallen an den Füßen, so groß wie Ochsenkörper, und aus diesen macht man Trinkgefäße und aus den Rippen Bogen, um die Pfeile abzuschießen.«[15]

In der mittelalterlichen Symbolik erscheint nun dieses mythologische Tier keineswegs nur als eine Verkörperung des Bösen und mit dem Teufel identisch, sondern es ist auch das Gegenteil darin enthalten, und der Greif gilt auch als das Sinnbild Christi. Gerade dieser Gegensatz erscheint uns sehr wichtig, wenn wir überlegen, welche Bedeutung die Auseinandersetzung mit diesem inneren Bild für unsere Patientin hat.

Psychologisch gesehen stellt das, was hier im Bild des Vogel Greif erscheint, offenbar einen unbewußten Komplex von überlegener Kraft dar. Es ist ein Tierwesen, und es steht damit noch der instinktiven, animalisch-naturhaften Seite der Psyche nahe. Offensichtlich handelt es sich um eine Kraft, die dem bewußten Ich erheblich überlegen ist und vor der die Träumerin zunächst angstzitternd fliehen muß und sich versteckt. Erst durch das Hinzutreten anderer Hilfskräfte, dem Mädchen und dem Wolf, gelingt es ihr, der drohenden Gefahr des Gefressen- oder Verschlungenwerdens durch den Komplex zu entgehen. Die meisten Menschen kennen in mehr oder minder heftiger Form einen derartigen Zustand, in dem sich unser Bewußtsein mit Gedanken, Vorstellungen und Emotionen auffüllt, die wir eigentlich gar nicht wollen, die wir sogar ablehnen und die sich doch nicht wegdrängen lassen, sondern oft einen unheilvollen Einfluß bis in unsere Haltungen und Handlungen hinein ausüben.

Nun ist die Naturkraft an sich neutral, was für die in uns wirkenden Kräfte ebenso zutrifft wie für die der Außenwelt. Allerdings kümmern sich die in der Natur enthaltenen Energien wenig um unsere Moralanschauung und unser Nützlichkeitsdenken. Sie stehen jenseits davon und sind weder gut noch böse. Sie können sowohl hilfreich, segensvoll und fruchtbar sein als auch dämonisch-vernichtend, zerstörerisch und tötend. Es kommt immer nur darauf an, welche Einstellung unser Ich ihnen gegenüber einnimmt, beziehungsweise zur Behauptung seiner Humanität und seines Existenzkampfes einnehmen muß. Genau diesen Tatbestand drückt die Doppeldeutigkeit des Symbols aus, indem der Greif einerseits das Böse und mit dem Teufel identisch ist und andererseits das höchste Gut und mit Christus identisch sein kann. Wenn es uns gelingt, mit den Tiefenkräften unserer inneren Natur in eine harmonische Beziehung zu kommen, dann stellen sie für uns ein höchstes Gut dar, aus dem heraus das Leben erst verwirklicht werden kann. Geraten wir dagegen in einen Konflikt mit ihnen, so werden sie mit ihrer dem Bewußtsein überlegenen Stärke bedrohlich und wirken leider oft vernichtend. Es gehört zur Tragik des Menschen, daß er immer in einen solchen Konflikt geraten muß; denn er unterscheidet sich dadurch vom Tier, daß er nicht *in* der Natur, sondern *gegen* sie leben mußte, was sich heute rächt. So geht dieser Konflikt mit dem Tierwesen uns alle an, nicht nur den an einer Neurose erkrankten Menschen, und die Auseinandersetzung mit ihm hat eine kollektive Gültigkeit.

Die Analyse dieser Frau, auf deren persönliche Hintergründe wir hier nicht eingehen können, bestätigt denn auch, daß in dem Bild dieses Greifen ein Komplex von noch unbewältigten Triebansprüchen im Gemisch mit darüber und darum aufgebauten Idealisierungen enthalten war. Der Greif war hierfür gerade deshalb das entsprechende Bild, weil er als Löwe raubtierhaftes, noch ganz ich-fernes Triebgeschehen versinnbildlicht, als Adler und geflügeltes Tier dagegen auf die Welt der

Ideen, Phantasien und Gedanken hinweist, die der Mensch schon immer mit dem Flug des Vogels in Analogie gesetzt hat. Der Traum betont dabei sehr deutlich die innere Zusammengehörigkeit der Träumerin mit diesem Fabelwesen, indem sie selbst den Honiggeschmack im Mund hat, als der Greif den Honig frißt.

Neben der Figur des Greifen ist nun ein zweites, häufiges und typisches Märchenmotiv in dem Traum enthalten. Es liegt in dem Verwandlungskampf, der zwischen der Träumerin und dem Fabelwesen stattfindet. Der Greif wird hier zum Wolf und zum Marder, um erst nach der Tötung seine eigene Gestalt wiederzugewinnen. Gleichzeitig verwandelt sich auch die Träumerin vorübergehend in das höchst poetische Rokokonachtgeschirr. Einen solchen typischen Verwandlungswettkampf finden wir zum Beispiel in dem Märchen vom »Zauberlehrling«[16], wo der Held nach Erlernen magischer Künste gegen seinen Lehrmeister, einen Zauberer, um die Erlangung einer Prinzessin kämpft. Eine Variante, in der eine Prinzessin, die selbst über magische Kräfte verfügt, den in eine Affengestalt verzauberten Heros in einem Verwandlungskampf erlöst, findet sich in den orientalischen Märchen von Tausendundeiner Nacht. Es handelt sich hierbei um ein Märchen aus dem Zyklus der »Geschichte des Lastträgers und der drei Damen«, und zwar um die »Geschichte des zweiten Bettelmönchs«. Dieses Märchen habe ich ausführlich analytisch gedeutet[17]. Ebenso finden wir dieses Motiv in der Odyssee an der Stelle, wo die Göttin Eidothea Menelaos und seinen Gefährten hilft, von ihrem Vater, dem Meergreis Proteus, die Weissagung über ihre Heimfahrt zu erhalten. Die entsprechenden Verse schildern sehr eindringlich die Verwandlungsfähigkeit des Proteus:

Aber am Mittag kam der göttliche Greis aus dem Wasser,
Ging bei den feisten Robben umher und zählte sie alle ...
Plötzlich fuhren wir auf mit Geschrei und schlangen die Hände
Schnell um den Greis; doch dieser vergaß der betrüglichen Kunst nicht.

Erstlich war er ein Leu mit fürchterlich wallender Mähne,
drauf ein Pardel, ein bläulicher Drach und ein zürnender
Eber,
Floß als Wasser dahin und rauscht als Baum in den Wolken.
Aber wir hielten ihn fest mit unerschrockener Seele[18].

Psychologisch gesehen liegt in dieser Verwandlungsfähigkeit
der magischen Figuren, ihrer schweren Erreichbarkeit und
Faßbarkeit eine deutliche Parallele zu den an sich bewußt-
seinsfähigen Inhalten des Unbewußten, die ebenso flüchtig und
verwandlungsfähig im Licht des Bewußtseinsfeldes aufzutauchen pflegen. Gerade der psychoanalytische Prozeß versucht
nun, diese sehr randständigen und flüchtigen Inhalte zu fassen
und dem Bewußtsein anzugliedern. Im Traum entsprechen
diesem Prozeß das schließliche Habhaftwerden des Vogel
Greif und seine Einbringung in den Kochtopf, wo er »genießbar« gemacht werden könnte. Genießbar würde in diesem Falle
bedeuten, daß die in dem unbewußten Komplex enthaltenen
Kräfte und Ideen ausreifen und dann vom Ich bewußt einge-
setzt werden können. Dies wäre die eigentliche Aufgabe der
Analyse, und so liefert der Schluß des Traumes die Möglichkeit für einen neuen Anfang.

Der uns zur Verfügung stehende Raum erlaubt es nicht, über
diese wenigen Beispiele von Märchenmotiven in Träumen mo-
derner Menschen hinauszugehen. Eine derartige Reihe ließe
sich ins Unendliche fortsetzen, da es kaum eine psychotherapeutische Behandlung gibt, in der Mythen- und Märchenmotive nicht in mehr oder minder großer Zahl in den Träumen
auftreten. Hierbei kombiniert die schöpferische Phantasie des
Unbewußten meistens die Motive oder Handlungsverläufe der
uns bekannten Märchen miteinander und durcheinander, so
wie sie gerade in diesem individuellen Fall der Problematik
des Träumers entsprechen. Das Unbewußte komponiert so das
eigene individuelle Märchen. Für den Psychotherapeuten ist es
von größtem Wert, eine Vielzahl derartiger archetypischer
Motive und deren Sinngehalte zu kennen, was zu einem vertieften Verständnis für diese besondere Sprache des Unbewuß-

ten führt. Ohne diese Kenntnis geht man oft an den Sinnbildern vorbei: Man träumt ein Märchen, und man weiß es gar nicht. Man wirft dann dieses sehr wertvolle Stück uralten Kulturwissens beiseite und verhält sich wie der tumbe Parsival bei seinem ersten Aufenthalt in der Gralsburg, der den Wert wieder verlor, weil er vergaß, zu fragen.

Es ist auch für den heutigen, vielfach technisch-rational orientierten Menschen ein tiefgreifendes Erlebnis, wenn aus ihm selbst heraus derartige bunte, farbige Bilder voller Leben und geheimen Sinnes entstehen. Ein Kaufmann, dessen Vorstellung und Gedanken von Zahlen, Verträgen, Warenangeboten und ähnlichem ausgefüllt waren und der unter dem Gefühl einer langweiligen Leere seines Lebens litt, fing an, neu aufzuleben, als er im Traum versuchte, einen Fluß zu überschreiten, woran ihn ein gefährliches Nilpferd hinderte, das ihn aufzufressen drohte. In höchster Not schwammen ihm von links her auf dem Wasser zwei Schwerter zu, von denen das eine ein orientalisches Krummschwert war, mit dem er sich des Untiers erwehren konnte. Er hatte so das uralte Motiv des Drachenkampfes geträumt, das in unzähligen Mythen und Märchen enthalten ist, wobei den Überwindern des Drachen eine Jungfrau oder ein Schatz zu winken pflegt. Wenn es ihm hier auch noch nicht einmal im Traume einfiel, das Untier zu erschlagen und den Fluß zu überqueren, sondern er sich darauf beschränken mußte, es von sich abzuwehren, so begriff er doch, daß in ihm noch anderes und mehr enthalten war als nur seine Firma. Das Bild gab ihm ein Stück Vertrauen zu anderen Möglichkeiten seiner Seele wieder, die seine Existenz verlebendigen und verschönen könnten. Prinzessin oder Schatz, der Lohn des gelungenen Drachenkampfes im Märchen sind im innerseelischen Raum Bilder für die Erschließung neuer Erlebnisbereiche und eines erfüllten Daseins. Wenn man es selbst an sich oder an Patienten erfahren hat, weiß man, welche Existenzbereicherung und wieviel neue Lebensfreude hier gewonnen werden können.

Das Lieblingsmärchen der Kindheit

Nicht nur der Traum von Märchenmotiven, sondern auch ganze Märchen können sehr tiefgehende Beziehungen aufweisen zu Schicksal, Innenwelt, Erlebnisvollzügen, Verhaltensweisen, Krankheiten und Schwächen sowie zu Vorzügen und Stärken des Menschen. Oft ist dies ein Märchen oder eine märchenähnliche Geschichte, von der ein Mensch in seiner Kindheit sehr fasziniert war, die er besonders liebte oder durch die er besonders geängstigt wurde. Später wurde es vergessen oder verdrängt und versank damit in seinem Unbewußten, wo es aber eine merkwürdige Lebendigkeit behielt und Wirkungen entfaltete, mit denen sie der erwachsene Mensch niemals in Verbindung gebracht hätte.

Vor circa 25 Jahren stieß ich in der Analyse einer Patientin das erstemal auf ein derartiges Märchen, das fast zufällig am Rande erwähnt wurde. Zu einem etwas merkwürdigen und fremdartigen Traum assoziierte sie, daß dieses Motiv sie an den Anfang eines Märchens erinnere, das sie als Kind sehr fasziniert hätte, so daß sie es auch zusammen mit Freundinnen im Spiel aufgeführt hätte. Jetzt könne sie sich allerdings kaum noch an den Inhalt erinnern, sie wisse auch nicht, an welche genaue Stelle das Traummotiv gehöre, aber es hätte auf jeden Fall eine gewisse Ähnlichkeit mit den Bildern, die ihre Phantasie damals um dieses Märchen rankt hätte. Da ich es als Analytiker gelernt hatte, auftauchende mythologische Hintergründe ernst und wichtig zu nehmen, las ich dieses Märchen, das mir selbst auch nur sehr vage in Erinnerung war, und ich war verblüfft über die vielen Parallelen zu Schicksal und Erleben dieser Patientin, ja sogar zu den Symptomen ihrer Krankheit, die mir auf Anhieb auffielen.

Je mehr ich dann über diese Patientin und über dieses Märchen nachdachte, desto dichter, überzeugender und zahlreicher wurden diese Parallelen, so daß es deutlich wurde, daß in einem bestimmten Kern diese junge Frau nicht sich selbst, sondern die Heroine ihres Märchens gelebt hatte. Inzwischen hatte auch die Patientin das Märchen nachgelesen, war auf ähnliche Parallelen gestoßen, die zum Teil die meinen noch ergänzten, und war selbst stark erschüttert worden. Das Märchen spielte für eine ganze Reihe von Behandlungsstunden eine erhebliche Rolle, verschwand dann wieder unter aktuellen oder personalen Problemen, tauchte aber doch von Zeit zu Zeit aus dem Hintergrund wieder auf, entweder von ihr selbst eingebracht oder durch eine Deutung von meiner Seite, so daß es eigentlich während der ganzen Analyse eine wesentliche Rolle behielt.

Seit diesem Erlebnis begann ich, auch bei anderen Patienten auf dieses Phänomen zu achten, und stellte bald fest, daß es sich keineswegs um eine einmalige oder seltene Erscheinung handelte, sondern daß vielmehr die weitaus größere Mehrzahl meiner Patienten ein oder zwei derartige Märchen angeben oder finden konnte und daß bei allen diesen Patienten mehr oder weniger deutlich die gleichen Parallelen zu ihrer psychischen Dynamik bestanden. Natürlich war die Rolle, die dieses Märchen im Verlauf der Analysen spielte, unterschiedlich. Bei dem einen tauchte es nur kurz auf, die Parallelen wurden mehr von mir als von ihm registriert, und bei dem anderen geriet es für eine gewisse Zeit der Analyse mehr ins Zentrum des Interesses, so wie bei dem ersten Fall. Dazwischen gab es alle nur möglichen verschiedenen Schattierungen. Wesentlich bleibt, daß ich es mir zur Gewohnheit gemacht habe, an gewissen Punkten des analytischen Prozesses unter einer bestimmten Methodik nach einem derartigen Lieblings- oder Angstmärchen der Kinderzeit zu forschen.

Es ist keineswegs so, daß die Lieblingsmärchen immer nahe am Bewußtsein liegen, wie jedermann leicht feststellen kann. Fragt man eine größere Anzahl von Menschen direkt und ohne analytische Vorbereitung: »Welches ist eigentlich in Ihrer Kinderzeit Ihr Lieblingsmärchen gewesen?«, so wird nur ein sehr geringer Teil darauf eine wirkliche und ehrliche Antwort geben können. Meist sind diese Geschichten tief im Unbewußten, und schon von daher stellt sich die Frage, unter welcher Methodik sie wieder bewußtgemacht werden können. Eine weitere Frage der Methodik ist, wie diese Märchen therapeutisch verwendet werden können, um den Heilungs- und Individuationsvorgang in einer analytischen Behandlung zu fördern. Diese Märchen bauen sich relativ selbständig und selbstverständlich in die allgemeine Methodik der Analytischen Psychologie ein. Bei einem Teil der Patienten lassen sich diese Lieblingsmärchen auch objektivieren. Hierfür gibt es zahlreiche Belege. Die vorher erwähnte Patientin hatte zum Beispiel noch Aufzeichnungen aus ihrer Kinderzeit (8.–10. Lebensjahr) über Spiele mit dem Thema ihres Märchens. Andere Patienten verfügten noch über Geschichten, die sie als Kinder über das Märchen geschrieben hatten oder in denen die Motive ihres Märchens deutlich hervorkamen, zum Beispiel in einem selbstverfaßten Kasperlespiel. Eine dritte Gruppe besaß noch Zeichnungen aus der Kindheit mit Darstellungen bestimmter Motive aus diesen Märchen, und eine vierte war in der Lage, Beziehungspersonen über die Richtigkeit ihrer Angaben zu befragen, die sich an diese Faszination erinnerten. Natürlich sind diese Gruppen nicht groß, Beispiele dieser Art nicht allzu häufig und dementsprechend nicht statistisch relevant. Sie sprechen aber doch deutlich, wenn sie überhaupt vorhanden sind, für eine objektive Realität des in der späteren Erwachsenenanalyse angegebenen Lieblingsmärchens.

Ein weiterer wesentlicher Objektivierungsfaktor sind die direkten Kinderbeobachtungen. Auf Grund einer langjährigen Tätigkeit bei Kinderanalysen und Kindertherapien war ich in der Lage, solche Faszinationsmärchen auch in den Analysen insbesondere von 4- bis 10jährigen Kindern zu beobachten. Soweit Märchen in diesen Therapien überhaupt eine Rolle spielten und von den Kindern in die Spieltherapie miteinbezogen wurden, gab es eigentlich immer, sofern der Therapeut darauf achtete oder danach fragte, ein besonders geliebtes oder ein besonders gefürchtetes Märchen bei den Kindern. Auch hier existierte das gleiche Phänomen einer intensiven

Beziehung zwischen dem Märchen und der psychischen Problematik des Kindes. Am auffälligsten ist mir der Fall eines schwer gestörten neunjährigen Heimkindes, eines Jungen, in Erinnerung, der die etwas ausgefallene Zwangssymptomatik hatte, im Heim, in Schulen und in öffentlichen Gebäuden mit der bloßen Hand Fensterscheiben einzudrücken und zu zersplittern. Sein Lieblingsmärchen waren die »Bremer Stadtmusikanten«. Dieses Märchen beginnt bekanntlich damit, daß die Tiere von ihren Herren weggeschickt werden, weil sie nutzlose und unnütze Esser wären, was der Situation des Heimkindes entsprechen würde. Seinen Höhepunkt hat das Märchen an der Stelle, wo die Tiere an dem erleuchteten *Fenster* des Räuberhauses hochklettern, *durch* dieses in das Haus einbrechen und so in den Besitz der reichlichen Mahlzeit und des eigenen Hauses kommen, nachdem sie die Räuber verjagt hatten. Solche sehr augenfälligen Parallelen, die auch jedem Laien ohne Interpretation sofort einleuchten, gehören natürlich eher zu den Seltenheiten, obwohl sie auch bei Erwachsenen durchaus vorkommen. Analytische Kindertherapien benötigen bekanntlich auch längere Zeit und erstrecken sich wie die Erwachsenentherapie mitunter über mehrere Jahre. Hierbei ist nun öfter zu beobachten, daß die Kinder das bevorzugte Märchen wechseln. In der weitaus größeren Mehrzahl der Fälle werden aber bei einem derartigen Wechsel Märchen bevorzugt, die etwa auf eine gleiche oder ähnliche Symbolik zentriert sind wie zum Beispiel »Däumlings Wanderschaft« und »Das tapfere Schneiderlein« oder die »Sieben Raben« und die »Sechs Schwäne«. Auch das spricht dafür, daß im Märchen ein zentraler Komplex ausgebildet ist, der durch eine mehr oder weniger exakt bestimmte Bildsymbolik in seinen wesentlichen Anteilen so und nicht besser ausgedrückt werden kann. Diese Beobachtungen waren auch eine weitere Bestätigung der heute relativ allgemein anerkannten Freudschen Hypothese, daß die grundlegenden psychischen Strukturanteile in den ersten Lebensjahren erworben werden und sich auch im späteren Leben die psychische Grundproblematik immer wieder im Rahmen dieser Struktur bzw. dieser Grundkomplexe abspielt.

In der ersten Zeit, als ich selbst sehr fasziniert von diesen Lieblingsmärchen war, hat sich, ohne daß eine bewußte Intention von mir dabei vorlag, besonders bei den für derartige Bilder empfänglichen Patienten dieses Lieblingsmärchen analytisch sehr stark in den Vordergrund geschoben. Diese Patienten kamen sozusagen von selbst, ohne daß ich das mit Deutungen oder Hinweisen besonders forciert hätte, immer wieder auf das Märchen zurück, verbanden es mit ihren Problemen, fertigten auch Zeichnungen, Malereien oder Skulpturen dazu an, verarbeiteten es beziehungsweise arbeiteten es immer wieder durch. Das ist kein besonders geheimnisvoller Vorgang. Ein bestimmtes libidinöses Interesse einer Person innerhalb einer Zweierbeziehung färbt die Atmosphäre einer solchen Situation, und jeder einigermaßen sensible Patient wird genau die Punkte »spüren«, wo er ein derartiges Interesse des Analytikers weckt, und wird sich in der Regel, sofern er sich nicht gerade in einer Widerstandsphase befindet, mit diesem Bereich besonders beschäftigen. Diese Phase flaute wieder ab, als sich mein eigenes Interesse anderen Bereichen zuwandte. Das Lieblingsmärchen verschwand zwar nie aus meinen Analysen, nahm aber besonders von seiten der Patienten weniger vordergründigen Raum ein. Das ganze flackerte jeweils wieder auf, wenn ich mich besonders im Rahmen von Veröffentlichungen wieder mit dem Thema beschäftigte. Ich muß hier hinzufügen, daß ich von meiner Seite aus sehr vorsichtig und zurückhaltend mit Interpretationen und Hinweisen war, besonders nachdem mir die allerersten Fälle gezeigt hatten, welche heftigen Reaktionen meine eigene Libidozentrierung auf diesen Bereich auslöste. Zeitweise traten sogar Enttäuschungsreaktionen mit Beschimpfungen auf, daß ich mich nicht genügend damit beschäftige, oder ein Patient warf mir vor, ich würde sein Lieblingsmärchen gar nicht kennen und hätte es nicht einmal für nötig gehalten, es zu lesen, was real natürlich nicht stimmte.

Ich glaube, daß diese Beschreibung der Intensität, mit der ein bestimmter psychischer Bereich bei einem Patienten evoziert wird, einen deutlichen Hinweis für die doch sehr intensive Wirksamkeit des subjektiven Faktors innerhalb von Gegenübertragungsvorgängen bei aller äußeren Zurückhaltung des Analytikers gibt. Nun wirft eine derartige Wirkung des subjektiven Faktors natürlich eine weitere Frage auf: Ist das, was mir die Patienten in der Analyse angeben, wirklich »das« Lieblingsmärchen ihrer Kinderzeit oder letztlich doch »nur« etwas relativ »zufällig« Gewähltes (ich schreibe »nur« und »zufällig« absichtlich herausgehoben, weil es diese beiden Worte in der analytischen Situation eigentlich nicht gibt). Wie bereits erwähnt wurde, reicht die kleine Zahl von Objektivierungen nicht aus, um auszuschließen, daß hier etwas in der Analyse evoziert wurde. Es ist zwar sicher keine Frage, daß die angegebenen Märchen in der Kindheit der Patienten eine gewisse Rolle gespielt haben, denn sonst wären sie kaum in der Lage, ihre Inhalte teilweise oder sogar ganz aus der Erinnerung herauszuholen. Aber ob gerade dieses betreffende Märchen, das mir in der Analyse angegeben wird, das bestimmte Märchen ist, das allein die ganze Kindheit über fasziniert hat, erscheint mehr als zweifelhaft. Wenn man nach den Kinderbeobachtungen geht, wechseln die Märchen, aber nicht die Grundprobleme, und beim Wechsel wird ein ähnliches Märchen gewählt. Es wäre aber durchaus auch möglich, daß es sich mit dem Lieblingsmärchen so ähnlich verhält wie mit den frühen Kindheitserinnerungen. Als Freud seine Traumatheorie aufstellte, glaubte er ja noch fest, daß die schlimmen sexuellen Traumata, die die Patienten ihm aus ihrer Kindheit erzählten, wirklich der Realität entsprachen. So war es denn auch eine schwere Erschütterung für ihn und brachte eine Änderung der psychoanalytischen Theorie mit sich, als er feststellen mußte, daß es sich um Phantasiebildungen handelte. Es ist heute eine heftige Diskussion darüber entbrannt, ob der frühe Freud mit seinen sexuellen Traumata in der Kindheit nicht doch recht hatte, da wir inzwischen aus zahlreichen Untersuchungen wissen, daß der sexuelle und inzestuöse Mißbrauch mit Kindern sehr viel häufiger ist, als man bisher angenommen hatte. Sicher führt ein solcher sexueller Mißbrauch in der Kinder- oder Jugendzeit zu oft sehr schweren Neurosen. Wir wissen aber auf der anderen Seite, daß bei der überwiegenden Anzahl der neurotischen und psychotischen Patienten ein derartiger Mißbrauch nicht stattgefunden hat. Aus diesem Grunde legen wir nach wie vor großen Wert auf diese frühen infantilen Phantasien, und sie bilden ganz unabhängig von der äußeren Realität eine objektive psychische Realität[1], in der die Kernprozesse der Neurose wurzeln. So ist es analytisch letztlich auch nicht so wesentlich, ob das Lieblingsmärchen wirklich so sicher in der äußeren Realität der Kindheit angesiedelt ist, sondern von zentraler Wichtigkeit ist es eher, daß es den magisch-mythologischen Hintergrund des kollektiven Unbewußten und damit die zentrale Komplexsymbolik des Patienten erfaßt. Hierfür spricht auch die ungemein große Individualität der angegebenen Märchen. Ich habe in den letzten 15 Jahren über 100 Patienten mit Angabe eines Lieblingsmärchens in den Analysen untersucht und behandelt. Bei einer Zusammenstellung aus dem Frühjahr 1974[2] zeigte es sich, daß bei 70 Patienten 49 verschiedene Lieblingsmärchen angegeben wurden, so daß man fast geneigt ist, davon zu sprechen, daß die meisten Patienten ihr eigenes, privates Lieblingsmärchen haben und trotz der Kollektivität dieser Materie der einzelne sich in bezug auf die Auswahl durchsetzt.

J. Gebser[3] hat darauf hingewiesen, daß frühe Phasen bestimmte Bereiche in der Bewußtseinsentwicklung des Menschen auch heute eine weitreichende Rolle spielen, neben beziehungsweise unterhalb des rationalen Bewußtseins immer erhalten bleiben und insbesondere auch bei kreativen Prozessen mitentscheidend sind. Für uns von Belang sind hier vor allem die Phasen des magischen und mythischen Bewußtseins, die E. Neumann auch in seine Konzeption der kindlichen Ich-Entwicklung einbezogen hat[4]. Die erste und früheste Bewußtseins-Entwicklungsstufe ist bei Gebser die magische, bei der sich das Bewußtsein aus der Partizipation mit der umgebenden Natur durch das Machtprinzip zu befreien sucht. Magie ist mit ihrem Zauber und mit ihren Ritualen immer auf Macht und Bemächtigung des Objektes ausgerichtet wie auf die Unterwerfung der Naturkräfte und deren Beherrschung. Dagegen taucht in der mythischen Phase das erstemal das Zeitbewußtsein auf und mit ihm die Erkenntnisprozesse. Im Gegensatz zum magischen ist das mythische Bewußtsein weit mehr von intelligibler Neugier bestimmt und sucht das Naturgeschehen sowie das eigene Psychische in großen symbolischen Bildern widerzuspiegeln, deren Sinnerfahrung zu einer Bekenntnis von Innen- und Umwelt führt. Unterhalb unseres rationalen Bewußtseins sind diese frühen Stufen, die zu Unrecht von der Psychoanalyse nur als infantile Reste klassifiziert worden sind, in einem weitaus größeren Maße lebendig und wirksam, als wir uns das gemeinhin zuzugeben erlauben. Sie sind, wie ich in einer früheren Arbeit ausgeführt habe[5], miteinander vermischt, und wir finden in den Träumen und Phantasien eine Fülle von magischen und mythischen Motiven. Ich würde meinen, daß gerade das Märchen besonders dafür geeignet ist, die in diesen Schichten enthaltenen libidinösen Energien zu verbildlichen und damit den Archetyp per se mit einer spezifischen Imago aufzufüllen, die in der Lage ist, den trieb- und instinkthaften Energien eine symbolische Richtung und Sinnhaftigkeit zu geben. Das Märchen hat deutlicher als der reine Mythos magische und mythische Elemente miteinander vermischt, so wie es der Schicht des kollektiven Unbewußten entspricht, und ist außerdem personaler, mehr auf das Leben des Menschen bezogen als der Mythos, der oft nur unter Göttern oder halbgöttlichen Heroen spielt. Sicher kann man auch die Frage stellen: Welches ist dein Lieblingsmythos? Aber man wird darauf wohl weniger Antworten erhalten, besonders in einer Zeit, die nach der unseligen nationalsozialistischen Raserei, in der wir von einem Mythos inflationiert wurden, mit einem gewissen Recht mythenfeindlich oder mythenablehnend werden mußte. Ein anderer Grund mag sein, daß wir meist unbewußt in einen lebendigen Mythos eingewoben sind, an den wir mit religiöser Intensität gebunden sind: sei es das Christentum oder der Mythos einer Wissenschaft, die im Sinne von Laplace alles Vergangene erklären und alles Zukünftige voraussagen kann. Der Rückgriff auf das Märchen bedeutet so das Archaischere und Ursprünglichere, das oft gerade die Elemente enthält, die dem Bewußtsein fehlen.

Ich möchte nun drei kurze Fallbeispiele folgen lassen, an denen zunächst nur die grundlegenden Parallelen zwischen Persönlichkeitsstruktur, Neurose und Lieblingsmärchen deutlich werden sollen. Bei dem ersten handelt es sich um die bereits am Anfang erwähnte Patientin, bei der ich erstmalig auf dieses Phänomen stieß. Es handelte sich um eine 22jährige junge Frau, die mich im Jahre 1961 wegen eines Abasie-Astasie-Syndroms aufsuchte. Außerdem bestanden Angstvorstellungen, Depressionen und suizidale Vorstellungen bis zu einem Suizidversuch mit Tabletten. Die Gehstörung war recht erheblich. Die Patientin kam anfänglich mit einer Begleitperson in einer Taxe zu meiner Praxis und war zeitweise nicht in der Lage, eine kleine, zu meinem Arbeitszimmer führende Treppe innerhalb des Hauses hochzusteigen, so daß ein Teil der ersten Behandlungen im Flur stattfinden mußte. Von der 30. Stunde an trat eine allmähliche Besserung ein, und gleichzeitig damit klagte die Patientin eine Zeitlang über ziehende und schneidende Schmerzen in den Füßen und Beinen.

In der 62. Stunde kam in Verbindung mit einem Traum spontan die Erinnerung an das Lieblingsmärchen ihrer Kindheit hoch. Es war die bereits im vorigen Kapitel erwähnte »Seejungfrau« von *Andersen*[6], das hier ausführlicher besprochen werden soll.

In dieser Erzählung befindet sich tief auf dem Grunde des Meeres das Schloß des Meerkönigs, dessen sechs Töchter von der Großmutter erzogen werden, da er seit langem verwitwet ist. Draußen vor dem Schloß befindet sich ein großer Garten, in dem jede der sechs Prinzessinnen ein Beet angelegt hat. Das der Jüngsten ist »rund wie die Sonne und hat nur Blumen, die rot wie diese schimmern«. In seiner Mitte steht die Bildsäule eines marmornen Knaben neben einer Trauerweide.

Von ihrem 15. Lebensjahr ab dürfen die Prinzessinnen an die Oberfläche des Meeres aufsteigen und sich die Schiffe und die Welt der Menschen ansehen, von denen die Großmutter ihnen viel erzählt hat. Im Unterschied zu den Menschen können die Meermädchen 300 Jahre in ewiger Jugend leben, aber sie besit-

zen keine unsterbliche Seele und vergehen nach ihrem Tode zu Schaum des Meeres. Nur wenn ein Mensch eine von ihnen so liebgewinnt, daß er sie zu seiner Frau nimmt und der Geistliche seinen Segen darüber ausspricht, fließt die Seele des Menschen in das Meermädchen über, und sie hat teil an der Unsterblichkeit.

Als die Schwestern nun das 15. Lebensjahr erreichen, steigt eine nach der anderen an die Oberfläche des Meeres und berichtet unten von ihren Abenteuern. Die Jüngste, die die meiste Sehnsucht in sich trägt, muß am längsten warten, aber endlich ist der Tag da. Angetan mit dem königlichen Schmuck von sechs in den Fischschwanz eingeklemmten Austern steigt sie in die Höhe. Dort auf der Oberfläche des Meeres begegnet ihr ein festliches Schiff, auf dem ein junger Prinz gerade seinen Geburtstag feiert. In der Nacht kommt ein Sturm auf, das Schiff scheitert, und das Meermädchen rettet den bewußtlosen Prinzen. Sie bettet ihn auf den Strand und sieht noch, wie er dort von einem Mädchen gefunden wird.

Von dieser Zeit an ergreift sie eine sehnsüchtige Liebe zu dem Prinzen, und immer wieder schwimmt sie in die Nähe seines Schlosses. Endlich beschließt sie, zur Meerhexe zu schwimmen, um von ihr ein Mittel zu erhalten, das ihr menschliche Beine anstatt des Fischschwanzes gebe. Die Hexe wohnt inmitten eines fürchterlichen Waldes von Polypen und Schlingpflanzen, die alles umklammern und erdrücken, was in ihre Nähe kommt. Unter anderem sieht sie dort auch zu ihrem Entsetzen ein gefangenes totes Meerweibchen. Sie gelangt aber gut durch den gefährlichen Wald zur Hexe, und diese braut ihr einen Zaubertrank, der ihren Fischschwanz in Beine verwandelt. Als Preis muß sie der Hexe ihre Zunge geben und ist von nun an der Sprache beraubt. Auch würden ihre Beine bei jedem Schritt so schmerzen, als ob sie von scharfen Schwertern zerschnitten würden. Nur die Schönheit ihrer Bewegungen bleibt ihr, die Fähigkeit eines besonders schönen und ausdrucksvollen Tanzes, um den Prinzen für sich zu erobern. Sollte der Prinz aber eine andere heiraten, so muß sie in der Hochzeitsnacht sterben.

*Als die Prinzessin den Trank zu sich genommen hat, findet
sie sich aus einer Ohnmacht erwachend auf der Treppe des
Palastes wieder. Über sie beugt sich ihr ersehnter Prinz, der sie
nun auch zu sich nimmt, das stumme fremde Mädchen aber
immer nur schwesterlich behandelt. Genau wie die Hexe es
vorausgesagt hat, leidet sie die heftigsten Schmerzen bei jedem
Schritt, aber ihr Tanz bezaubert alle am Hofe. Eines Tages nun
teilt ihr der Prinz mit, daß er die Prinzessin des Nachbarlandes
heiraten solle, er würde es aber nicht tun, da er das Mädchen
liebe, das ihn damals bei seinem Schiffbruch am Strande gefunden und gerettet hätte. Das Meermädchen begleitet ihn in das
Nachbarland. Dort stellt der Prinz fest, daß die Prinzessin jenes
Mädchen ist, und er vermählt sich doch mit ihr. Alle Bemühungen der Meermaid sind umsonst gewesen, und in der Hochzeitsnacht, die auf der Rückfahrt an Bord eines Schiffes stattfindet, sitzt sie traurig an Deck. Da tauchen ihre Schwestern aus
den Wellen auf und bringen ihr ein Messer von der Hexe. Wenn
sie mit ihm den Prinzen erdolcht und sein Blut flösse auf ihre
Beine, würden sie sich wieder in einen Fischschwanz verwandeln, und sie könne als Meermaid ihre 300 Jahre leben. Lange
zögert sie mit dem Messer in der Hand, den Schlafenden zu
töten, aber endlich siegt ihre Liebe. Sie wirft das Messer ins
Meer und stürzt sich selbst beim ersten Strahl der Morgensonne
über Bord. Nun aber vergeht sie nicht zum Schaum des Meeres,
sondern verwandelt sich in eine der Töchter der Luft, die es
erreichen können, durch 300 Jahre währendes Streben nach
Gutem eine unsterbliche Seele zu erhalten.*

Es bestehen zunächst eine ganze Anzahl von Parallelen zur
Symptomatik der Patientin. Im Märchen wie in dem Symptom
der Neurose sind es die Beine, die Schmerzen, Schwierigkeiten und Sorgen bereiten. So besteht eine gewisse Identität
zwischen diesem Symptom und der vormenschlichen Gestalt
der Nymphe, die zwischen Tier und Mensch steht. Das Wesen
der Nymphe, die schicksallos und unverbindlich in die Natur
eingebettet ist und die nach Vermenschlichung strebt, kann

einem noch unentwickelten Stück Weiblichkeit in der Patientin entsprechen, das nach Bewußtwerdung verlangt. Inwieweit dieses Problem vorhanden ist, werde ich im folgenden noch ausführen. Es ist im übrigen ein häufiges mythologisches Motiv, dessen früheste Fassung nach *Emma Jung*[7] bereits in der *Rig-Veda* enthalten ist. Dieser unbewußte Komplex, der eine deutliche Beziehung zum Erosprinzip und zur Sexualität hat (in unserem Märchen erinnert auch die mehrfach auftauchende Zahl sechs daran), kann einerseits zum Bewußtsein hinstreben, andererseits auch das Ich überschwemmen und ins Unbewußte ziehen, wie es in dem bekannten Gedicht »Der Fischer« von *Goethe*[8] geschieht.

In der Analyse der Patientin traten mit fortschreitender Bewußtwerdung und Besserung der Gehstörungen auch die im Märchen beschriebenen Schmerzen auf. Weiterhin war ganz genauso wie im Märchen das erste, was die Patientin in gebessertem Zustand tat, daß sie mit Begeisterung tanzen ging. Ich möchte hier einfügen, daß bei mehreren weiteren Patientinnen, deren Lieblingsmärchen ebenfalls die »Meermaid« von *Andersen* war, eine gleiche faszinierte Hinwendung zur Welt des Tanzes bestand. Der Tanz bedeutete für sie eine tiefe rhythmische Vereinigung mit dem vegetativ-somatischen Bereich und die Fähigkeit zu einer erlösenden Ausdrucksform. Genau wie das Märchen benutzten sie ihn als die ihnen entsprechende und zur Verfügung stehende Gestaltungs- und Ausdrucksform ihrer unbewußten Wünsche und Sehnsüchte.

Kehren wir aber zur Symptomatik der hier beschriebenen Patientin zurück, so kann man eine weitere Analogie zwischen der wehmütig getönten unerfüllten Sehnsucht, die das Märchen durchzieht, und den Depressionen sehen, sowie zwischen dem freiwilligen Entschluß der Heldin, zu sterben, und den suizidalen Tendenzen und Vorstellungen der Patientin.

Wichtiger aber noch als diese rein äußeren Übereinstimmungen in den Symptomen erscheint mir, daß die archetypische Dynamik im Märchen deutliche Parallelen zu der die Neurose auslösenden Situation und den genetischen Gegebenheiten dieser Patientin aufweist. Im Vordergrund des Märchengeschehens steht eine nicht geglückte Aufnahme der Beziehung zum anderen Geschlecht, eine unglückliche, einseitige, unerfüllte Liebe, die eigentlich daran scheitert, daß das Mädchen nicht in der Lage ist, seinen Gefühlen einen sprachlichen Ausdruck zu geben. Es handelt sich um eine aufgehaltene Entwicklung eines weiblichen Ich aus der Dominanz des Mutter-Archetyps heraus zur Erfahrung der eigenen Vollständigkeit, das heißt zur Bildung einer Beziehung zum Animus und damit gleicherweise zur eigenen männlichen Komponente und zum Manne in der Realität.

In der Tiefe des Meeres, das mit dem Unbewußten gleichzusetzen ist, herrscht die Magna Mater in ihren zwei Erscheinungsformen, dem hellen positiven Aspekt der klugen, stolzen Großmutter, die »größte Sorgsamkeit und Liebe für die kleinen Meerprinzessinnen, ihre Enkelinnen, an den Tag legte«. Neben dieser hellen Seite des Archetyps steht der dunkle und dämonische Aspekt, verkörpert in der Meerhexe mit ihrem umschlingenden und erstickenden Zauberwald. In diesem können wir, wenn wir das Bild auf die Realität übertragen, unschwer die erdrückende und verstümmelnde Seite einer »overprotective mother« erkennen.

Solange das Ich in der unbewußten Geborgenheit, dem Infantilparadies der mütterlichen Welt, verbleibt, kann es, wie alle die Schwestern, keine Seele bekommen, das heißt bewußt werden, menschliches Leben führen und Schicksal haben. Es verharrt in ewiger Beständigkeit und Jugend, bis es schließlich zu dem Schaum des Meeres vergeht. Nur die Begegnung und Auseinandersetzung mit der negativen Seite des großen Mütterlichen mit nachfolgender Trennung von der Mutter ist in der Lage, Bewußtsein zu schaffen, Menschwerdung zu vollziehen und eine Beziehung zur Realität herzustellen. Erst wenn man Füße hat, kann man den sicher oft schmerzhaften Standpunkt auf festem Boden beziehen. Der Preis des Sprachverlustes, mit dem die Prinzessin diese Erfahrung bezahlen muß, ist aber offensichtlich zu hoch, um die weitere Individuation ungestört durchführen zu können. Die Sprache als das wohl wichtigste menschliche Kommunikations-, Ausdrucks- und Gestal-

107

tungsmittel läßt sich nicht durch einen regressiven Rückgriff auf Körpermotorik ersetzen, und so scheitert sie schließlich an der Welt der Menschen, allerdings nicht ohne die tröstliche Aussicht, in der Welt der Töchter der Luft doch noch eine Seele zu finden. In dieser Lösung des Märchens geht also die Libido wieder aus der Wirklichkeit fort, nachdem die Beziehung zum Mann gescheitert ist. Sie fließt dann in das luftige Wesen und Reich der Phantasie. Es ist eine sehr problematische und zweischneidige Lösung für den normalen Menschen und entspricht eher einer regressiven Introversion und Flucht in eine Traumwelt. Nur für einen Dichter wie Andersen, der in der Lage war, die Traumwelt zu gestalten, kann dieser Schluß gültig sein.

Vergleicht man nun die auslösende Situation der Neurose mit dem Märchen, so ergibt sich auch hier wieder eine deutliche Analogie: Die Patientin brach nämlich zu dieser Zeit erstmalig weitgehend aus einer extremen elterlichen Bevormundung aus, nahm eine Gefühlsbeziehung zu einem Mann auf und setzte es zu Hause durch, daß sie allein ohne mütterliche Begleitung zu ihm reisen durfte. Die Beziehung scheiterte, wohl nicht zuletzt an den Gegebenheiten der Patientin selbst, die zwar ein motorisch lebhafter, eher extravertierter Typ war, sonst aber wenig von ihrer Innenwelt ausdrücken konnte, kaum ein Wort darüber redete und vor allem gar nicht über ihre Gefühle sprechen wollte: »Das Nicht-sprechen-Können«, so sagte die Patientin, »ist bei mir an den komischsten Stellen. Auch in unserer Familie ist es immer so, daß nichts gesagt wird. Man spricht nur über Arbeit und Kollegen, nie über das, was einen persönlich angeht. Ich habe Hemmungen und weiß nicht, wo ich anfangen soll.« In dieser Beziehung war sie ein Mädchen ohne Zunge. Die Begegnung mit diesem Mann führte dann zu einer Schwangerschaft, und die Abasie-Astasie trat auf, als er es nach der Geburt ablehnte, sie zu heiraten.

Vergleicht man nun die Lebensgeschichte meiner Patientin mit dem Märchengeschehen, so findet sich, daß die dominierende Figur in der Frühentwicklung der Patientin eine »overprotective mother« ist. Die Patientin ist ein Einzelkind. Die

Ehe der Eltern war äußerst problematisch. Der Vater war lange wegen einer manisch-depressiven Erkrankung, die mit der Geburt meiner Patientin begann, in Behandlung, teilweise stationär. Das Kind war daher von früh an weitgehend auf die Beziehung zur Mutter angewiesen. Im 4. Lebensjahr der Patientin trennten sich die Eltern für mehrere Jahre. Mutter und Tochter evakuierten aufs Land, während der Vater in Berlin blieb. Nach der Rückkehr zog der Vater von zu Hause fort, die Ehe sollte geschieden werden, aber es kam später, etwa um das 14., 15. Lebensjahr der Patientin herum, wieder zu einer Aussöhnung. Genau wie in dem Märchen von Andersen spielt in dieser wichtigen Entwicklungszeit der Vater kaum eine Rolle. Die Mutter hatte erhebliche zwangsneurotische Züge und Ängste. Sie umsorgte und verhätschelte auf der einen Seite ihre Tocher, die nie allein weg durfte und immer sauber und ordentlich sein mußte. Sie wurde vor jeder Erkältung sorgfältig beschützt und behütet, Freundschaften mit anderen Kindern waren verboten. Andererseits setzte es heftige Schläge, wenn die Patientin gegen diesen Zwang aufbegehrte oder nur wenige Minuten zu spät nach Hause kam.

In der Beziehung zur Mutter lassen sich bei meiner Patientin drei große Phasen unterscheiden: Die erste Phase geht bis in die Spätpubertät. Sie ist charakterisiert durch eine nicht ausgetragene Gefühlsambivalenz. Die Mutter ist einerseits verwöhnende, sorgende und liebende Mutter, andererseits festhaltende Meerhexe, gegen die man aber nicht aufkommen kann. Wenn man überhaupt etwas tut, muß man es heimlich machen. Letzterem Zustand entsprechen im Märchen die Figuren, die Tod und Gefangenschaft im Hexenwald auf dem Meeresgrund erlitten haben. Es folgt dann eine Phase der offenen Auseinandersetzung, in der die Patientin rebelliert, ausgeht, Freundschaften anknüpft und nun von der Mutter, sogar teilweise gegen den Vater, der die gleichen einengenden, überfürsorglichen Züge hatte, unterstützt wird. Im Märchen wäre dies der Pakt der Hexe mit dem Mädchen. Die dritte Phase setzt mit Ausbruch der Neurose ein. Die Patientin flüchtete vollständig zur Mutter zurück, die wieder die beste, liebste und einzige Freundin wurde. Sie igelte sich zu Haue ein. Auch Ferienreisen wurden nur mit der Mutter unternommen, so daß sie einerseits in die regressive Introversion am Schluß des Märchens verfällt, andererseits ihr Zustand aber auch die Züge des Anfangs aufweist, wo die Prinzessin bei der Mutterfigur verbleiben muß und die Marmorsäule mit dem Knaben sehnsüchtig umschwimmt. Die Beziehungen der Patientin zum anderen Geschlecht waren, wie in der Geschichte, völlig versteinert, ein kühler, glatter Marmor, um den herum nur passiv-sehnsüchtige Phantasien nach einem prinzenhaften Mann existierten, der eines Tages käme und sie heiratete. Alles das war depressiv getönt, wobei wir uns daran erinnern, daß neben der Marmorfigur im Märchen eine Trauerweide stand.

Ich möchte nun als zweites Fallbeispiel einen 20jährigen jungen Mann erwähnen, der die Analyse wegen eines heftigen Stotterns aufsuchte. Auch bei ihm bestand eine mehr als deutliche und auffallende Parallele zwischen einer bestimmten Situation seines Lieblingsmärchens und seiner Symptomatik sowie der diese Symptomatik auslösenden Situation. Sein Lieblingsmärchen war der »Kalif Storch« von *Wilhelm Hauff*[9].

In diesem Märchen wird erzählt, daß eines Tages der Kalif Chasid zu Bagdad und sein Wesir Mansor einem alten Hausierer ein sonderbares Pulver, dem ein Bogen mit einer fremdartigen Handschrift beigefügt war, abkauften. Um das Manuskript zu entziffern, ließ man Selim, den Gelehrten, kommen und versprach ihm ein Festkleid, wenn er es übersetzen könne. Könne er es aber nicht, so erhielte er zwölf Backenstreiche und fünfundzwanzig auf die Fußsohlen, weil man ihn dann zu Unrecht Selim, den Gelehrten, nenne. Da die Schrift lateinisch war, konnte er es, und so erfuhren der Kalif und sein Wesir, daß jeder, der von diesem Pulver schnupfe und »Mutabor« sage, sich in ein beliebiges Tier verwandeln könne und die Sprache der Tiere verstünde. Er dürfe aber in diesem Zustande nicht lachen. Täte er es doch, so vergäße er das Zauberwort, das er zur Rückverwandlung in einen Menschen aussprechen müsse, sich dreimal nach Osten neigend.

Hocherfreut über diese Gelegenheit zur Abwechslung bega-
ben sich Kalif und Wesir am nächsten Morgen auf eine nahege-
legene Wiese, wo sie einen Storch sahen, dem sich gerade ein
zweiter näherte. Schnell verwandelten sie sich selbst in Störche
und hörten nun das Gespräch zwischen zwei Störchinnen. Die
erste bot der Ankommenden zunächst einige Leckerbissen wie
Froschschenkel oder Eidechsen an, aber diese lehnte ab und
erzählte, daß sie heute abend vor den Gästen ihres Vaters
tanzen müsse und das noch üben wolle. Sie tat dies dann auch
in so komischer Art, daß der Kalif und Wesir sich vor Gelächter
fast ausschütten wollten. Nun aber hatten sie das Wort verges-
sen und standen verzweifelt, sich nach Osten neigend und im-
mer nur »Mu..., Mu..., Mu...« stammelnd auf der Wiese.
Endlich gaben sie es auf und hielten sich betrübt in ihrer Stor-
chengestalt in der Nähe der Stadt auf.

Es herrschte große Trauer über ihr Verschwinden, aber am
vierten Tage sahen sie zu ihrem Entsetzen, wie der Sohn des
Zauberers Kaschnur, ein Todfeind des Kalifen, als Herrscher in
die Stadt einzog. Wie alle Völker, jubelte auch hier das Volk
dem Eroberer zu. Nun wurde ihnen klar, daß niemand anders
als Kaschnur der Hausierer gewesen war, der ihnen das Pulver
verkauft hatte, um sie zu vernichten. Als letzte Rettungsmög-
lichkeit beschlossen sie, nach Medina zu fliegen. Am Grabe des
Propheten wollten sie um ihre menschliche Gestalt beten.

Da sie im Fliegen noch recht ungeübt waren, wurden sie nach
einiger Zeit müde und ließen sich in einer alten, verfallenen
Ruine nieder. Hier hörten sie ein klagendes Geräusch. Als sie
dem nachgingen, entdeckten sie eine weinende Eule, die nie-
mand anders war als eine Tochter des Königs von Indien. Auch
sie war von dem bösen Kaschnur verzaubert worden. Nur dann
könne sie erlöst werden, so erzählte sie, wenn jemand sie trotz
ihrer gräßlichen Gestalt als Nachteule zur Frau begehre. Als sie
ihrerseits die traurige Geschichte des Kalifen gehört hatte, er-
klärte sie, daß sie ihnen helfen könne. Sie könne ihnen zeigen,
wo sie den Zauberer belauschen und so das vergessene Wort
erfahren könnten. Allerdings müsse einer von ihnen ihr die Ehe

versprechen. Der Kalif nahm den Wesir beiseite und erklärte, er müsse das tun. Dieser aber sagte, er habe schon eine Frau zu Hause und sei außerdem alt. Lieber wolle er ein Storch bleiben, als sich der Situation auszusetzen, zu Hause bei seiner alten Frau mit einer jungen anzukommen. So mußte der Kalif selbst in den sauren Apfel beißen, und die Eule führte die beiden durch viele Gänge zu einem geheimen Gemach. Durch einen Ritz in der Wand konnten sie einen Festsaal belauschen, wo der Zauberer mit seinen Gesellen pokulierte.

Er rühmte sich seiner boshaften Taten, und natürlich wurde auch die Geschichte des Kalifen erzählt, wobei auch das Zauberwort Mutabor fiel. Wie glücklich waren da die drei. Sie eilten sofort zum Ausgang, verneigten sich dreimal gen Osten und sprachen das Wort. Als sich der Kalif, nun wieder als Mensch, umdrehte, gewahrte er ein wunderschönes junges Mädchen, die entzauberte Prinzessin, und so wurde auch seine Befürchtung, hier eine mißliche Katze im Sack gekauft zu haben, hinfällig. Sie eilten nach Bagdad, entthronten den Sohn des Zauberers, der von dem Pulver schlucken mußte und, nun seinerseits in einen Storch verwandelt, in einen Käfig gesperrt wurde. Auch den Zauberer selbst faßte man in seinem Versteck und hing ihn in derselben Kammer auf, in der die Eule geschmachtet hatte. Der Kalif und seine Frau lebten aber noch lange in Freuden.

Mein Patient ist der einzige Sohn eines freiberuflich tätigen Kaufmanns. Seine Symptomatik trat im elften Lebensjahr auf. Damals hatten seine Eltern auf einer Urlaubsreise eine andere Familie mit ebenfalls einem Sohn kennengelernt, mit der sie auch zu Hause weiterhin Kontakt hielten. Nach einiger Zeit kam es zu einem Frauentausch, das heißt, die beiden Ehen wurden geschieden, und man heiratete jeweils den anderen Partner, wobei die Söhne bei den Müttern verblieben. Bevor dieses Ereignis stattfand, wurden die beiden nichtsahnenden Jungen in ein Kinderheim gegeben. Erst als man sie dort abholte, erfuhren sie den wahren Sachverhalt, den man ihnen als eine fröhlich-heitere und selbstverständliche Sache hinstellte.

Selbstverständlich war mein Patient gar nicht heiter über diesen Tausch. Er hatte eine recht gute Beziehung zu seinem Vater gehabt und schilderte mir sehr eindrucksvoll, wie traurig er in der ersten Zeit gewesen sei. Leider fand er gar kein Verständnis bei seiner in den Stiefvater frisch verliebten Mutter, die sogar von ihm erwartete, daß er diesen Stiefvater genauso großartig und herrlich fände, wie sie selbst es tat. Mein Patient mochte den Stiefvater nicht, er haßte ihn und versuchte in der ersten Zeit auch, diesen Affekten Ausdruck zu geben. Hierbei stieß er auf stark moralisierende Ablehnung von beiden Eltern, und nun setzte bei ihm das Stottern ein, zumal sich die Mutter viel mehr dem Stiefvater zuwendete als ihm. Genau die gleiche Konstellation wie in der Lebenswirklichkeit des Patienten finden wir im Märchen. Auch hier haben wir das doppelte Paar von Vater und Sohn: Das helle und gute Paar von Kalif und Wesir einerseits, und das dunkle und böse Paar vom Zauberer und seinem Sohn, die sich an die Stelle des guten Paares zu setzen versuchen. Ebenso wie im Märchen verliert mein Patient durch die Zuwendung der Mutter zum Stiefvater sein ehemaliges Königreich, denn in der vorherigen, eher unglücklichen Ehe der Mutter war er die Hauptperson.

Auch im Märchen haben wir das »Stottern« von Kalif und Wesir, die das Zauberwort vergessen haben und verzweifelt nach allen Himmelsrichtungen »Mu..., Mu..., Mu...« rufen. Diese beiden würden meinem Patienten und seinem richtigen Vater, den beiden von der Mutter verstoßenen Männern, entsprechen. Das gravitätische Wiegen der Störche mit ihrem Kopf beim Gehen erinnert in gewisser Weise an das krampfhafte motorische Bemühen der Stotterer, die Worte aus sich herauszupressen. Genau wie bei dem Patienten ist es im Märchen die Äußerung eines verbotenten Affektes, der die Symptomatik bzw. die Verwandlung in ein für den Menschen stummes Tier hervorruft. Die Parallele wird noch dichter, wenn man sich einmal überlegt, daß der Kalif das Gelächter nicht zurückhalten kann, als er eine Störchin sieht, die sich flügelspreizend und malerisch darin übt, vor ihrem Herrn und Gebieter zu tanzen. Man kann sich vorstellen, daß die verliebte Mutter in den Augen des Jungen einen ähnlichen Anblick geboten haben mag. Auch die Trauer der Störche entspricht seiner Trauer.

Einige Jahre später entdeckte mein Patient schriftstellerische Neigungen in sich selbst und schrieb als erstes eine Novelle, die er »Die kleinen braunen Hunde« nannte. Sie beginnt mit den Worten: »Ich bin ein Hund«, und er schildert in ihr einen Hund, der die Menschensprache erlernt hat und mit seinem Herrchen Gespräche führt, vor allem über das Thema: »Wer die größte Schnauze hat, wird am meisten beachtet«. Sein Stiefvater war ein geschäftlich sehr gewandter Mann, der zu Hause und in Geselligkeit im Reden dominierte. Es erscheint mir doch auffällig, daß hier wie im Märchen das Motiv der Verwandlung der Identifikationsfigur vom Menschen in ein Tier gewählt wurde.

Sowohl beim »Kalif Storch« als auch in der Problematik meines Patienten geht es um die Auseinandersetzung mit der Vaterfigur und dem Schattenproblem. Im Märchen ist es die Figur des bösen Zauberers Kaschnur, dessen Sohn Mizra den Thron des Kalifen übernimmt. In der Lebensgeschichte meines Patienten steht hierfür äußerlich der Stiefvater und der Stiefbruder, die den Platz des Patienten bei der Mutter beziehungsweise beim Vater einnehmen. Sieht man das Problem nun außerdem von der Subjektstufe her, so ergibt sich eine identische Situation in der Innenwelt des Patienten. Der Struktur nach handelt es sich bei ihm vorwiegend um einen introvertierten Empfindungstyp mit stark zwangsneurotischen Zügen. Sein Unbewußtes zeigte die für diesen Typ charakteristische Anreicherung von magisch-mythologischen Motiven, während er vom Bewußtsein her ein harmloser, braver Junge war, der leicht das Opfer der Aggressivität und Herrschsucht seiner Umgebung wurde und nur an eigentlich ungeeigneten Stellen durch eine hochgradige Resistenz und Unbeeinflußbarkeit auffiel. Das geschah aber eben gerade da, wo er seine unbewußten mythologischen Vorstellungen verwirklichen wollte beziehungsweise von ihnen gesteuert wurde[10]. Mutter und Stiefvater wiesen ebenfalls eine Fülle von zwangsneurotischen Zügen auf, in denen Sauberkeits- und Ordnungszwänge vorherrschten.

Bei der Zwangsneurose mit ihren Reinheitsidealen kommt es ja zu einer besonders typischen Verdrängung der dunklen Wesensseiten und der als schmutzig erlebten Triebwelt, wobei sich neben der überordentlichen und überanständigen bewußten Persönlichkeit ein krasses Schattenproblem entwickelt und nur mühsam abgewehrt werden kann. Genau dieses Bild bot mein Patient, der von der ganzen Umgebung immer als ein besonders wohlerzogener, lieber und braver junger Mann gelobt wurde. Er selber vermutete allerdings, wie er mir mitteilte, daß er recht kräftige Dunkelheiten in sich trage und seine Innenwelt keineswegs diesem hellen Erscheinungsbild entspreche. Diese Situation stellte sich am eindrucksvollsten in einem Traum dar, den er mir in der 75. Behandlungsstunde mitteilte.

In diesem Traum fliegt er zunächst mit seiner Familie in weißen Kleidern in einem riesigen Schwarm von Engeln gen Himmel. Hier laufen Menschen in weißer und grauer Kleidung herum, von denen er erfährt, daß die weißen gute Menschen sind, die ein ehrliches Leben geführt haben, bei den anderen das Leben dagegen negative Züge gehabt habe. Als er dort eine schwarzhaarige Frau trifft, verwandelt sich sein eigenes Kleid in eine graue Farbe, und ein Führer sagt ihm, daß diese Frau seine spätere Geliebte sei, die er ermorden werde. Alle Menschen schauen auf ihn, der sich in einen schlechten Menschen verwandelt hat, und wollen ihn lynchen. Als er in einem Fahrstuhl nach unten entfliehen will, erreichen ihn noch zwei Teufel, die sich in seine Daumen festbeißen und die er trotz seiner Abwehr nicht mehr losbekommt.

Ich möchte bei diesem Traum nur auf das starke Gegensatzproblem von Engel – Teufel, weiß – grau, guter Mensch –

Mörder hinweisen, in dem sich die Psyche dieses Patienten befindet. Trotz aller Abwehr ist er dauernd bedroht, von seinen Teufeln überwältigt zu werden. Auch das Flugmotiv, das im übrigen sehr häufig in seinen Träumen auftaucht, findet sich im Märchen vordergründig wieder. Deutet man nun das Märchen auf der Subjektstufe von dieser Problematik her, dann ist sein gutes Ich in dauernder Gefahr, von dem Schattenkomplex, das heißt dem Zauberer und seinem Sohn, überwältigt zu werden. Die gute Seite von ihm könnte dann nur noch in der Welt der Ideen und Phantasien existieren, die durch die Vogelfigur symbolisiert wird.

Beim dritten Beispiel handelt es sich um eine 39jährige Frau. Sie suchte die Analyse weniger wegen einer neurotischen Erkrankung als vielmehr zur Information und Bereicherung der Persönlichkeit auf, wobei wir wissen, daß hinter diesem Wunsch doch immer gewisse Lebensschwierigkeiten zu liegen pflegen. Ihr Lieblingsmärchen war das Grimmsche Märchen vom »Rapunzel«. Doch bevor ich auf das Märchen eingehe, sind hier noch einige grundsätzliche Überlegungen anzustellen: Die Bildung und Entwicklung der Persönlichkeit beruht auf zwei großen Faktorengruppen: auf der bestimmten Umwelt, in die ein Kind hineingeboren wird und in der es aufwächst, und auf den erblichen Gegebenheiten seiner Substanz. Es muß so zum Beispiel angenommen werden, daß es Menschen gibt, bei denen, konstitutionell bedingt, eine besonders hohe Aktivität der Archetypen des kollektiven Unbewußten vorliegt. Einfacher ausgedrückt: diese Menschen haben ein besonders starkes Unbewußtes, was sich innerhalb der Entwicklung krankheitsbedingt auswirken kann; das Ich-Bewußtsein ist hierdurch nicht imstande, seine übliche Festigkeit und Stabilität gegenüber dem Unbewußten zu entwickeln, so daß es auch bei annähernd normalen Umweltverhältnissen zur Bildung einer Neurose kommen kann. In der Regel sind allerdings beide Faktorengruppen im Spiel, und es ist mehr eine Frage der Akzente, welche Seite den stärkeren Einfluß hat. Als Beispiel für die Darstellung eines solchen »Leitmotives« der Persönlichkeit diene das Lieblingsmärchen dieser Frau.

In diesem Märchen wünschen sich ein Mann und eine Frau schon seit langer Zeit ein Kind. Endlich kommt es bei der Frau zu der ersehnten Schwangerschaft, innerhalb derer sie von einem heftigen Gelüst nach den Rapunzeln in dem Garten einer Zauberin befallen wird, der direkt an ihrem Hinterhaus liegt. Der Mann stiehlt die Rapunzeln für seine Frau, wird aber von der Zauberin überrascht und gezwungen, ihr als Lösegeld das Kind zu überlassen, was der Mann in seiner Angst auch verspricht. Gleich nach der Geburt holt sich die Zauberin das kleine Mädchen, und als es zwölf Jahre alt ist, sperrt sie es in einen Turm, der nur ganz oben ein Fenster hat und keine Tür. Immer, wenn die Zauberin das Mädchen aufsucht, läßt dieses sein langes goldenes Haar herunter, und die Zauberin klettert an ihm empor. Nun verirrt sich ein Königssohn auf der Jagd in die Nähe des Turmes, beobachtet den Aufstieg der Hexe, und als diese fort ist, klettert er selbst zu Rapunzel hoch. Beide verlieben sich ineinander und beschließen, zu fliehen, und der Prinz bringt jedesmal, wenn er kommt, einen Strang Seide mit, aus dem sich Rapunzel eine Leiter flechten will. Dieses Mädchen ist aber nun von einer so grenzenlosen Einfalt und Welterfahrenheit, daß sie eines Tages die Zauberin fragt, warum es ihr wohl so viel schwerer falle, sie an ihren Haaren hochzuziehen, als den schönen Königssohn. So erfährt die Zauberin von dem Komplott, schneidet dem Mädchen die Haare ab und verbannt sie in eine Wüste. Den Königssohn überlistet sie, indem sie ihn an den von einem Haken herabgelassenen Haaren in den Turm steigen läßt, und sticht ihm die Augen aus. Er irrt nun jahrelang blind in der Welt umher, bis er schließlich zu der Wüstenei kommt, wo Rapunzel mit den von ihr inzwischen geborenen Zwillingen kümmerlich lebt. Zwei ihrer Tränen benetzen bei der ersten Umarmung seine Augen, woraufhin er wieder sehend wird und sie als seine Frau in sein Reich heimführt.

Zwischen der Lebensgeschichte meiner Patientin, ihren inneren Gegebenheiten und Problemen und dem Lieblingsmärchen bestehen nun eine ganze Reihe sehr auffälliger Übereinstimmungen. Zunächst ist sie von relativ alten Eltern sehr spät in der Ehe geboren worden. Dies würde dem Beginn des Märchens entsprechen. Sie war von Anfang an ein mit einer starken und lebhaften Phantasie begabtes Kind, was der vorher beschriebenen starken Aktivität des Unbewußten gleichzusetzen ist. Dabei war sie vom Typ her mehr introvertiert, das heißt mehr auf die eigene Innenwelt hin ausgerichtet als auf die Umwelt. Sie lebte weitgehend in Phantasien, Träumereien und Geschichten. Sobald sie lesen konnte, wurde das ihre Hauptbeschäftigung, und sie lebte fast ausschließlich in Büchern. Diese schon vorhandene Neigung wurde durch die Ängstlichkeit der Mutter, die sie wenig mit anderen Kindern zusammenbrachte und bei jedem Spiel Gefahren witterte, noch verstärkt. Diese Situation ist deutlich identisch mit der Auslieferung des Kindes an die festhaltende Zauberin im Märchen. Sie steht hier symbolisch für die negative, festhaltende Seite der Phantasiewelt, und so verstanden hat die Patientin wirklich viele Jahre ihres Lebens in dem »Zaubergarten« zugebracht und nicht anteilnehmend in der Welt.

Als sie zwölf Jahre alt war, also in genauer Parallele mit dem Märchen, starb ihr Vater. Für sie war das ein sehr schwerer und nachhaltiger Verlust, da sie zum Vater die engere Beziehung hatte. Er stellte – gegenüber der weltabgewandten Mutter – ein gewisses Gegengewicht und als ein im Leben stehender Mann eine Umweltverbundenheit dar. Die Patientin wurde nach dem Tode des Vaters zunächst für lange Zeit krank, litt an Platzangst und verblieb dann in einer dauernden engsten Verbundenheit mit der Mutter, mit der sie bis zu deren Tode auch zusammenlebte. Dieser Situation entspricht im Märchen die Gefangenschaft im Turm, in die die einzige Verbindung zur Umwelt über die »langen Haare« geht. Das Kopfhaar ist in Märchen, Traum und Mythos ein beliebtes Symbol für die Kraft der Gedanken, Vorstellungen und Phantasien, die genau wie das Haar aus dem Haupt hervorsprießen. Der Ausweg, den sie aus der Einsamkeit ihrer Abgeschlossenheit fand, entsprach ebenfalls wieder dem Gedanken- und Phantasiebereich: Sie verlegte ihr ganzes Interesse auf den Erwerb von Bildung und Wissen und hatte sich so eine weit über ihren Stand hinausgehende Allgemeinbildung auf vielen Interessengebieten geschaffen.

Es hatten auch einige Männer versucht, in ihren Turm hochzuklettern; aber keiner hatte das Ziel, die Eroberung des Mädchens, erreicht. Sie waren an dessen Mutterbindung gescheitert. Meistens hatte die Mutter, die deutlich umklammernde und festhaltende Tendenzen gegenüber der Tochter zeigte, dabei aktiv mitgeholfen, indem sie ihr den betreffenden Mann vergällte. Der Prinz ist aber hier keineswegs nur als der äußere Mann zu verstehen, sondern auch als ein eigener aktiver und mit der Umwelt verbundener Seelenanteil. Von diesem war sie allmählich immer mehr abgerissen und hatte sich zu einem schweigsamen, eigentlich immer nur passiv aufnehmenden Menschen entwickelt, was in der ersten Behandlungszeit sich so äußerte, daß sie kaum in der Lage war, über sich selbst zu sprechen, und lange Zeit in Schweigen verharrte.

Eine weitere Verschärfung ihres Problems trat mit dem Tode der Mutter etwa zehn Jahre vor Beginn der Behandlung ein. Sie hatte nun niemanden mehr, für den sie sorgen und dasein konnte, und litt überdies an schweren Schuldgefühlen höchst irrationaler Art über deren Tod, die mit dem im Unbewußten vorhandenen geheimen Befreiungswunsch von der Mutter zusammenhingen. Es traten nun länger anhaltende depressive Zustände auf, in denen ihr das Leben öde, sinnlos und leer erschien. Auf der anderen Seite wurde sie zeitweise von einer blinden, ziellosen Aktivität ergriffen, und sie mußte in diesem Zustand weglaufen, durch die Straßen irren oder in irgendeine belanglose Kinovorstellung gehen, die sie gar nicht interessierte. Das Märchen personifiziert diese Zustände in seinen beiden Hauptfiguren: Die Depression entspricht dem von der Zauberin in die öde Wüste verbannten Mädchen, das dort nur kümmerlich sein Dasein fristet, während in dem geblendet umherirrenden Prinzen ihre ziellosen Aktivitätsdurchbrüche dargestellt sind. Im Leben tritt dieser Zustand mit dem Tode der Mutter ein, und auch im Märchen ist von der Zauberin nicht mehr die Rede, nachdem Rapunzel in die Wüste gekommen ist. Um den Überfluß der Parallelen noch voll zu machen, zeigte der erste Traum in der analytischen Behandlung als Zentralmotiv, daß sich die Patientin allein in einer großen Wüste befand.

Eigentlich hatte sie genau bis zu diesem Punkt (Rapunzel in der Wüste) ihr Kindermärchen im Leben verwirklicht, und im Grunde genommen nimmt dieses auch den späteren Lösungsweg der Behandlung vorweg, insofern es ihre Aufgabe war, diesen abgerissenen und blind aktiven Seelenanteil wieder mit dem depressiven Ich zu vereinigen und ihn sehend, das heißt bewußtzumachen.

Ich möchte an dieser Stelle einschalten, daß innerhalb der Analysen die Durcharbeitung der Problematik eines derartigen Lieblingsmärchens von großem therapeutischen Wert sein kann. Hierbei ist das Bewußtwerden, in einer Mythe gelebt zu haben, und die Ablösung des Ich-Komplexes von der Identifikationsfigur, dem Heros und der Heroine des Märchens genauso wichtig wie das Verständnis aller Figuren und Motive, insbesondere die des Gegenspielers oder Partners auf der Subjektebene als Personifikation eigener unbewußter Komplexe. Nach meiner Erfahrung ist gerade das Erleben solch sinnbezogener Zusammenhänge zwischen der eigenen Problematik und dem Märchengeschehen von größerer Überzeugungskraft als viele andere Erklärungen, die man in der Analyse deutend geben kann[11].

Man kann die Lieblingsmärchen als Mittel der Therapie genauso wie einen archetypischen Traum behandeln und die einzelnen Motive und Figuren durch Amplifikationen anreichern. Zur Ablösung der Identifikationen ist es nicht nur notwendig, dem Patienten bewußtzumachen, daß er sich mit einer Märchenfigur identifiziert hat, sondern auch, daß er in dem für ihn notwendigen Rahmen etwas von dem Sinn dieser Figur und ihren verschiedenen Erscheinungsformen verstehen lernt. Hierbei hat das Lieblingsmärchen gegenüber dem archetypischen Traum den Vorteil einer meist erheblich stärkeren persönlichen Bezogenheit und Bewußtseinsnähe, wodurch die

Gefahr vermieden wird, daß es durch die Amplifikationen zu einem Abriß von der Ebene des persönlichen und realitätsnahen Erlebens kommt. Der Prozeß der Verarbeitung dieser Märchen ist auch bei mir in keiner Analyse so vor sich gegangen, daß die Erzählung in mehreren Stunden hintereinander intensiv durchgearbeitet wurde und dann verschwand. Es verhielt sich vielmehr so, daß entweder der Patient oder der Analytiker an entsprechenden Stellen der Behandlung immer wieder darauf zurückkommen konnte. Diese dauernde Wiederverarbeitung, das Durcharbeiten[12] führt dann zu einer allmählichen Einsicht des Patienten in den archetypischen Charakter dieser Figuren als Non-Ego und zu einer Unterscheidung und Ablösung der Identifikation des Ich-Komplexes mit ihnen. Sehr hilfreich erwies sich hierbei auch die Methode der »aktiven Imagination«[13]. Viele Patienten zeichneten oder formten das Problem spontan plastisch, eine Patientin schickte mir sogar ein Singspiel.

Therapeutisch wichtig ist aber innerhalb dieses Prozesses nicht nur die Ablösung des Ich-Komplexes von der Identifikationsfigur (meist dem Heros oder der Heroine des Märchens), sondern auch – und zwar in ganz erheblichem Maße – das Verständnis aller Figuren und Motive, insbesondere der des Gegenspielers oder Partners auf der Subjektebene als Personifikation eigener unbewußter Komplexe.

Als Beispiel hierfür möchte ich eine 24jährige Patientin anführen, deren Lieblingsmärchen das *Grimmsche* Märchen von »Jorinde und Joringel« war. Zentralgestalt dieses Märchens ist neben dem jungen Liebespaar eine Hexe, die mitten in einem großen Wald in einem Schloß wohnt. Sie konnte Wild, Vögel und Menschen anlocken, und wer auf hundert Schritte dem Schloß nahekam, mußte stillstehen und konnte sich nicht mehr von der Stelle bewegen, bis sie ihn lossprach und in einen Vogel verzauberte. Längere Zeit, bevor dieses Märchen uns als das Lieblingsmärchen der Patientin in der Analyse bekannt war, erzählte sie einen stark angstbesetzten Wiederholungstraum, den sie zwischen dem 5. und 10. Lebensjahr häufig gehabt hatte. Der bereits erwähnte Traum lautete: »Ich komme in einen großen Wald. Plötzlich fassen die Bäume mit ihren Zweigen nach mir und lassen mich nicht mehr los. In dem Wald war eine Hexe, die lockte mich immer tiefer hinein und befahl den Bäumen, mich nicht loszulassen.«

Die Parallele zwischen Traum- und Märchenfigur dürfte ziemlich deutlich sein. Die Patientin litt unter erheblichen Depressionen. Sie war Einzelkind und hatte sehr früh im Kriege ihren Vater verloren. Die Mutter übertrug ihre ganze Gefühlswelt auf das Kind und umhegte sie in überängstlicher und überfürsorglicher Weise. Zusätzlich hatte die Patientin zwischen dem 6. und 8. Lebensjahr eine Hilusdrüsen-Tuberkulose, wegen der sie auch klinisch behandelt werden mußte. Traum und Märchen schildern deutlich ihre damalige hoffnungslose Kindheitssituation. In der Hexe tritt die negative Seite der verwöhnenden und festhaltenden Mutter auf, der Machtanspruch dieser Frau, wie auch die archetypische Ebene, die über die persönliche Mutter hinausweist. Es gab ja bei dieser Patientin ein zweites festhaltendes Moment, nämlich die organische Erkrankung. Hier mußte von dem Kind die Erfahrung bewältigt werden, daß der eigene Körper ein anfälliges Instrument ist, das aus sich heraus schwere Lebensbehinderungen hervorrufen kann. Auch innerhalb der Analyse mußte sie sich später noch einmal mit diesem Problem auseinandersetzen, dem archetypischen Bild der großen Mutter Natur in ihrem furchtbaren Aspekt, die sie ähnlich wie im Märchen in einen bunten Vogel verzaubert, das heißt in die Gefangenschaft einer regressiven Phantasiewelt. Diese Auseinandersetzung mit dem ihrem eigenen Unbewußten innewohnenden Archetyp der Magna Mater als festhaltender und regressiver Aspekt sowie seinen Projektionen in die Umgebung führte die Patientin in der Behandlung durch. Immer wieder tauchte im Verlauf dieses Prozesses in ihren Bildern das Symbol des bunten Vogels aus dem Märchen und seiner Gefangenschaft bei der Hexe auf, bis sie schließlich aus ihm eine prospektiv-kreative Tätigkeit ihrer exakten Phantasie entwickeln konnte. Die Rücknahme der Projektionen dieser Figuren in die Umgebung, die Erfahrung, sie als eigene Persönlichkeitsanteile im Non-Ego zu erleben, gelingt gerade bei der Verarbeitung des Lieblingsmärchens therapeutisch am überzeugendsten. Dabei beinhaltet die Ablösung der Ich-Identifikation mit der Märchenfigur nicht etwa die Auflösung beziehungsweise die komplette bewußte Verarbeitung des gesamten Komplexes. Es handelt sich vielmehr darum, diesem Komplex seine libidinöse Dominanz zu entziehen, mit der er das Ich steuert. Die Steuerungsvorgänge sollen statt dessen vom Ich-Komplex ausgehen, damit er von sich aus eine Beziehung zu einem seelischen Komplex aufnehmen kann, sei es aus einer gesunden Instinktreaktion oder aufgrund bewußter Entscheidung.

Es gibt zwei Hindernisse, auf die man bei dem therapeutischen Umgang mit den Lieblingsmärchen zu achten hat. Das eine sind die Bruchstücke und die Verfälschungen, an die sich der Patient spontan noch erinnert. Von dem letzteren hat Bettelheim in seinem Vorwort ein sehr schönes Beispiel gegeben, wo der Patient Hänsel und Gretel verwechselt hatte. Ähnliches habe ich in dem Fall, der hier von der Meermaid beschrieben worden ist, erlebt. Die Patientin erinnerte sich nur noch daran, daß der Prinz nach einem Schiffbruch ohnmächtig und hilflos am Ufer des Meeres lag und von einer Frau gerettet wurde. Diese Patientin war ein Einzelkind, und ihre Eltern hatten sich statt ihrer eigentlich einen Jungen gewünscht. Als sie zu mir kam, war sie genauso hilflos und ohnmächtig wie dieser am Strande gescheiterte Prinz und völlig auf die Hilfe einer Frau, ihrer Mutter, angewiesen. Erst als wir dieses Hindernis in der Analyse durchgearbeitet hatten, konnten wir auf den eigentlichen Verlauf des Märchens und die Bedeutung für sie und ihre Neurose wirklich eingehen.

Das zweite Problem, das ebenfalls sehr wichtig ist, besteht darin, daß es eine Reihe von Fällen gibt, in denen es nicht genügt, das Lieblingsmärchen auf der persönlichen Ebene durchzuarbeiten, sondern wo es erforderlich ist, in den archetypischen Bereich zu gehen. Ich habe dieses Problem sehr ausführlich in einer Arbeit über die »Struktur eines Komplexes« behandelt[14]. In diesem Fall litt der Patient an einem schweren negativen Mutterkomplex. Die Erinnerung an die persönliche Mutter, die im zwölften Lebensjahr des Patienten verstorben war, war zunächst völlig verdrängt und konnte erst im Verlaufe der Analyse allmählich aufgelöst werden. Sein Lieblingsmärchen war das »Steinerne Herz« von W. Hauff[15]. Obwohl sich die Symptomatik des Patienten nach der Durcharbeitung der Erinnerungen an die persönliche Mutter wesentlich besserte, verschwand sie doch nicht völlig. Sie konnte von ihm erst bewältigt werden, als er sich mit den archetypischen Figuren dieses Märchens auseinandergesetzt hatte.

So wichtig es ist, die Identifikationen und Inflationen des Ich-Komplexes mit dem Heros oder der Heroine des Märchens aufzulösen und den Patienten davon zu befreien, diese leben zu wollen, so wichtig ist es auf der anderen Seite auch, daß der Patient diese Figuren als seine eigene Innenwelt erlebt und als etwas, das für ihn nicht nur ein prägendes Schicksal gewesen ist, sondern das er, richtig verstanden, immer wieder in seine eigenen Erlebnis- und Verhaltensweisen einbauen kann. So kann man wie meine in diesem Kapitel zuerst beschriebene Patientin durchaus auf den begehrten Mann verzichten und ihn einer anderen überlassen, so schmerzhaft und schwer dieses Opfer auch sein mag. Es hat ihr in diesem Fall zur Gesundung und zu einem wichtigen Reifungsschritt verholfen.

Bevor ich im nächsten Kapitel auf die Identifikation mit einer Märchengestalt eingehe, sei noch kurz etwas über die Verbreitung des Lieblingsmärchens der Kindheit und seine Auswahl gesagt. In einer Zusammenstellung aus dem Jahre 1974 von 85 durchgeführten Langzeittherapien konnte ich nachweisen, daß 70 Patienten (also 85%) ein Lieblingsmärchen mitteilten[16]. Diese Zahl liegt unerwartet hoch, und ich wies bereits darauf hin, wie bedeutsam diese Hintergrundkomplexe sind. Typologisch war hierbei zu finden, daß bei den extravertierten Patienten der Prozentsatz höher war, der sich nicht an ein Lieblingsmärchen erinnerte, als bei den Introvertierten. Bei den stark Extravertierten spielen die Realobjekte eine große Rolle. Sie sind nicht so auf die Binnenerlebnisse angewiesen. Von daher ergibt sich eine relevante Häufung von Patienten, die sich an kein Lieblingsmärchen erinnern, in Beziehung zur Extraversion. Die mehr oder weniger Introvertierten benötigen dagegen offenbar schon früh Vorversuche in der Innenwelt, um eine Beziehung anzubahnen, da die äußeren Realobjekte für sie stärker angstbesetzt sind. Hinzu kommt der Faktor der Irrationalität. Es ist auffällig, wieviele Patienten mit Lieblingsmärchen irrationale Hauptfunktionen wie Empfindung und Intuition haben und wieviele ohne Lieblingsmärchen rationale Hauptfunktionen wie Denken und Fühlen haben. Es scheint, daß auch eine gewisse Offenheit für den irrationalen Anteil der Welt und der eigenen Psyche das Finden eines Lieblingsmärchens begünstigt.

Erstaunlich hoch war auch die Verschiedenartigkeit der Märchen. Von den 70 Patienten wurden insgesamt 49 verschiedene Märchen angegeben, was für einen starken individuellen Faktor sprechen würde. Im Anfang meiner Untersuchungen hatte ich erwartet, gehäuft auf die üblichen Volksmärchen wie »Hänsel und Gretel«, »Rotkäppchen« etc. zu stoßen. Dies ist aber, wie eine Untersuchung von Wittgenstein[17] zeigte, nur dann der Fall, wenn man bereits bei der Erhebung der Anamnese oder in den allerersten Stunden nach einem solchen Märchen fragt. Es wird dann von den Patienten per Einfall meist eines der gängigen Standardmärchen angegeben, während das eigentliche Lieblingsmärchen erst im weiteren Verlauf des therapeutischen Prozesses aus der Verdrängung zum Bewußtsein kommt. So setzt sich in der großen Variabilität der Märchen auch das im Menschen innewohnende Principium individuationis durch.

Wie bereits erwähnt wurde, sind die Volksmärchen in bezug auf die Funktionstypen relativ unspezifisch. Der Mensch identifiziert sich in der Regel über die Hauptfunktion, sei sie nun Denken, Gefühl, Intuition oder Empfindung, mit dem Heros oder der Heroine des Märchens. Mitunter treten aber auch Identifikationen über die minderwertige Funktion auf. Anders ist es bei den Kunstmärchen bestimmter Dichter wie in den hier ausgeführten Beispielen von Andersen und Hauff. Diese werden von bestimmten Typologien bevorzugt, und zwar von denen, deren Typologie im Werk des Dichters gestaltet ist. So ist es zum Beispiel bei Andersen kaum zu übersehen, daß in seinen Märchen Introversion, Gefühl und Intuition im Vordergrund stehen. Entsprechend werden seine Märchen auch bevorzugt von solchen Menschen als Lieblingsmärchen gewählt, bei denen diese Funktionen führend sind. Das Denken wird von Andersen eher abgewertet, wie zum Beispiel in der »Schneekönigin«, ebenso wie die Empfindung im »Däumelinchen«, und so sprechen diese Märchen die Denk- und Empfindungstypen auch weniger an.

Die Identifikation mit dem Heros oder der Heroine des Märchens

Normalerweise pflegt sich ein Patient mit dem Hauptheros oder der Heroine eines Märchens zu identifizieren. Dementsprechend finden sich in seinem Ichkomplex auch deren Erlebnis- und Verhaltensweisen wieder. In Ausnahmefällen ist dies aber nicht der Fall, sondern es besteht durchaus die Möglichkeit, sich mit jeder anderen Figur eines Märchens, ja sogar mit einem seiner Symbole, zu identifizieren.

Einer meiner Patienten hatte zum Beispiel als Lieblingsmärchen den »Eisenhans«, einen verzauberten König, der sich als wilder Geselle in einem Wald aufhält und dort auf seine Erlösung wartet. Diese ereignet sich schließlich durch die Taten und Abenteuer eines jungen Königssohnes, der in seine Gewalt geraten ist und mit Hilfe des Eisenhans alle Feinde besiegt. Er ist der eigentliche aktive Hauptheld dieses Märchens. Für diesen Patienten war charakteristisch, daß er relativ passiv auf seine Erlösung durch einen anderen Menschen wartete und nur von Zeit zu Zeit – wie der Eisenhans – ziemlich wütende Gewaltausbrüche hatte. Eine andere Patientin, die das Märchen vom »Kleinen Prinzen« von St. Exupéry als Lieblingsmärchen hatte, identifizierte sich mit der Rose, die der kleine Prinz auf seinem winzigen Planeten hatte und auch nicht mit in unsere Welt hinunterbrachte. Für sie war typisch, daß sie mehr in schönen, blütenhaften Phantasien leben wollte als in der bitteren Realität unserer Erde. Ich möchte aber diese beiden Beispiele hier nur am Rande erwähnen und nicht ausführlicher auf sie eingehen. In diesem Kapitel möchte ich vielmehr zeigen, wie das gleiche Märchen als Lieblingsmärchen eines Mannes und einer Frau fungieren kann. Er identifizierte sich mit der männlichen Hauptfigur und sie mit der weiblichen. Natürlich führte das zu sehr unterschiedlichen Phantasien, und

diese waren auch mit ähnlich unterschiedlichen Krankenge-
schichten verknüpft. Beides will ich im folgenden nebeneinan-
derstellen.

Es geht hier um das Grimmsche Märchen »König Drosselbart«. Zu diesem Märchen hat U. Baumgardt in jüngster Zeit
eine ausführliche psychologische Deutung veröffentlicht, zu
der ich auch ein Vorwort geschrieben habe[1]. Ursula Baumgardt bezieht sich darin nur auf die weibliche Psyche und die
heutige Emanzipation der Frau, und sie folgt darin den von
Blomeyer[2], Hillman[3] und Kast[4] entwickelten Konzeptionen,
wonach die Psyche sowohl des Mannes als auch der Frau je
einen Animus und eine Anima enthält. Diese Archetypen entsprechen dann den unbewußten Männer- und Frauenbildern,
die mit starker Faszination besetzt sind, wie besonders V. Kast
herausgearbeitet hat. Die übrigen gleichgeschlechtlichen Figuren bilden dann, wie es bisher verstanden wurde, die Schat-
tenanteile. Ich habe noch gewisse Bedenken, mich dieser Auffassung anzuschließen[5]. Einerseits befürchte ich, daß hier im
Sinne eines heute zwar modernen Hermaphroditismus die berühmten kleinen Unterschiede zwischen den Geschlechtern ni-
velliert werden könnten, und zum anderen bin ich bisher mit
der klassischen Konzeption in meiner praktischen Arbeit sehr
gut ausgekommen. Ich bezeichne darum positiv erlebte gleich-
geschlechtliche innere Figuren lieber als »alter ego«, und das
ist ja auch ein Teil des Schattenbereichs. So findet sich also in
den nachfolgenden Falldarstellungen die klassische Konzeption von Anima und Animus wieder: Für meinen männlichen
Patienten ist die Prinzessin des Märchens die Anima und für
meine weibliche Patientin der König Drosselbart entsprechend
der Animus.

In den meisten Märchen gibt es zwei Hauptfiguren, eine
männliche und eine weibliche, so auch im »Drosselbart«, wo
der König Drosselbart und die widerspenstige Prinzessin auftreten, so daß das männliche und das weibliche Ich sich jeweils
mit einer der Hauptfiguren ohne weiteres identifizieren kann.
Es gibt aber natürlich auch Märchen, in denen das eine oder
andere Geschlecht dominiert, wie etwa »Frau Holle«, in dem

128

das männliche Element nur im Hahn zu finden ist, oder »Rotkäppchen«, wo das Mädchen, Mutter und Großmutter im Vordergrund stehen. Soweit ich es in meiner Praxis beobachten konnte, kommt es nur sehr selten vor, daß männliche Patienten ein derartiges Märchen als Lieblingsmärchen hatten. Bei beiden handelte es sich um ausgesprochen schwere Störungen. Aber die Zahl meiner Patienten ist natürlich zu klein, um daraus irgendwelche Schlüsse ziehen zu können. Immerhin hat auch M.-L. von Franz darauf hingewiesen, daß es von der empirischen Regel, Erzählungen mit einer männlichen Hauptfigur auf die Psychologie des Mannes und solche mit einer weiblichen Hauptfigur auf die der Frau zu beziehen, Ausnahmen gibt[6]. Außerdem können beide Hauptfiguren eines Märchens auch Animus beziehungsweise Anima darstellen und sind von daher nicht auf das Ich der Patientin beziehungsweise des Patienten zu beziehen, sondern auf deren unbewußten Anteil. Schließlich ist in einigen Märchen ein Geschwisterpaar Schicksalsträger, wie in »Hänsel und Gretel« oder im »Brüderchen und Schwesterchen«. Das ist noch einmal ein Sonderfall, den ich hier ausklammere. Für meinen Vergleich habe ich ein Märchen gewählt, das sowohl von der männlichen wie von der weiblichen Psyche her empirisch leicht verstanden werden kann. Ich gebe den Inhalt des Märchens zunächst in einer Kurzfassung nach H. v. Beit wieder:

Die Tochter eines Königs ist über alle Maßen schön, aber so stolz, daß ihr keiner der vornehmen Freier gut genug ist. Sie sind ihr zu dick oder zu lang, zu kurz oder zu blaß, zu rot oder nicht gerade genug. Besonders macht sie sich über einen »guten König« lustig, dem das Kinn ein wenig krumm gewachsen ist. Sie meint, er habe ein Kinn wie eine Drossel einen Schnabel. Und seit der Zeit hat er den Namen »Drosselbart«.

Der alte König wird zornig über die Tochter und schwört, sie solle den ersten besten Bettler zum Manne nehmen. Ein paar Tage später singt ein Spielmann in schmutzigen, zerlumpten Kleidern vor dem Fenster, und der König gibt ihm seine Tochter zur Frau. Nach der Trauung muß das »Bettelweib« mit dem

Spielmann das Schloß verlassen. Dieser führt sie – zu Fuß – in einen großen Wald. Da fragt sie:

»Ach, wem gehört der schöne Wald?«

»Der gehört dem König Drosselbart;

hätt'st du ihn genommen, so wär' er dein.«

»Ich arme Jungfer zart,

ach, hätt' ich genommen den König Drosselbart!«

Ein ebensolches Gespräch wird bei einer Wiese und bei einer Stadt, durch die sie kommen, geführt. Der Spielmann sagt, es gefalle ihm nicht, daß seine Frau sich immer einen anderen Mann wünsche. Er sei ihr wohl nicht gut genug? – Endlich kommen sie an sein elendes, winziges Häuschen. Die Königstochter muß sich bücken, um durch die Tür zu gelangen. Dann fragt sie nach Dienern, bekommt aber zu hören, daß sie selber tun müsse, was sie getan haben wolle. Sie solle nur gleich Feuer machen, Wasser aufstellen und Essen kochen. Da sie nichts davon versteht, muß ihr der Spielmann helfen, die schmale Kost zu richten. Am Morgen treibt er sie früh heraus, um das Haus zu besorgen. Nach ein paar Tagen solch rechten und schlechten Lebens ist der Vorrat aufgezehrt, und der Mann befiehlt ihr, Körbe zu flechten. Sie sticht sich daran die Hände wund. Der Mann meint, sie könne vielleicht besser spinnen, aber der Faden zerschneidet ihr die Finger. Da macht er ihr Vorwürfe, sie tauge zu keiner Arbeit, nun solle sie irdenes Geschirr auf dem Markt verkaufen. Sie fürchtet, von ihres Vaters Leuten verspottet zu werden, muß sich aber fügen. Zuerst zieht ihre Schönheit die Käufer an, und sie verdient gut. Aber später einmal kommt ein trunkener Husar dahergejagt und reitet in die Töpfe hinein. Sie bricht aus Angst vor ihrem Mann in Tränen aus, und dieser sagt dann, sie tauge zu keiner Arbeit, darum habe er sie in des Königs Schloß gegen freies Essen als Küchenmagd verdungen. – So dient sie im Schloß, macht sich in beiden Taschen ein Töpfchen fest, in dem sie Übriggebliebenes für ihren Mann und sich nach Hause nimmt. Einst soll die Hochzeit des Königssohnes gefeiert werden, da stellt sich die Frau an die Saaltüre zum Zuschauen. Als sie so viel Pracht und Glanz sieht, verwünscht *sie ihren Stolz. Auf einmal tritt der Königssohn herein, ist in Sammet und Seide gekleidet und hat goldene Ketten um den Hals. Er ergreift die Hand der schönen Frau, um mit ihr zu tanzen. Sie erkennt den einst vespotteten König Drosselbart, erschrickt und sträubt sich. Er zieht sie in den Saal, da zerreißt das Band der Taschen, die Töpfe fallen heraus, Suppe und Brocken ergießen sich auf den Boden, und es entsteht ein allgemeines Gelächter. Tief beschämt springt die Frau aus der Tür und will entfliehen, aber auf der Treppe holt sie König Drosselbart ein und bringt sie zurück. Freundlich sagt er: »Fürchte dich nicht, ich und der Spielmann, der mit dir in dem elenden Häuschen gewohnt hat, sind eines. Dir zuliebe habe ich mich so verstellt, und der Husar, der dir die Töpfe entzweigeritten hat, bin ich auch gewesen. Das ist alles geschehen, um deinen stolzen Sinn zu beugen und dich für deinen Hochmut zu strafen, womit du mich verspottet hast.« Sie weint und sagt: »Ich habe großes Unrecht gehabt und bin nicht wert, deine Frau zu sein.« Er tröstet sie, läßt ihr prächtige Kleider bringen, ihr Vater kommt, und der ganze Hof wünschen ihr Glück zu ihrer Vermählung mit dem König Drosselbart, und die rechte Freude fängt jetzt erst an. Ich wollte, du und ich, wir wären auch dabei gewesen[7].*

Verstehen wir das Märchen zunächst von der weiblichen Psychologie her, so enthält es, worauf auch H. v. Beit hinweist, als Grundmotiv die Ablösung der Tochter aus einer zu starken und intensiven Vaterbindung. Der Animus der Frau tritt ihr in der Kindheit zunächst von außen in der Gestalt des Vaters oder eines die Stelle des Vaters einnehmenden Mannes entgegen, wird später durch den Bruder, Ehemann, Freund ersetzt und ist schließlich auch in den »objektiven Dokumenten des Geistes, in Kirche, Staat und Gesellschaft und ihren Einrichtungen sowie in den Schöpfungen von Wissenschaft und Kunst«[8] zu finden. Die Dominanz und Persistenz eines patriarchalen Vater-Animus, der als übermächtige Figur die Psyche der Frau beherrscht, bewirkt hier im Ich eine überkritische und durch nichts gerechtfertigte Ablehnung jedes anderen Mannes, der sich um sie bewirbt. Diese Prinzessin ist offensichtlich unbewußt so von ihrem Vater fasziniert, daß jeder andere Mann ihr zu gering erscheint und überhaupt keine Chance bekommt. Auf der anderen Seite ist es gerade dieser Vater-Animus, der das Mädchen zwingt, urplötzlich den ersten besten zu heiraten, der des Weges kommt, beziehungsweise das am geringsten Geschätzte zu akzeptieren. Varianten zu diesem Motiv finden sich in dem dänischen Märchen »Peter Rothut«[9] oder in dem schwedischen »Der Zottelpelz«[10]. Im Gegensatz zu anderen Märchen wie zum Beispiel »Das Mädchen ohne Hände« ist die Vaterimago im »König Drosselbart« nicht primär bösartig oder korrumpiert. Die Tochter wird nicht der Erfüllung eigener Triebwünsche geopfert, sondern begegnet einer gewissen Gutmütigkeit und Geduld. Sofern wir von der weiblichen Psychologie ausgehen, bekommt sie die Möglichkeit, unter einer ganzen Reihe von Bewerbern frei zu wählen. Erst als ihr Ich sich unfähig zeigt, diese Wahl zu treffen, also diesen Entwicklungsschritt zu tun, bricht ein zorniger väterlicher Affekt durch, der die hochmütige, narzißtische Arroganz des Ich in die Verbindung mit seinem Gegensatz zwingt, die stolze Prinzessin in die Ehe mit dem Bettler.

Bevor ich auf die weitere Interpretation des Märchens eingehe, möchte ich die Anfangskonstellation des Märchens mit der Situation meiner beiden Patienten vergleichen. Bei meiner weiblichen Patientin handelt es sich um einen extravertierten Empfindungs- und Fühltyp, bei dem männlichen Patienten um einen Introvertierten, der als bewußte Funktionen Denken und Intuition entwickelt hatte[11].

Die 35jährige Patientin litt an Phobien, die mit der Angst vor einer Papageienkrankheit begonnen hatten, sowie mit Zwangsvorstellungen und Zwangsängsten, die sich auf den Ehemann und das Kind bezogen. Außerdem litt sie unter periodisch auftretenden depressiven Verstimmungen, in deren Hintergrund sehr deutlich unterdrückte Wutgefühle und Trotzhaltungen standen. Diese Verstimmungen hatten einen durchaus gewalttätigen Charakter und tyrannisierten die ganze Fa-

132

milie, was natürlich entsprechende Schuldgefühle der Patientin selbst nach sich zog. Außerdem war sie in dieser Zeit alkoholsüchtig. Außerhalb dieser Zustände war sie eine übergefügige Frau, die sich äußerlich ganz dem patriarchalen Prinzip unterordnete wie Aufgabe des eigenen Berufes und der eigenen Interessen; andererseits dominierte sie in der Ehe vollständig und gehörte zu dem Typ, von dem man sagt, es wäre nicht gut Kirschen essen mit ihm. Hinter dieser mehr vordergründigen, aggressiv getönten Haltung spürte man aber durchaus eine tiefere Gutmütigkeit und Wärme.

Ihr Vater war Fabrikarbeiter und wurde von ihr als gutmütig, ruhig und lieb erlebt. Er konnte ihr, wie später ihr Mann auch, nie etwas abschlagen. Offenbar war er ein sehr introvertierter Mann, der ziemlich isoliert von der Familie in seinem Zimmer lebte, auch wenn er zu Hause war. Lange Jahre war er außerdem durch die Kriegszeit von der Familie getrennt. Trotzdem bestand zwischen ihm und der Tochter eine starke Gefühlsbeziehung, denn er war im Gegensatz zur Mutter der Herzlichere und Wärmere. Die Mutter wurde von der Patientin als sehr gefühlskarg, sogar herzlos erlebt. Sie hatte außerdem Tobsuchtsausbrüche, in denen sie mit Suizid drohte, und machte den Kindern dauernd Angst vor einer gefahrvollen Umwelt, in der immer gleich das Schlimmste passieren könne. Auch sie dominierte in der Familie und war in der Erziehung die Tonangebende, während der Vater eher das ausgleichende Element darstellte.

Der Ehemann der Patientin kam aus einer Akademikerfamilie, war genauso gutmütig wie der Vater, aber wesentlich aktiver und erfolgreicher in seinem Beruf. Da meine Patientin ein recht attraktives Mädchen war und außerdem einen Beruf hatte, in dem sie viele Männerbekanntschaften machte, fehlte es ihr natürlich nicht an einer reichlichen Zahl von Bewerbern. Ihren späteren Ehemann kannte sie schon sehr lange vor der Heirat, hatte ihn aber nie recht beachtet. Erst nach einer heftigen Liebesenttäuschung mit einem anderen Mann stellte sie fest, daß sie sich eigentlich ganz gut mit ihm verstünde, und heiratete ihn.

Bedenkt man diese Konstellation, so haben wir hier einen introvertierten, offenbar gutmütigen und gefühlsbetonten, aber viel zu weichen Vater und eine harte, kühle Mutter, mit der eine Beziehung und Identifizierung nicht möglich war. Daher wird die Patientin von einer inzestuösen Bindung an die Vaterimago beherrscht und lehnt zugleich ihre weibliche Seite ab. In dieser Ausgangssituation finden wir deutliche Parallelen zum Märchen:

– Es besteht eine enge Bindung zwischen Vater und Tochter.

– Gutmütigkeit und plötzliche Aggressivität stehen in einer Wechselbeziehung.

– Die freie Wahl eines passenden Partners mißlingt, statt dessen wird – überspitzt gesprochen – der Erstbeste geheiratet, der gerade da ist.

– Die Frau ordnet sich widerspruchslos und ohne auch nur daran zu denken, daß es auch anders ginge, dem patriarchalen Prinzip unter, gibt ihren Beruf und eigene Interessen auf, um als »Nur-Hausfrau« die Magd des Mannes zu sein.

– Wo eine echte Auseinandersetzung mit dem Partner fällig wäre, verfällt sie ihren Ängsten und Verstimmungen und tyrannisiert ihre Familie. Wie das Märchen so treffend sagt, ist sie mit ihren Launen aber zu nichts nütze.

Nach Erich Neumann[12] lassen sich fünf Stufen der Entwicklung des Weiblichen von der matriarchalen über die patriarchale Phase zur Reifung beobachten. Ich folge hier einer Zusammenstellung dieser Phasen durch William Alex[13]:

1. Die Phase der matriarchalen Selbstbewahrung und Identifikation. Hier beginnt das weibliche Ich erst sich zu bilden. Das Männliche wird als notwendig und nützlich, aber unterlegen betrachtet.

2. Der Einbruch des patriarchalen Uroboros: Der Mann bricht als Vergewaltiger in die Mutter-Tochter-Einheit ein wie im Mythos Hades, der Kore ihrer Mutter Demeter entführt. Das weibliche Ich wird zwar erweitert, wird aber beherrscht von der überlegenen, autonomen Macht des numinos Männlichen.

3. Die Rettung des weiblichen Ich durch den männlichen Helden, der den patriarchalen Uroboros überwindet. Der Held wird als überlegen erlebt, er erscheint außen oder innen oder in beiden Bereichen zugleich.

4. Die Stufe der Begegnung und/oder Konfrontation mit dem Männlichen, auf der eine Vereinigung möglich ist.

5. Die Phase der Individuation in der weiblichen Psychologie, in der die patriarchale Dominanz überwunden ist.

Das Märchen und die innere Situation der Patientin ist meines Erachtens angesiedelt im Übergang von der zweiten in die dritte Phase. Für diese Einordnung spricht auch der Initialtraum der Analyse, in dem die Patientin mit einer anderen Frau zusammen ist, die einen Zopf in der Hand trägt. Diesen Zopf, so erzählt sie, hätte ein junger Kollege vor die Bahn geworfen, und dadurch sei ein Unglück geschehen. »Es war mein Zopf«, so sagte die Patientin, »und ich versteckte ihn.« Dann trat ein Richter auf, der den jungen Kollegen trotz Protestes der beiden Frauen erst zum Tode, dann zu lebenslangem Gefängnis verurteilte. Die Abmilderung des Urteils erfolgte erst, als die Frauen riefen: »Denk an deine Mutter!«

In diesem Traum finden wir zunächst als ein schwaches, gedoppeltes Ich die beiden Frauen, die allerdings über den phallischen Zopf verfügen. Ein ebenfalls schwacher, offenbar abhängiger Jünglingsanimus richtet mit diesem Zopf Unheil an, worauf ein strenger, patriarchaler Richter, der die Züge eines Großinquisitors[14] trägt, sein Urteil spricht, dem sich die beiden Frauen und der Jüngling unterwerfen müssen. Sie können das Urteil nur unter Hinweis auf die Mutter abmildern. So wird in diesem Traum deutlich, wie die Patientin unter der Macht des patriarchalen großen Vaters steht, gegen den der Heros noch keine Chance hat.

Ich möchte nun zunächst einen Vergleich zu der Ausgangssituation des männlichen Patienten ziehen. Er war ebenfalls Mitte Dreißig, von Beruf mittlerer Beamter und suchte die Behandlung wegen einer Zwangsneurose mit Arbeitsstörungen, Zwangshandlungen sowie Beziehungs- und Ehekonflikten auf. Er stammte aus einer Handwerkerfamilie, und seine

Kindheit war ähnlich wie bei der vorher beschriebenen Patientin. Eine dominierende Mutter, die sogar weitgehend den kleinen Handwerksbetrieb kontrollierte und in ihm mitarbeitete, stand einem schwachen Vater gegenüber, der allen Auseinandersetzungen aus dem Wege ging. Die Atmosphäre des Elternhauses war aber etwas anders als in dem vorangegangenen Fall. Während die Patientin ihre Mutter als kalt, herrisch und rücksichtslos und den Vater als gefühlhaft, warm und weich erlebte, stand im Erleben des männlichen Patienten eine gewisse Beziehungslosigkeit gegenüber beiden Eltern im Vordergrund, was auch dadurch betont wurde, daß er einen Teil seiner Kindheit in Internaten verlebt hatte. Er fühlte sich eher als ein »Waisenkind«, das isoliert von der Familie aufwuchs.

Interessant ist nun aber, daß die Partnerwahl genau nach dem gleichen Muster verlief. Auch er kannte seine spätere Ehefrau bereits seit der Berufsausbildung, hatte sie von Anfang an begehrt und umworben, war aber zunächst nicht von ihr erhört worden. Sie verliebte sich im Gegenteil in einen anderen, wesentlich älteren Mann und hatte mit diesem eine jahrelange Beziehung, die schließlich mit einer schweren Enttäuschung endete. Mein Patient hatte die ganze Zeit über geduldig auf sie gewartet, und in der Enttäuschungssituation nahm sie ihn dann schließlich, so möchte man sagen, als den armen Spielmann, der als erster Bester draußen vor der Tür stand. Der Initialtraum in der Analyse enthielt zwei Grundmotive, die genau auf das Märchen vom »König Drosselbart« paßten und von denen das eine darin bestand, daß er als Musikant durch die Wälder streifte. Auf das andere werde ich noch zurückkommen.

Die Ehesituation sah aber anders aus als die der vorher beschriebenen Patientin. Die Ehefrau meines Patienten hatte zwar ebenfalls zwangsneurotische Züge mit hysterischer Auflockerung und phobischen Symptomen, aber sie hatte auch den im letzten Jahrzehnt üblichen aggressiven Emanzipationskomplex. Sie versuchte die Ehe auf der einen Seite unter dem Motto zu führen: »Du machst alles für mich, und ich mache nichts außer über meine Emanzipation zu reden«, und koppelte dies mit dem von Berne[15] beschriebenen sado-masochistischen Spiel: »Du und die Kinder hindern mich an allem, was ich machen könnte.« Wie wir wissen, steckt dahinter eine mangelhafte bzw. fehlende Entwicklung des eigenen Animus, der sich daher in destruktiver Kritik, Meckerei und unreflektierter Übernahme gerade gültiger Kollektivklischees äußert bei einer gleichzeitigen Unfähigkeit zu eigener konstruktiver Lebensgestaltung und zu sinnvollen Aktivitäten.

Mein Patient reagierte auf diese Situation zunächst mit vollständiger Unterwerfung und schließlich völliger Verzweiflung, weil diese Unterwerfung, wie zu erwarten war, keineswegs zu einer einigermaßen erträglichen Harmonie führte. Schließlich empörte er sich. Es kam zu dramatischen Konflikten, wobei die Ehe tatsächlich einem mißglückten Versuch zu der »Widerspenstigen Zähmung« glich. Dieses Lustspiel von Shakespeare ist ja ganz deutlich eine dramatische Darstellung des Märchenmotivs. Schließlich brach mein Patient aus der unerträglich gewordenen Ehesituation aus und trennte sich für längere Zeit von seiner Frau.

Ich möchte an dieser Stelle wiederholen, daß die Durcharbeitung der Problematik eines derartigen Lieblingsmärchens von großem therapeutischen Wert sein kann. Hierbei ist das Bewußtwerden, in einer Mythe gelebt zu haben, und die Ablösung des Ich-Komplexes von der Identifikationsfigur genauso wichtig wie das Verstehen aller Figuren, insbesondere der Gegenspieler oder Partner, als Personifikationen eigener unbewußter Komplexe. Nach meiner Erfahrung ist das Erleben solch sinnbezogener Zusammenhänge zwischen der eigenen Problematik und dem Märchengeschehen von größerer Überzeugungskraft als viele andere Erklärungen, die man in der Analyse deutend geben kann[16].

Kehren wir jetzt, nach Kenntnis dieser beiden Falldarstellungen, wieder zu dem Märchen zurück, um die Entwicklungs- und Reifungsproblematik darin zu verstehen. Ich gehe zunächst wieder von einem weiblichen Ich (Prinzessin) aus und verstehe auch alle anderen Figuren des Märchens als innere Instanzen einer weiblichen Psyche. Ich hatte ausgeführt, daß die Bindung an die Vaterimago auf der einen Seite zu einem Ich führt, das überkritisch und hochmütig alles Neue, Jüngere und nach Veränderung Drängende abweisen muß. Wie ausgeführt, war bei der Patientin die Autorität der Eltern unbedingt, und es gab gegen sie nicht einmal den Gedanken an Auflehnung. Diese Vater-Animus-Besessenheit bewirkt bei der Frau eine hintergründige schwere Aggressivität pseudo-männlichen Charakters, die aber offenbar dem Zweck dient, die in dieser Situation unvermeidliche Isolierung des Ich zu zerbrechen und aufzuheben. Da diese Energie dem Ich nicht bewußt zur Verfügung steht, fließt sie zum Großteil in den zugrundeliegenden Vater-Archetyp zurück und bewirkt hier die Bildung einer sehr rücksichtslos-brutalen, ja sadistisch anmutenden Animusfigur, der das Ich ausgeliefert ist und die es in eine Situation der Verarmung und Verelendung bringt. Im Märchen wird diese Figur durch den Spielmann ausgedrückt. Die geheime Identität zwischen dem Vater-König und dem Drosselbart ist in der Geschichte sehr deutlich enthalten, denn in demselben Moment, wo der Vater auf die Idee kommt, seine Tochter mit dem erstbesten Bettler zu verheiraten, erscheint auch Drosselbart als der Spielmann, so als ob er per Telepathie von diesem Plan des Königs gewußt hätte. Die Parallele zu der Verarmungs- und Verelendungssituation des Ich kann man bei meiner Patientin in den depressiven Verstimmungszuständen sehen, in denen sie untauglich für alles war und zu nichts nütze. Die manchmal durchbrechende Aggressivität war rein destruktiv und meist gegen das eigene Ich gerichtet, stürzte sie in noch mehr Schuld- und Minderwertigkeitsgefühle, bis ihr schließlich ihr Leben als ein einziger Scherbenhaufen erschien.

Das Weggeführtwerden aus der früheren töchterlichen Wirklichkeit wird infolge der mangelhaften Ich-Entwicklung als Fluch und Elend erlebt. Es konfrontiert sie auf der anderen Seite aber mit der Härte der Realität und zwingt sie, wie es in der Analyse nachher auch geschah, ihre eigenen Werte zu entwickeln und ihre eigenen Wünsche und Bedürfnisse zu äußern und sich gleichzeitig für deren Realisierung einzusetzen. So führt der Weg durch diese Notsituation und schwere Verelendung sowie aus dem Zustand der totalen Abhängigkeit und dem Ausgeliefertsein an eine chaotische Animus-Aggressivität schließlich heraus zu einer Beziehung zu diesem anderen Persönlichkeitsanteil. Damit erst ist die alte Wirklichkeit überwunden und eine neue Ebene erreicht, die der des männlichen Heros entspricht, der die Überlegenheit der patriarchalen Vaterimago überwindet.

Leider ist es hier nicht möglich, einen ganzen Analysenverlauf zu schildern und zu belegen. Es sei nur darauf hingewiesen, daß der Reifungsweg des Ich-Komplexes meiner Patientin aus der Elendssituation auch über das Bild der armen Küchenmagd führte, die sich am reichen Hofe dieser Welt mühsam ihr eigenes Töpfchen füllen mußte. Das bezog sich zwar vorwiegend auf die Veränderung der inneren Erlebnis- und Verhaltensweisen, indem sie aus dem an sich reichen Schatz ihres Unbewußten die für ihr Ich notwendigen eigenständigen Möglichkeiten sammelte, konkretisierte sich aber auch sehr charakteristisch in der Außenwelt. Die Patientin fing nämlich im Verlaufe ihrer Gesundung allmählich damit an, neben ihrem Haushalt zunächst sehr einfache und untergeordnete Arbeiten zu übernehmen. Sie erkämpfte sich aber dann selbständig und mühsam, daß ihr diese bezahlt wurden, und konnte sich schließlich dank einer gewissen kreativen Begabung auch eine Position aufbauen, in der sie geachtet, anerkannt und entsprechend bezahlt wurde. Die Art der Tätigkeit und die Form, in der sie sie ausübte, hatte schließlich einen eindeutig weiblichen Charakter und entbehrte weitgehend der vorher herrschenden pseudomännlichen Aggressivität.

Ich möchte an dieser Stelle noch kurz auf das depressive Moment in der Beziehung zum Lieblingsmärchen eingehen. Hinter den mehr vordergründigen zwangsneurotischen Zügen und der hysterischen Auflockerung lag bei der geschilderten Patientin in der Tiefe ein vorwiegend depressiver Komplex mit der ganzen oralen Problematik, die im Märchen in der Symbolik von Armut, Essen, Töpfen und ähnlichem so deutlich enthalten ist. Nach dem Modell der Analytischen Psychologie findet bei der Depression eine Energieverschiebung statt. Der depressive psychische Komplex, der im Unbewußten liegt, beansprucht ein hohes Potential von psychischer Energie, die er dem Ich entnimmt. Hierbei verarmt das Ich des Depressiven an energetischer Aufladung und erscheint leer. Der Komplexkern liegt, wie das Kernelement der meisten Komplexe, im archetypischen Bereich, wobei die Konzentrierung der Energie an dieser Stelle zu einer Mobilisierung von kompensatorischem Bildmaterial und zur kreativen Symbolbildung führt. In unserem Beispiel entspricht dieser Vorgang der Entstehung des Drosselbart-Animus. Zusammenfassend könnte man sagen, daß der Komplex die Energie des Ich benötigt, um die Inhalte des Unbewußten ins Bewußtsein zu bringen.

In der Konzeption Freuds ist das Modell der Depression auf die Subjekt-Objekt-Beziehung hin zentriert. Zwischen den narzißtischen Bedürfnissen des Patienten und seinem Liebesobjekt besteht eine Haß-Liebe-Ambivalenz, deren Haßanteil, das heißt die feindseligen Gefühle, nicht in der Beziehung zum Objekt erlebt werden kann. Diese richten sich vielmehr gegen das eigene Ich des Patienten, wobei dieser nur sein Bedürfnis nach Liebe oder nach einem begehrten Objekt ausdrücken kann. Diese Konzeption trifft bei dem hier vorgetragenen Fall nur bedingt zu, denn infolge der Auflockerung der Struktur war ein gewisses, frei flottierendes Potential von aggressiver Destruktivität durchaus vorhanden. Auch die depressiven Verstimmungen der Patientin hatten mehr dramatisch-hysterischen als den sonst verstummten passiven Charakter der Depression. Auch dies würde wieder dem Drosselbart-Animus entsprechen, während man bei rein depressiven Patienten eher die Verstummungs- und Schweigemärchen, wie zum Beispiel das »Marienkind«, findet. Im Gegensatz zur Depression ist die Zwangsneurose ja charakterisiert durch die übergroße Starre der Bewußtseinsdominanten, die in unserer Kultur vorwiegend vom Patriarchat und von den Zügen des großen Vaters her gebildet werden. Dahinter liegt dann die entsprechende sado-masochistische Aggressivität. Eben diese Züge finden sich in dem Märchen auch wieder. Natürlich läßt sich aus einem

Märchen heraus nicht eine Neurosenform diagnostizieren; ich wollte hier nur darauf hinweisen, mit welcher Treffsicherheit sich das Unbewußte auch in bezug auf die Strukturkomponenten der Psyche das passende Lieblingsmärchen sucht.

Das Problem der Neurose scheint mir nun darin zu liegen, daß der Mensch infolge von Identifikation oder Inflation mit einer archetypischen Märchenfigur unbewußt den zum Scheitern verurteilten Versuch unternimmt, einen Mythos zu leben. So bleibt die hier geschilderte Patientin die ewige Prinzessin, die entweder überhaupt keine Beziehung zum Mann und ihrer Animusfunktion aufnehmen kann, weil ihr eigentlich keiner und nichts gut genug ist, oder sie landet in einer inneren Verarmungssituation mit einer totalen Unterwerfung unter ein männlich-aggressives Element draußen oder drinnen, dem sie sich hilflos ausgeliefert fühlt und das sie als Frau dauernd erniedrigt. Tief in ihrem Herzen verbleibt dabei eine unbestimmte Erlösungssehnsucht nach dem besseren, schöneren, größeren Mann, ihrer großen Liebe, der vorher schon einmal da war und der verlorenging und dessen Wert man jetzt erst zu schätzen beginnt:

Ich arme Jungfer zart,
Ach, hätt ich genommen den König Drosselbart.

Auch an den Ehemann wird diese Sehnsucht herangetragen, indem er dauernd kritisiert wird. Er wird nie so genommen, wie er ist, mit seinen Fehlern und Schwächen, denn eigentlich soll er sich eines Tages als der König mit dem herrlichen Schloß enthüllen, der sie aus ihrer inneren Armut erlöst.

Infolge der Identifikation des Ich-Komplexes mit einem Teil des Märchens, nämlich mit der Hauptfigur, versinken die übrigen Personifikationen im Unbewußten und werden von daher infolge ihrer Unbewußtheit in die Umgebung projiziert. Diese Projektionen und die auch in die Umwelt wirkende konstellierende Kraft des mobilisierten Archetyps bewirken dann, daß die Patienten fast lächerlich genau nachgezeichnet ein Schicksal erleben, das dem der Heroine oder des Heros ihres Lieblingsmärchens entspricht, mit Ausnahme natürlich der Erlösung. Es wird dann eigentlich nicht ein lebendiger Mann geheiratet, sondern mehr oder weniger ein Bettler, hinter dem ein König vermutet wird, und das neurotische Arrangement stellt eine Drosselbart-Ehe her, die für beide Teile unerträglich ist.

Die Möglichkeit zur Lösung des Problems liegt in der Erfassung der in der mythischen Dynamik operierenden Figurationen als eigene Persönlichkeitsanteile und in der Befreiung des Ich-Komplexes aus der Identifikation mit der Prinzessin. Es war für die Patientin notwendig, auf die Erwartung zu verzichten, in ihrem Ehemann eines Tages einen König Drosselbart zu finden, der ihr zu ihrer eigenen Weiblichkeit und einer dieser angemessenen Rolle in dieser Welt verhilft. Sie mußte vielmehr den Drosselbart in ihrer eigenen Persönlichkeit finden und sich in eine innere, nicht äußere Auseinandersetzung mit ihrer Vaterbindung und ihrem Animusproblem begeben. Nur dadurch, daß sie eigenen Mut und eine gehörige Portion Rücksichtslosigkeit gegenüber ihrer eigenen Ich-Schwäche, ihrer Passivität und ihrer Ängstlichkeit entwickelte, konnte sie auch gegenüber den Schwierigkeiten und Härtesituationen des Lebens bestehen, ohne mit einer neurotischen Symptomatik zu reagieren.

Nach circa einjähriger Analyse, kurz vor der ersten grundlegenden Einsicht in ihre Problematik, hatte sie einen Traum, der wiederum an das Märchen erinnerte und gerade die letzte Station des Nicht-Gelingens, die zerbrochenen Töpfe auf dem Markt, nachahmte. Die Patientin beschäftigte sich zu diesem Zeitpunkt mit dem Gedanken, endlich selbst Autofahren zu lernen und die Angst, die sie daran bisher gehindert hatte, zu überwinden. Kurz bevor sie den endgültigen Entschluß faßte, träumte sie:

Ich saß in unserem Auto und hielt ein Weinglas in der Hand. Das zerfiel durch eine Kraft in mir plötzlich in lauter Stücke, und ich hatte große Angst, mich verletzt zu haben. Da rief ich ganz laut: »Papi, Papi!«

Es wurde ihr klar, daß sie niemand anders anschuldigen konnte, ihr die Gläser zu zerbrechen. Sie erkannte, daß der betrunkene Husar, der im Märchen die Töpfe zertrümmert, in ihrer eigenen Person saß und auch als etwas anderes verwendet werden könnte als nur zum Zerschlagen, zum Beispiel zum Autofahrenlernen.

Es verbleibt uns noch, unter Berücksichtigung des zweiten Falles einen vergleichenden Blick auf das Geschehen unter den Aspekten der männlichen Psychologie zu werfen. Die Ich-Figur ist hier nicht die Prinzessin, sondern der Drosselbart, während erstere die Anima des Mannes personifiziert. Das Problem besteht hier offenbar nicht in der Lösung des Ich-Komplexes aus einer zu engen Elternbindung, sondern in der Entwicklung einer gesunden Animafunktion. Dem entspricht in der Genese dieses Patienten die fehlende Gefühlsbeziehung zu einem Elternteil und die weitgehende innere Bindungslosigkeit und Isoliertheit des Waisenkindes. So gehört auch der Drosselbart zu jenen Prinzen- oder jungen Königsfiguren des Märchens, die ohne jeden Anhang auftauchen. An keiner Stelle des Märchens ist von seinen Eltern oder seiner Herkunft die Rede. In dem bereits erwähnten Initialtraum des Patienten trat als zweites Motiv eine wegen der Schärfe ihrer Kritik von ihm sehr gefürchtete jüngere Tante als eine Putzfrau auf, die tüchtig schuften mußte. Schon dieser erste Traum verdeutlichte genau die Drosselbartproblematik gegenüber dem Weiblichen. Während bei der Frau der Animus weitgehend dem Logosprinzip entspricht, verkörpert in der männlichen Psychologie die Anima den Eros und ist damit eng an die Beziehungsfunktion gebunden.

Bemerkenswert ist in diesem Zusammenhang, daß die Figur des Drosselbart von der Mythologie her gleichgesetzt werden kann mit dem germanischen Wotan, der als vormenschliche archetypische Gestalt, als der »Wanderer«, das heißt der Bindungslose, auftritt. Der Name Drosselbart bedeutet nämlich entweder »Bröselbart« (weil die Brösel vom Essen im Bart hängenbleiben) oder Spitz- beziehungsweise Spreizbart, womit eine Verwandtschaft mit Mephisto angedeutet wird, oder schließlich Pferdebart. Pferdebart ist ein Beiname Odins oder Wotans, und zudem erinnert unser Märchen sehr an Odins Brautwerbung bei Rinda. Dieses hochmütige Mädchen wies ihn mehrfach mit Maulschellen ab, bis er schließlich durch Zauberkünste erreichte, daß die Spröde sich ihm vermählte.

Die Identifizierung des Ich-Komplexes mit diesem bindungslosen Wanderer bewirkte, daß das Erosprinzip und damit die Fühlfunktion dieses Patienten im Unbewußten verblieb und unter die Dominanz eines kollektiven patriarchalen Prinzips geriet: *Man* liebt seine eigene Frau; *man* lehnt seine Lehrer in der Schule ab; *man* fühlt sich in der Ehe freizügig und modern etc. Typisch für den männlichen Patienten mit der dominierenden Mutter ist, daß ihm das Bild der Frau in der Verstärkung durch deren Vateranimus entgegentritt, da in seiner Genese die Mutter praktisch auch das väterliche Element vertrat. Er hat dementsprechend die Aufgabe, seine Anima aus diesem Bereich herauszulösen und sich mit der noch bestehenden Armut seiner eigenen Gefühlswelt zu konfrontieren, die niemals ausreichend von ihm entwickelt und beachtet wurde. Hierbei ist es für ihn notwendig, gerade auch das Ungekonnte und Ungeschickte mit einer gewissen Demut zuzulassen und die entsprechenden Fehlschläge in Kauf zu nehmen. Nur auf diesem Wege kann er aus seiner Beziehungs- und Bindungslosigkeit befreit werden.

Sein grundsätzliches Problem entsteht an der Stelle, wo er diese Anima, die nach innen gehört, in die Außenwelt projiziert und seine Frau konkret so behandelt, als ob sie eine Drosselbart-Prinzessin wäre. Da jede Projektion auch ihren Haken hat, an dem sie sich aufhängt, hatte er sich natürlich eine Frau gesucht, die gewisse charakteristische Ähnlichkeiten mit dieser Prinzessin aufwies, was aus der Form seiner Brautwerbung schon deutlich wurde. Es ist aber kaum anzunehmen, daß die Parallele so weit geht, daß seine wirkliche Frau auch gerade die Kur benötigte, die im Drosselbart-Märchen empfohlen wird, zumal sie mit an Sicherheit grenzender Wahrscheinlichkeit ein anderes Lieblingsmärchen hat als er. Ich habe natürlich nur relativ wenig Kenntnis von den Lieblingsmärchen der Partner meiner Patienten, aber wo ich sie erhalten konnte, waren es nie die gleichen. So muß eine Ehe natürlich scheitern, solange archetypische Figuren gegenseitig projiziert werden und eine Begegnung auf der menschlichen Ebene unmöglich machen. Es ist in der Darstellung dieser Ehe auch deutlich, wie der Patient einerseits als ein Bettler, andererseits als ein betrunkener, gewalttätiger Husar handelte und in diesen archetypischen Rollen hängenblieb.

Ich habe versucht, am Beispiel dieses Märchens darzustellen, wie sich die psychische Konstellation sowohl einer männlichen als auch einer weiblichen Psyche derselben Bildwelt bedienen kann, um mit ihr die eigene Problematik auszudrücken. Hierbei scheinen mir die differenten Identifikationen des Ich-Komplexes zugleich auch die differenten psychologischen Funktionstypen dieser beiden Patienten zu erfassen. Beide Analysen enthalten eine Fülle weiteren Materials, das entweder direkt an dieses Märchen anknüpft oder psychologisch mit ihm in Beziehung gebracht werden kann.

Grausamkeit im Märchen

Die überwiegende Anzahl aller Märchen enthält das außerordentlich vielschichtige Phänomen der »Grausamkeit«. Bereits in dem ältesten uns bekannten Märchen unseres Kulturkreises, dem altägyptischen Brüdermärchen aus der 19. Dynastie, also um 1200 vor Christus[1], sind Mord, Selbstkastration, Schlachtung und Zerstückelung als Motive enthalten. Sieht man sich die Grimmschen Kinder- und Hausmärchen[2] einmal unter diesem Aspekt durch, so wimmelt es förmlich von den abscheulichsten, furchtbarsten und widerwärtigsten Taten, die nur ein sadistisches Menschenhirn auszudenken vermag. So werden zum Beispiel im »Rotkäppchen« Menschen von wilden Tieren gefressen und verschlungen, im »Rapunzel« sollen Kinder geraubt werden, im »Treuen Johannes« wird ein Mensch versteinert, im »Aschenputtel« werden die Augen ausgepickt und die Füße kürzer gehackt, in der »Frau Holle« wird ein Mädchen geteert, in »Hänsel und Gretel« und in »Brüderchen und Schwesterchen« werden Menschen verbrannt oder von wilden Tieren zerrissen. Noch grausamer geht es zu in »Fitchers Vogel«, wo junge Mädchen in Stücke zerhackt werden, in der »Frau Trude«, wo ein kleines Kind lebend verbrannt wird, und den höchsten Grad der Entsetzlichkeiten erreicht das Märchen vom »Machandelboom«, wo ein Kind geköpft, zerstückelt, gekocht und schließlich vom eigenen Vater ahnungslos verspeist wird.

Es ist auf Grund eines solchen Katalogs wirklich nicht verwunderlich, daß es immer wieder Bestrebungen gegeben hat, das Märchen ganz aus der Kinderstube zu verbannen oder wenigstens, wenn das nicht möglich war, es von den Grausamkeiten zu säubern, um es in gereinigter Fassung den Kindern vorzulegen. Sonderbarerweise haben derartige Bestrebungen nie Erfolg gehabt. Sie sind eigentlich immer wieder daran gescheitert, daß die Kinder selbst an diesen gereinigten Fassungen völlig uninteressiert waren und begierig den archaisch-grausamen Urtext aufgriffen, sofern sie dessen habhaft werden konnten.

In diesem Zusammenhang möchte ich eine doch recht beeindruckende und nachdenklich stimmende Geschichte berichten, die schon am Beginn dieses Jahrhunderts J. Bilz in ihrer Arbeit: »Märchengeschehen und Reifungsvorgänge«[3] erzählt. Sie berichtet von einem zweieinhalbjährigen, in der ersten Trotzphase stehenden Mädchen, das beim Einkauf ein Bild von Rotkäppchen und dem Wolf geschenkt bekam. Auf dem Bild war der Wolf zu sehen, wie er mit Nachthemd und Nachthaube der Großmutter angetan Rotkäppchen erwartet. Die Kleine, die das Märchen nur kannte bis zu der Begegnung von Wolf und Rotkäppchen im Wald, wollte nun wissen, warum der Wolf im Bett liegt. Das bekannte Zwiegespräch zwischen Wolf und Rotkäppchen hörte sich das Kind mit großer Aufmerksamkeit an. Schätzungsweise ein Dutzend Mal mußte der Dialog zwischen Rotkäppchen und Wolf hergesagt werden. In den folgenden Nächten schlief das Kind unruhig, es erwachte und äußerte Angst vor dem bösen Wolf. Man konnte dem Kind nicht anders und wohl auch nicht besser helfen, als daß man das Bild hervorsuchte, den Wolf herausschnitt und verbrannte. Nun war das Kind in den Nächten wieder ruhiger, tagsüber aber fragte es öfters interessiert nach dem Wolf. Immer wurde ihm bedeutet, daß der böse Wolf verbrannt sei und daß es überhaupt keine Wölfe gäbe, nur ganz weit weg in Rußland. Einige Wochen nach diesen Begebenheiten wollte der Vater des Kindes mit der Kleinen einen Ausflug in den nahegelegenen Wald unternehmen. Die besorgte Mutter sagte zu dem Kind, als es für den Spaziergang gerüstet wurde: »Jetzt gehst du mit Papa in den Wald zu den lieben Häslein!« Das kleine Mädchen zog strahlend ab. Doch auf der Treppe des Hauses traf ein älterer Hausbewohner die beiden Ausflügler. Er fragte im Vorbeigehen die Kleine, wohin sie denn gehen wolle. Zur größten Überraschung antwortete das Kind, und zwar sehr bestimmt und ohne Zögern: »In den Wald zumUßlandwolf!«

Bilz weist mit Recht darauf hin, daß selbst dieses sensible Kind die Auseinandersetzung mit dem zu fürchtenden, übermächtigen Wolf aufsucht, und zwar aus eigener Initiative. Es verfügt anscheinend über Kräfte, die das kinderfressende Ungeheuer finden und sich ihm stellen müssen.

Es ist interessant, daß dieses Kind spontan ein Geschehen aufsucht, das wir in ritualisierter Form in den Initiationsriten der Primitivkulturen finden, wobei offenbar von der Erkenntnis ausgegangen wird, daß Reifung nur über Leid, Schmerzen und Qual erfolgt. Eine nächst höhere Reifungsstufe kann nur nach Auflösung und Zerstörung der vorangegangenen erreicht werden. Die Mannbarkeitsweihen der Primitivkulturen fügen die Schmerzen dem Initianden ja noch de facto zu und verfügen ebenfalls über einen uns nicht verständlich erscheinenden Katalog von Grausamkeiten. In den höheren Formen solcher Initiationsweihen, die bekanntlich bis zu den höchsten geistigen Prozessen gehen können, treten sie dagegen nur noch in symbolischer Form auf. Ihre Bilder zeigen aber durchaus den gleichen Charakter, den wir vom Märchen oder den primitiven Riten her kennen. Als Beispiele hierfür möchte ich die Beschreibung einer Schamaneninitiation von *M. Eliade* nennen und die von *Jung* interpretierten »Visionen des Zosimus«, bei denen es sich um eine mystische Initiation handelt. *Eliade* berichtet, daß in Malekula die erste Phase der Initiation eines Medizinmannes folgendermaßen verläuft:

Ein Bwili in Lol-Narong empfängt den Besuch des Sohns seiner Schwester. Dieser sagt zu ihm: »Ich möchte, daß du mir etwas gibst.« Der Bwili sagt: »Hast du die Bedingungen erfüllt?« »Ja, ich habe sie erfüllt.« Er sagt weiter: »Du hast nicht mit einer Frau geschlafen?« »Nein.« Der Bwili sagt: »Gut.« Dann sagt er zu dem Neffen: »Komm hierher. Lege dich auf dieses Blatt.« Der junge Mann legte sich darauf. Der Bwili machte sich aus Bambus ein Messer. Er schnitt den Arm des jungen Mannes ab und legte ihn auf zwei Blätter. Er lachte über seinen Neffen, und dieser antwortete mit einem Gelächter. Er schnitt den anderen Arm ab und legte ihn auf die Blätter neben

den ersten. Er kam zurück, und beide lachten. Er schnitt ein
Bein ab in Höhe des Oberschenkels und legte es neben die
Arme. Er kam zurück und lachte, so auch der junge Mann. Er
schnitt darauf das andere Bein ab und legte es neben das erste.
Er kam zurück und lachte. Der Neffe lachte wieder. Zum
Schluß schnitt er den Kopf ab und hielt ihn vor sich hin. Er
lachte, und der Kopf lachte ebenfalls. Er tat den Kopf wieder an
seinen Platz. Er nahm die Arme und Beine, die er entfernt hatte,
und brachte sie wieder an ihren Platz[4].

Von den *Zosimus*-Visionen möchte ich nur eine Textstelle
erwähnen, die mir im Zusammenhang mit unserem Thema
bedeutungsvoll erscheint. Der Text lautet:

Denn es kam einer um die Morgenfrühe in eilendem Laufe,
der überwältigte mich und zerteilte mich mit dem Schwert, in-
dem er mich durchbohrte, und zerriß mich entsprechend der
Zusammensetzung der Harmonie. Und er zog die Haut meines
Kopfes ab mit dem Schwert, das von ihm mit Macht gehand-
habt wurde, und er fügte die Knochen mit den Fleischstücken
zusammen und verbrannte das Ganze der Kunst entsprechend
auf dem Feuer, bis ich wahrnahm, wie mein Körper verwandelt
und zu Geist wurde. Und dieses ist meine unerträgliche Qual[5].

Zosimus von *Panapolis* gehört zu den bedeutenden Alchimi-
sten und Gnostikern des 3. Jahrhunderts, der von einer ihm
zugestoßenen, offenbar sehr tief erlebten Vision, aus der das
Zitat ein Teil ist, Kunde ablegte. Hier wird der in der grausa-
men Handlung liegende Charakter des geistigen Wandlungs-
prozesses besonders deutlich. *C. G. Jung* schreibt hierzu:
»Die Dramatisierung zeigt, wie der göttliche Prozeß sich in der
Reichweite menschlicher Auffassung offenbart, und wie der
Mensch göttliche Wandlung erfährt, nämlich als Strafe, Qual,
Tod und Verwandlung.«
Ich bin mir darüber im klaren, daß es sich bei diesem Phäno-
men der Grausamkeit, das seinerseits wieder nur ein Teil-

aspekt des Problems der Aggression ist, um etwas sehr Vielschichtiges handelt. Wenn ich hier einen Aspekt, nämlich den der Wandlung und Reifung im innerseelischen Bereich, betone und die entsprechenden Bilder unter diesem zu verstehen suche, so bin ich mir des fragmentarischen Charakters dieser Untersuchung durchaus bewußt.

An anderer Stelle[6] habe ich darauf hingewiesen, daß eine der psychologischen Bedeutungen des Märchens für das Kind darin liegt, daß es lernen muß, sich mit den tiefen instinktiven und triebhaften Gegebenheiten seiner eigenen Natur auseinanderzusetzen und sein Ich gegenüber diesen oft überlegenen Kräften zu behaupten. Die Märchen bieten dem Kind hierbei in bildhaft symbolischer Form typische Möglichkeiten und Entwürfe an, um in diesem Kampf zu bestehen. Hierzu gehört offensichtlich nicht nur das siegreiche und unverletzt bleibende Überwinden oder Überlisten dämonisch überlegener Kräfte, die sich in Drachen, Hexen, Ungeheuern, Teufeln, Riesen oder bösartigen Zwergen darstellen, sondern auch die bereits vorher genannte Erfahrung von Qual, Tod und Verwandlung. Grausamkeit tritt somit nicht nur auf als Strafe für den Bösen oder für Unachtsamkeit und Naivität, sondern auch unter dem Motiv des Erleidens an dem Heros selbst.

Betrachtet man das Märchen als ein innerseelisches Drama, so stellen alle in dem Märchen vorkommenden Personen, Handlungen, Tiere, Orte und Symbole innerseelische Regungen, Impulse, Haltungen, Erlebnisweisen und Strebungen dar[7]. Der Held beziehungsweise die Identifikationsfigur, welche das zuhörende Kind wählt, das ja die Freiheit hat, sich mit der männlichen oder weiblichen Hauptfigur zu identifizieren, würde dann die Position des Ich-Komplexes einnehmen. Die Darstellung einer Erfahrung von Qual, Leid oder sogar Tod und Wiederauferstehung im Verlaufe einer Reifung geschieht auch an dem Heros oder der Heroine des Märchens und nicht nur, wie bei »Hänsel und Gretel«, an der bösen Widersacherin. Allerdings durchlaufen auch diese beiden vor der Befreiung einen Leidensweg. Das gleiche findet sich bei »Brüderchen und Schwesterchen«, wo der Bruder verwandelt, die Schwester in der Badestube erstickt wird, »Rotkäppchen« wird verschlungen, und der Junge im »Machandelboom« sogar zerstückelt und gefressen. Fast nirgends aber fehlt dann die auf den Tod folgende Wiederauferstehung, die in symbolischer Sprache das geglückte Erreichen der nächsthöheren Reifungsstufe ausdrückt.

Nun bleibt es natürlich trotz der Analogienachweise in den Initiationsriten, gnostischen oder alchimistischen Symbolreihen eine gewisse Spekulation, hinter den Märchenbildern Symbole von Reifungs- und Entwicklungsvollzügen zu vermuten, wenn es uns nicht gelingt, hierfür entsprechende Belege aus Falldarstellungen zu finden. Man muß hierzu fordern, daß gleiche Bilder und Symbole, wie sie in den Märchen vorhanden sind, auch in den die seelischen Reifungsvorgänge begleitenden Träumen und Phantasien vorhanden sind und sich eine deutliche Beziehung zwischen diesen und jenen herstellen läßt.

Über ein solches Geschehen innerhalb einer Analyse möchte ich hier nun berichten: Es handelte sich um eine 24jährige Patientin, die wegen einer schweren Neurose, vorwiegend mit Angstzuständen, Zwangshandlungen sowie Gallen- und Magensymptomatik, die Behandlung aufsuchte. Es bestanden außerdem suizidale Tendenzen mit manifesten Suizidversuchen und eine Medikamentensüchtigkeit. In der 104. Behandlungsstunde hatte die Patientin folgenden Traum:

Ich war mit einer Freundin in einem Hotel. Es war Nacht. Es kamen mehrere Menschen, die die Inhaber des Hotels sprechen wollten. Ich machte ihnen die Türe auf, wobei meine Freundin nicht anwesend war. Ich ließ die Leute rein, und sie sagten mir, daß die Freundin, die jetzt meine Schwester war, tot sei. Sie wäre überfahren worden. Ich weinte. In einem anderen Raum war mein Vater, der genauso aussah wie mein jetziger Freund. Er sagte zu mir, das wäre Blödsinn.

Dann befand ich mich in einem Riesengebäude mit vielen Räumen. Ich sagte zu den Leuten dort, daß man meinen ge-

schiedenen Mann rauslassen müßte, der dort eingesperrt war, und mich an seiner Stelle einsperren. Oben auf dem Boden war ein Mensch, der sagte, wenn ich mir im Keller die Hände abhacken ließe, könnte ich zu ihm. Ich ging hin, und ein Mann schnitt mir mit dem Messer die Hände ab. Ich weinte und wurde dann raufgeführt und zu ihm gelassen.

Nachdem die Patientin diesen Traum erzählt hatte, kam zunächst undeutlich in ihrer Erinnerung hoch, daß es irgendein Märchen gäbe, in dem einem Mädchen die Hände abgehackt würden. Gerade dieses Märchen sei in der frühen Kindheit ihr Lieblingsmärchen gewesen. Wir stellten dann zusammen fest, daß es sich um das Grimmsche Märchen »Das Mädchen ohne Hände« handelte.

Ich möchte hier nun besonders auf die sowohl im Traum der Patientin als auch im Märchen erscheinende Grausamkeitshandlung des Händeabhackens eingehen und den Versuch machen, ihren hintergründigen Sinn und ihre Bedeutung für das Erleben und die Entwicklung dieser Patientin zu erfassen. Zunächst soll aber in verkürzter Form der Inhalt des Märchens referiert werden:

Ein armer Müller, der nichts mehr besaß als seine Mühle und einen Apfelbaum dahinter, ging eines Tages in den Wald und traf dort einen alten Mann. Dieser versprach ihm Reichtum, wenn er ihm das gebe, was hinter seiner Mühle stünde. Da der Müller annahm, daß es sich um den Apfelbaum handele, ging er auf den Vorschlag ein und fand, als er nach Hause zurückkam, Kisten und Keller gefüllt. Als aber seine Frau von dem Handel erfuhr, rief sie entsetzt aus, daß es der Teufel gewesen sein müßte, der nicht den Apfelbaum gemeint hätte, sondern die Tochter, die hinter der Mühle gestanden hätte und den Hof kehrte.

Als die Zeit herum war und der Böse sie holen wollte, wusch sie sich rein und machte mit Kreide einen Kranz um sich, so daß der Teufel ihr nicht zu nahekommen könne. Zornig forderte dieser von dem Müller, alles Wasser von ihr zu entfernen. Als der Teufel aber am anderen Morgen wiederkam, hatte sie auf ihre Hände geweint, und wieder konnte er ihr nicht nahen. Da verlangte er wütend von dem Müller, er solle ihr die Hände abhauen, was dieser unter der Drohung, er würde sonst selbst geholt, schließlich auch tat. Als der Teufel aber zum dritten Mal kam, hatte das Mädchen so lange und so viel auf die Stümpfe geweint, daß sie wiederum ganz rein waren. Da mußte er weichen und hatte alles Recht auf sie verloren. Sie aber beschloß fortzugehen und wanderte den ganzen Tag, bis es Nacht ward und sie zu einem königlichen Garten kam. Ein Engel half ihr, über ein Wasser zu kommen, das diesen umgrenzte, und sie aß dort mit dem Munde eine der schönen Birnen ab, die sich in dem Garten befanden. Ein Gärtner, der es gesehen hatte, meldete diese Geschichte dem König, der nun seinerseits zusammen mit einem Priester in der nächsten Nacht im Garten wachte, um sich diese sonderbare Geschichte anzusehen. Um Mitternacht kam das Mädchen, trat zu dem Baum und aß wieder mit dem Munde eine Birne ab. Der König sprach sie nun an, nahm sie mit in sein königliches Schloß, und da sie so schön und fromm war, nahm er sie zu seiner Gemahlin und ließ ihr silberne Hände machen.

Nach einem Jahr mußte der König über Feld ziehen und ließ seine junge Frau in der Obhut seiner Mutter. In dieser Zeit bekam die Königin ein Kind, und die Mutter schrieb es eilig ihrem Sohn. Der Teufel aber vertauschte, während der Bote an einem Bache schlief, die Briefe, und so las der König, daß seine Frau einen Wechselbalg geboren hätte. Trotzdem antwortete er, man möge sie wohlhalten und pflegen bis zu seiner Ankunft. Wieder schlief der Bote auf dem Rückweg, und der Teufel tauschte die Briefe, so daß die Mutter des Königs den Befehl erhielt, die Königin mit ihrem Kind zu töten und zum Wahrzeichen Zunge und Augen der Königin aufzuheben.

Die Mutter aber dauerte die junge Frau, sie schnitt einer Hirschkuh Zunge und Augen aus und schickte die Königin mit ihrem Kind in die weite Welt. Diese kam nun zu einem großen,

154

wilden Wald, wo sie zu Gott betete. Wieder erschien ihr der
Engel des Herrn und führte sie zu einem kleinen Haus. In
diesem Haus verblieb sie sieben Jahre in der Gesellschaft eines
Engels, und durch Gottes Gnade wuchsen ihr wegen ihrer
Frömmigkeit die abgehauenen Hände wieder.

Als der König aus dem Felde endlich wieder nach Hause
kam, fragte er nach seiner Frau und Kind und erfuhr nun die
ganze Geschichte der verwechselten Briefe. Daraufhin machte
er sich auf und sagte: »Ich will gehen, soweit der Himmel blau
ist, und nicht essen und nicht trinken, bis ich meine liebe Frau
und mein Kind wiedergefunden habe.« An die sieben Jahre zog
er umher, suchte überall nach und kam endlich in einen großen
Wald und fand darin das kleine Häuschen, in dem seine Frau
wohnte. Hier fanden sie sich nun glücklich und erfreut wieder.

In diesem Märchen erlebt und erleidet die Heroine eine
Reihe von bösartigen Grausamkeiten. Zunächst droht ihr
durch den unachtsamen Handel des Vaters eine totale Auslieferung an das Prinzip des Bösen, personifiziert durch die Figur
des Teufels, und damit der vollständige Verlust ihrer menschlichen Seele. Wenn sie dieses Geschehen auch abwenden kann,
so doch nur unter Opferung ihrer beiden Hände, die ihr der
vom Bösen obsedierte Vater selbst abschlagen muß. In ihre
dann geschlossene Ehe mischt sich wieder dieses Böse ein,
zerstört diese Gemeinschaft, und ihr selbst droht der Mord an
ihr und ihrem Kind. Schließlich muß sie eine jahrelange Ver-
bannung in einer Waldeinsamkeit auf sich nehmen, die aber
offensichtlich nicht destruktiven, sondern heilenden Charakter hat.

Ausgangspunkt dieses Märchens ist die extreme Vaterbindung der Tochter, eine Problematik, von der her der Entwicklungsprozeß auch ausgelöst wird. Nach alter, patriarchaler Sit-
te ist die Tochter praktisch vollständiges Eigentum des Müllers,
der sie nach Belieben an jeden, sogar an den Teufel versprechen kann. Überträgt man diese Situation im Sinne der Sub-
jektstufen-Deutung auf das Psychische, so handelt es sich um
ein noch unselbständiges und abhängiges Ich, das unter der

Dominanz des kollektiven Bewußtseins steht. Der Vater als der Repräsentant der bisherigen Bewußtseinseinstellung, die den kollektiv tradierten Normen entspricht, zeigt offensichtlich eine dumme und materialistische Unangepaßtheit, die ihn dem Schatten, das heißt all den minderwertigen, negativen und bösen Eigenschaften verfallen läßt. Seine Gier nach Macht und Libido (für letztere steht hier symbolisch das Gold) liefert die zukünftigen Möglichkeiten des Ich sowie seine gesunde Entwicklung an den Schatten aus. Es ist interessant, daß in anderen Varianten dieses Märchens (Rußland: »Das Mädchen ohne Hände«[8], Japan: »Das Mädchen ohne Hände«[9], Frankreich: »Das Mädchen ohne Hände«[10] und Donauland: »Die armlose Ritterfrau«[11]) das Mädchen nicht durch den Teufel, sondern durch eine bösartige weibliche Figur verfolgt wird: Stiefmutter, Schwiegermutter, eifersüchtige eigene Mutter oder Schwägerin. Der Teufel steht hier, wie so oft in Sage und Mythos (man denke an die so häufig auftretende Großmutter des Teufels), in einer engen Beziehung zum großen Weiblichen, das unter der Verdrängung durch das Patriarchat bösartigen und destruktiven Charakter erhält.

Der Abwehrmechanismus, mit dem das Ich schließlich einer Schatteninflation entgeht, ist etwas uns aus den Zwangsneurosen Wohlbekanntes: Eine Reinigungs- beziehungsweise Waschzeremonie. Die magische Sauberkeit, verbunden mit dem Ziehen eines weißen Kreises ist es, die den Teufel hindert, sich des Mädchens zu bemächtigen. Trotzdem gelingt es ihm noch, den Verlust der Hände zu erzwingen, was symbolisch, wie es auch *H. v. Beit*[12] versteht, einem vorübergehenden Verlust der Handlungsfähigkeit und Wirkungskraft entspricht und einer Lähmung der seelischen Aktivität gleichkommt. Es erfolgt eine Regression auf die frühere und tiefere Stufe des Oralen, in der die Welt nur mit dem Munde oder mit Hilfe anderer erhalten und erfahren werden kann. *Erich Neumann* ist ausführlich auf die in dieser Stufe liegenden prospektiven Möglichkeiten eingegangen[13]. Sehr hintergründig haben aber hier das Böse und das Grausame auch wieder das Gute und Sinnvolle bewirkt, insofern durch dieses Geschehen die enge Bindung zwischen Vater und Tochter gelöst wird. Damit kann der Reifungs- und Entwicklungsweg beschritten werden. Das trotz allem materiellen Wohlstand steril und schädlich gewordene Eltern-Kind-Verhältnis wird jetzt zugunsten eines unbekannten eigenen Schicksalsweges aufgegeben. So drückt das grausame Geschehen des Märchens hier in symbolischer Form offensichtlich jene alte Weisheit aus, daß der Weg zu Selbständigkeit und eigener Entwicklung oft über das schmerzhafte Opfer geht, das aus einer Notlage heraus erzwungen wird. Wir kennen solche Situationen aus gewissen Zuständen retardierter Ablösung von den Elternimagines. Man kann hier durchaus auch an die oft grausame Form der Ablösung aus dem »Elternhaus« bei den Tieren denken, wie zum Beispiel das Herauswerfen von jungen Vögeln aus dem Nest oder die Ablösungszeremonie der Bärenmutter von ihren Jungen. Es ist schon beeindruckend, wenn man sieht, wie eine solche Bärenmutter ihr Junges unter Vorspiegelung einer Gefahrensituation auf einen Baum hetzt und dann ohne »Entwarnung« einfach davongeht. Oft dauert es zwei Tage und Nächte, bis das arme Junge, von Hunger und Müdigkeit überwältigt, angstquiekend herunterklettert, um seinen eigenen Weg in die gefährliche Welt anzutreten.

Stellt die Mühle mit dem Apfelbaum den Bewußtseinsraum dar, in dem sich das Ich bisher bewegte, so entspricht nun der königliche Garten, den sie im Schimmer des Mondes findet und aufsucht, dem Unbewußten. Hier kommt ihr ein Engel zu Hilfe, wohl der gleiche Engel, der später noch einmal in der Waldeinsamkeit auftaucht. Wir können in ihm, wie *Allenby*[14] ausgeführt hat, ein Bild der transzendenten Funktion sehen, jener Funktion, die in der Lage ist, große Gegensätze zu überbrücken, und die, wie hier, eine Beziehung zwischen Bewußtsein und Unbewußtem herzustellen vermag.

Hier begegnet das Mädchen der Animus-Figur, das heißt einer eigenständigen, nicht väterlichen Form von Aktivität, Tatkraft, Handlungsfähigkeit und Meinungsbildung. Ich will darauf verzichten, schon aus Gründen der Übersichtlichkeit, ausführlich auf alle auftretenden Figuren und Symbole einzugehen, soweit sie nicht in einer Beziehung zu der Fall-Parallele stehen. Daher soll dieser Abschnitt des Märchens nur kurz gestreift werden. Wie in so vielen Märchen geht die erste Begegnung zwischen dem Ich und dem Animus noch nicht auf die Dauer gut aus. Die einfache Verbindung der beiden Liebenden ist nicht in der Lage, die volle Handlungsfähigkeit des Ich wiederherzustellen, und das Mädchen muß sich mit Prothesen anstelle eigener Hände behelfen. Es kommt hier offenbar zu einem Zustand der Identität zwischen dem Ich und dem Animus, wobei sich das Ich damit behelfen muß, die Welt mit den vom Animus gelieferten Krücken zu erfassen. Emma Jung schreibt über diesen Zustand: »Im Zustand der Identität mit dem Animus geschieht es, daß wir etwas denken, sagen oder tun, überzeugt, wir seien es, während in Wirklichkeit der Animus durch uns hindurchspricht, ohne daß wir uns dessen bewußt werden. Es ist oft sogar sehr schwierig, einzusehen, daß ein Gedanke oder eine Meinung vom Animus diktiert und nicht unsere eigenste Überzeugung ist, da er über eine Art unmittelbarer gewalttätiger Autorität und Suggestionskraft verfügt. Die Autorität bezieht er aus seiner Zugehörigkeit zum allgemeinen Geist, die Suggestivkraft aus der der Frau eigenen Passivität des Denkens und der entsprechenden Kritiklosigkeit.«[15]

Offensichtlich ist in unserem Märchen ein derartiger Zustand eingetreten, wobei die starren und leblosen Prothesen durchaus solchen kritiklos übernommenen allgemeinen Meinungen und Vorstellungen entsprechen. So wird dann auch die scheinbare Harmonie sehr bald wieder durch einen Konflikt gestört, der König und Mädchen trennt. Man kann sicher nicht zu Unrecht vermuten, daß auch hier wieder, wie in allen Kriegen, der Teufel seine Finger im Spiel hat.

Es folgen die Geburt des Kindes und die Vertauschung der Briefe, die einer Verfälschung der Beziehung zwischen dem Ich und dem Unbewußten (Animus) entspricht. Die Vorstellungsinhalte, die jetzt aus dem Unbewußten zum Bewußtsein dringen, werden durch den sie begleitenden Schattenaspekt negativ, böse und dämonisch und drohen wiederum das Ich zu vernichten. Es hat sich aber doch etwas zum Besseren gewendet, denn das Böse wird diesmal durch eine gütige Mutter-Figur kompensiert und nicht durch die Ausführung eines zur Amputation führenden Reinigungszeremoniells. Gegenüber dem dämonischen Schatten, der, wie wir gesehen haben, tief hintergründig mit dem Negativ-Weiblichen verbunden war, hat sich jetzt ein Stück gütiger Mutter-Figur konstelliert, das in der Lage ist, die Vernichtung ohne weitere Aufgabe von wesentlichen Ich-Funktionen abzuwehren. Auch hier wieder erzwingt das Böse und Grausame eine leidvolle Auflösung des bisherigen noch unbefriedigenden Zustandes und stößt das Mädchen in einen weiteren Entwicklungs- und Reifungsweg, der mit der endgültigen und erneuerten Wiederherstellung der verlorenen Ich-Funktion endet. Die Hände wachsen wieder.

Die sieben Jahre in der Einsamkeit des Waldes, welche die eigentliche Wende des Geschehens bringen und die wir als Motiv auch aus anderen Märchen, wie zum Beispiel »Rapunzel« oder in ähnlicher Form in den »Zwölf Brüdern« und »Den sechs Schwänen« kennen, entsprechen einem vertieften Introversionszustand, einem langen, einsamen Angewiesensein auf sich selbst. Lediglich der transzendente Aspekt des Engels ist hierbei zugelassen, der wohl wieder den Brückenschlag zu den Tiefenschichten des naturhaften Unbewußten vermittelt, die zur erforderlichen Heilung mobilisiert werden müssen. Erst danach kann eine dauerhafte Beziehung zum Männlichen eingegangen werden, und die Bedrohung der zukünftigen psychischen Möglichkeiten, die in dem Kind symbolisiert sind, ist aufgehoben.

»Dieser Rückzug in die Waldeinsamkeit ist eine mittelalterliche Büßerhaltung mit religiösem Motiv und geht kulturgeschichtlich zurück auf das antike Anachoretentum, in welchem möglicherweise Einflüsse aus Indien mitspielen. Die Absicht eines solchen Verhaltens ist es, einen größtmöglichen Introversionszustand herbeizuführen und alle Bindungen an das äußere Objekt abzuschieben. Dadurch entsteht eine entsprechende Belebung der Innenwelt, die sich bis zu Auditionen, Visionen und Ekstasezuständen steigern kann.«[16]

Kehren wir nun aber zu unserem parallelen Traumbeispiel zurück, in dem an der Patientin das gleiche grausame Geschehen vollzogen wird wie an der Märchenheldin. Bei dieser jungen Frau bestand die gleiche Ausgangssituation einer sehr tiefen Vater-Tochter-Bindung bei gleichzeitiger Ablehnung der Mutter. Sie war die ältere von zwei Töchtern und von früher Kindheit an das Lieblingskind des Vaters, der ein außerordentlich inniges Verhältnis zu ihr hatte und zum Beispiel auch mehrfach allein mit ihr verreist war. Entsprechend dieser Fixierung auf den Vater hatte die Patientin später einen Mann geheiratet, der eine typische Vater-Figur für sie darstellte. Er war mehr als zwanzig Jahre älter, über seinen Beruf ein Bekannter des Vaters, und durch den Vater hatte sie ihn auch kennengelernt. Die Ehe der jugendlichen Patientin verlief recht unglücklich. Bereits drei Jahre vor Behandlungsbeginn erfolgte die Scheidung. Innerlich blieb sie allerdings sehr stark an diesen Mann gebunden. Er trug während der Analyse zunächst die Züge einer dämonischen, negativen Vater-Figur mit ausgesprochen magischen Zügen, ein verteufelter Vater, der sie in den Träumen schwer beängstigend verfolgte, um sie zu vernichten. Genau wie im Märchen hatte der Vater sie gewissermaßen an diesen Mann verkauft, das heißt in Wirklichkeit war sie vom Vater zu diesem Mann geschickt worden und hatte ihn auf diesem Wege kennengelernt. Genau wie im Märchen war auch in Wirklichkeit ihr Vater entsetzt und verstört, als dieser Mann seine junge, erst 17jährige Tochter einfach behalten wollte und sich mit ihr gegen seinen Willen verlobte.

Die gleiche Situation taucht auch im Traum wieder auf. In der ersten Szene haben wir einen Vater, der eine offensichtlich bedrohliche Situation (hier tritt der tiefe, sicher vom Vater mitkonstellierte Geschwister-Konflikt in den Vordergrund) leichtfertig übersieht und als Quatsch abtut. In der zweiten Szene taucht dann der dämonische Mann auf, zu dem sie allerdings hier selbst gelangen will, und damit gerät sie in die Märchensituation, in der ihr die Hände abgehackt werden.

Eine weitere Parallele zu der Anfangssituation des Märchens findet sich in der Symptomatik der Patientin. Sie litt neben anderem an einem ausgeprägten Waschzwang, so daß sie zum Beispiel für das Staubwischen eines Zimmers mehrere Stunden brauchte, weil sie sich laufend die Hände waschen mußte. Wir wissen, daß sich hinter diesem Symptom, wie es auch hier der Fall war, vom Bewußtsein für böse und schlecht gehaltene Trieb-Impulse, Gedanken und Phantasien verstekken, von denen sich der Patient durch das Zeremoniell reinigt. Auch hier wird der Teufel durch die Sauberkeit gebannt, und auch hier führt dieses Mittel nicht zu einem vollen Erfolg, da die Patientin ihre durch die Verdrängung erzielte Reinheit mit einem Verlust ihrer Handlungsfähigkeit bezahlt. In der Tat war diese Patientin praktisch handlungsunfähig. Sie verbrachte den größten Teil des Tages im Bett oder mit Reinigungszeremonien und ließ sich von ihrem jetzigen Freund ernähren und füttern, ein »Mädchen ohne Hände«.

Neben diesem Verlust der Aktivität in Richtung auf produktiv gestalteten Lebensaufbau bestanden natürlich auf Grund der hochgradigen Libidostauung schwere Aggressionsdurchbrüche, verbunden mit Süchtigkeit und Verwahrlosungserscheinungen. Betrachtet man die erstrebte Lysis des Traumes unter prospektiven Aspekten, so schlägt er einen ähnlichen Weg vor wie das Märchen: Opferung der Hände, was Aufgabe der bisherigen, infantil-süchtigen ungesteuerten Aktivitäten bedeuten würde, bei gleichzeitiger Lösung vom Vater und schließlich Eingesperrtwerden anstelle des hier eingesperrten Teufels, was in der Konsequenz dem Eremitendasein der Märchenheldin entspricht. Ich glaube, daß die Sehnsucht eines Menschen, dem die Steuerung über seine Triebwelt entglitten ist, eingesperrt zu werden, um erst einmal zu sich selbst zu kommen und nicht mehr durchbrechen zu können, recht verständlich ist. Er befindet sich nämlich in der tiefen Angst, sich selbst und andere in Gefahr zu bringen. Man braucht darin nicht nur ein masochistisches Strafbedürfnis zu sehen.

Die Beziehung zwischen dem Schicksal der Patientin und der Märchendynamik wird dadurch noch dichter, daß die Patientin genau wie die Märchenheldin in der Ehe ein Kind hatte. Die Situation zwischen ihr und ihrem Kind wies ebenfalls erhebliche Störungen auf, die man in ähnlicher Weise verstehen kann, wie sie auch die Märchensymbolik beschreibt. Das Kind, in diesem Fall eine Tochter, war nach der Scheidung zunächst der Patientin zugesprochen worden. Infolge ihrer starken Gestörtheit war sie nicht in der Lage, das Kind zu versorgen. Sie überließ es weitgehend ihrem ehemaligen Ehemann. Unbewußter Geschwisterneid, den die Patientin gegenüber ihrer jüngeren Schwester im Kampf um die Gunst des Vaters hatte, sowie schwere Eifersuchtsgefühle gegenüber der Mutter wurden von ihr auf das weibliche Kind projiziert. Im Beginn der Behandlung traten gehäuft Träume und Ängste um das Kind auf, in denen es getötet, zerstückelt oder weggeholt wurde. Man sieht hier deutlich, wie die aus der engen Vater-Tochter-Beziehung her resultierenden schweren mörderischen Aggressionen die Beziehung der Tochter zu ihrem eigenen Kind bedrohen. Der Schatten der Vater-Tochter-Bindung, als welcher im Märchen der Teufel fungiert, droht auch noch nach äußerer Trennung der Tochter vom Vater und Heirat mit einem anderen Mann im Sinne einer tödlichen Gefahr das Kind der Tochter und auch diese selbst zu vernichten. Hierher gehören auch die vorher bereits erwähnten Suizid-Phantasien und -impulse sowie ebenfalls vorhandene schwere Angstvorstellungen, ermordet zu werden. Auch bis in diese Einzelheiten hinein geht also die sehr dichte Parallele zwischen dem Märchen und der inneren Situation der Patientin.

Man kann das Märchen in drei Phasen unterteilen, wobei die erste das Geschehen zwischen Vater und Tochter behandelt und mit dem Abhacken der Hände und mit dem Fortgang von zu Hause endet. Die zweite enthält die Aufnahme der Beziehung zum Mann, Hochzeit und Geburt des Kindes. Sie endet mit der Verstoßung aus dem Königsschloß und dem erneuten Beginn einer Suchwanderung. Die dritte und letzte schließlich umfaßt die Lysis des Geschehens in der Eremitage mit Regeneration der Hände und Wiedervereinigung mit der Animus-Figur. Spinnt man den Faden der Parallele zwischen innerer Situation wie auch äußerem Schicksal meiner Patientin auf der einen Seite und dem Märchengeschehen auf der anderen weiter, so kann man in der Aufnahme der Analyse und deren Durchführung eine Parallele zu der dritten Phase des Märchens sehen. Hier erfolgt das, was das Märchen in symbolischer Form mit dem Zurückziehen in die Einsamkeit ausdrückt, ein gewollter, bewußt durchgeführter Introversionsvorgang und damit eine Auseinandersetzung mit der einen Innenwelt, die schließlich zu einer Regeneration der schwer gestörten Handlungsfähigkeit führte.

Ich möchte im folgenden nun einen Traum mitteilen, der einen gewissen Einblick darein vermitteln kann, wie die Psyche der Patientin dieses wiederaufgetauchte Märchen zu verarbeiten begann. Ich hatte nach dem vorher geschilderten Traum der Patientin das von ihr selbst längst vergessene Märchen vorgelesen und sie im Gespräch darauf aufmerksam gemacht, daß es wohl von einiger Bedeutung für sie sein könnte. Die bis zu diesem Zeitpunkt sehr unruhige, explosiv hochgespannte Patientin hatte das erste Mal ruhig und entspannt auf der Couch liegend zuhören können und ging recht nachdenklich nach Hause. Ich bedaure hierbei, daß sich die starken Evidenzgefühle, die sich im Zusammenhang mit dem Gespräch in der Patientin abspielten, der Schilderung entziehen. In der darauffolgenden Nacht träumte sie:

Man zeigte mir meine Tochter durch eine Luke. Sie war in einem Hühnerei drin, und ich mußte dieses vorsichtig halten. Ich hörte ihre Stimme nur ganz piepsig aus dem Ei heraus. Dann war ich etwas unachtsam, und das Ei ging kaputt und sie kam heraus und wurde jetzt normal groß.

Dieser Traum war der erste in den bisher abgelaufenen 105 Analysestunden, in dem das Kind nicht auf das schwerste bedroht, getötet oder weggeholt wird. Er leitete eine Phase ein, in der die Patientin allmählich begann, eine Beziehung zu ihrem Kind zu finden und es innerlich und äußerlich anzunehmen. Das Kind wird ihr in diesem Traum übergeben, und auf das Intrapsychische übertragen, durchläuft hier die Beziehung zwischen ihr und ihrem Kind einen Geburtsvorgang, durch den es aus einem infantilen, piepsigen, noch in der Eierschale enthaltenen Zustand zu einer normalen Größe aufwächst. Es erscheint mir wichtig, daß die vorher existierende schwere Aggression gegen das Kind in dem Traum nur noch in einem recht geringen Umfange enthalten ist. Sie drückt sich in der Ungeschicklichkeit aus, mit der die Eierschale zerstört wird. Hierdurch wird sie aber eigentlich zur Auslösung des Geburtsvorganges benutzt. Ähnlich wie viele der Mütter mit erheblichen aggressiven Stauungen war auch meine Patientin nicht in der Lage, sich gegen ihr sehr lebhaftes Kind in angepaßter Form zu wehren. Wenn sie es nur wenige Stunden zu Besuch hatte, geriet sie in einen Erschöpfungszustand, da sie praktisch alles tat, was das Kind von ihr wollte. Sie hockte manchmal hilflos weinend in der Zimmerecke, weil das Kind nicht zu bewegen war, auf ihre schüchternen Vorschläge, ein bißchen ruhiger zu sein, einzugehen. Es bedeutete eine erhebliche Erleichterung und Verbesserung der Beziehung zwischen ihr und ihrer Tochter, als es ihr im Verlaufe der Analyse zunehmend gelang, ein Mehr an Stabilität und Energie dem Kind gegenüber aufzubringen und damit der Expansion dieses lebhaften Mädchens einen Rahmen zu geben, der für sie beide akzeptabel war. Die Patientin hatte die Eierschale romantischer Vorstellungen von einem liebenden, entzückenden kleinen Wesen, das man nur durch Gewährenlassen erzieht, inzwischen auch bewußt zerbrochen.

Diese hier angeführte Form der Aggressionsverarbeitung ist aber nur eine Seite des Sinnes, der in dem grausamen Geschehen der Bilder des Zerstückelungstraumes und des Märchens an die Patientin herantrat. Sie erklärt in keiner Weise das tiefgreifende Wandlungsgeschehen, das durch Traum und Märchen angesprochen und ausgelöst wurde. Man müßte auch unter diesen Gesichtspunkten die an dem Mädchen im Traum und Märchen vollzogene Grausamkeit als pathologische Auto-Aggression auffassen, die jedes tieferen Sinnes entbehrte. In seiner Arbeit über Selbstmord und seelische Wandlung führt *Hillman* dagegen aus, daß nur »ein animalisches Gewahrwerden des Leidens und eine völlige Identifizierung mit ihm die demütigende Voraussetzung der Wandlung ist. Die Verzweiflung öffnet der Todeserfahrung die Tür und ist zu gleicher Zeit die Voraussetzung für die Auferstehung. Das Leben, wie es vorher war, der Status quo ante, stirbt bei der Geburt der Verzweiflung. Es gibt nur den Augenblick, so wie er ist – als Keim von was immer auch kommen mag – wenn man warten kann. Wartenkönnen ist alles...«[17]

Hier wird eine andere Seite des Geschehens angesprochen, die in dem Wissen der eingangs ausgeführten primitiven Initiationsriten bereits enthalten ist und die beinhaltet, daß leidvoller Tod und Destruktion einer bisherigen seelischen Konstellation die Voraussetzung für die Entstehung einer Wandlung darstellen. Offensichtlich wurden in unserem Fall sehr erhebliche innere Energien für diesen Prozeß benötigt, was jeder, der ein Wandlungsgeschehen an sich selbst erlebt hat, bestätigen kann. Dem entspricht auch, daß der nachfolgende Traum der Patientin nur noch ein sehr geringes Maß an Aggression enthält.

Es erscheint mir in diesem Zusammenhang sinnvoll, noch einen Blick auf eine Konzeption von *Lorenz* zu werfen. *Lorenz,* der einen primären Aggressionstrieb annimmt, sieht in dem modernen Menschen »ein Wesen, das aus seinem natürlichen Lebensraum gerissen wurde«. Da seine angeborenen Aktions-Reaktions-Normen nur in einem ähnlich langsamen phylogenetischen Tempo veränderbar sind wie organische Strukturen, sitzt der Mensch gewissermaßen auf einem Potential von nicht abführbarer Aggression fest. »Für einen Schimpansen, ja selbst noch für einen Menschen der frühen Steinzeit, war es ohne Zweifel im Sinne der Selbst-, Familien- und Arterhaltung wertvoll und notwendig, daß die innere Reizproduktion aggressiver Verhaltensweisen für, sagen wir, zwei große Wutausbrüche wöchentlich ausreichte.«[18] Für diese gestauten und nicht mehr sinnvoll verwertbaren Energien sieht Lorenz letztlich als Lösungsmöglichkeit auch nur eine Abfuhr nach außen[19], was im kollektiven Rahmen unserer Kultur zur Zeit auch durchaus die einzige Möglichkeit zu sein scheint bei ihm. Zu wenig zur Geltung kommt meines Erachtens die im

Entwicklungs- und Reifungsprozeß des einzelnen durchaus vorhandene Fähigkeit zur Transposition der Libido. Unter der Konzeption einer unspezifischen Theorie der Libido ist auch die Aggression nicht mehr als ein Potential von Kraft, das nach innen gerichtet im Gestaltungs- und Differenzierungs-prozeß des Psychischen seine Anwendung finden kann. Es ist, wie G. Adler[20] ausführt, eine empirische Tatsache, daß »die ursprüngliche, noch nicht entfaltete Gegensätzlichkeit offenbar nach einer erprobten Harmonie strebt, in der selbst das nega-tive Unbewußte eine versteckte Tendenz zur Integration auf-weist«. Diesem entspricht die Rolle, die wir an früherer Stelle dem Teufel als einer zur Entwicklung treibenden Kraft zuspra-chen. Welche Quantität an Energie für derartige Prozesse er-forderlich ist, wurde bereits vorher ausgeführt.

Die deutlich masochistische Komponente, die in dem Ab-hacken der Hände vorliegt, kann auch unter einem tieferen und konstruktiveren Aspekt gesehen werden. So lag bei der Patientin natürlich entsprechend der Schwere des Krankheits-bildes eine Frigidität vor mit einer sehr schweren Hingabestö-rung. Die masochistische Tendenz kann hier eine tiefe Sehn-sucht nach weiblicher Unterwerfung, den Erwerb eines Ver-trauens in eine überpersönliche Ordnung symbolisieren, ein Zug, der ja deutlich in dieser Märchenfigur zum Ausdruck kommt. Mit dieser Haltung könnte sie Leid, Verlust und Op-fer, die ihr das Leben gebracht haben, dann auch annehmen. Gerade diese Eigenschaften fehlten bei der Patientin vollstän-dig. Das Unbewußte bietet sie in Traum und Märchen zur Kompensation der zu engen Bewußtseinseinstellung an. Diese noch unentwickelte Möglichkeit weiblichen Erlebens stellt sich in der Tochter, die aus dem Ei tritt, im zweiten Traum in statu nascendi dar. Die grausame, auf das Ich gerichtete Aggression hat dann die sehr hintergründige Funktion, die starre Struktur des Ichkomplexes zu durchbrechen, die bisherige Gestalt die-ses der jetzigen Situation nicht mehr angepaßten und zu infan-tilen Ich aufzulösen und die notwendige Wandlung durchzu-führen.

Ich habe versucht, an einem Einzelfall auszuführen, wie hinter der Grausamkeit eines Märchenmotives ein sinnvoller Entwicklungsvorgang verborgen sein kann. Es scheint mir ganz allgemein im Menschen schon von Kindheit an, wie wir am Beispiel des kleinen Mädchens sahen, das dem Wolf begegnen will, ein tiefes Bedürfnis vorzuliegen, dem Grausamen und Schrecklichen in der Welt zu begegnen. Dies liegt nicht nur draußen, sondern auch in uns selbst. Der Mensch als ein Naturwesen enthält nicht nur die gütigen und bergenden Seiten der Natur, sondern auch deren furchtbare Aspekte. Er muß auf seinem Wege zur bewußten Menschwerdung auch diesen begegnen, sich mit ihnen auseinandersetzen und sie bestehen können. Die Bildwelt der Märchen kann ihm hierfür als ein Mittel dienen, das nicht einmal auf die Kindheit beschränkt zu sein braucht. Ursprünglich sind die Märchen wahrscheinlich gar nicht einmal für Kinder gedacht und geschrieben worden, und auch noch heute fühlen sich viele Erwachsene, vorwiegend schöpferische Menschen, zu diesen Motiven hingezogen, um sie immer wieder in sich zu bewegen und zu gestalten. Auch die hier behandelte grausame Seite gehört zu ihnen als ein immanenter Bestandteil, der nicht ausgelassen oder übergangen werden darf.

Das Märchen als Gestaltungsmöglichkeit
im seelischen Entwicklungsprozeß

Es gibt vieles in unserer Seele, das wir nicht rational ausdrücken oder einem anderen Menschen verständlich machen können. Manchmal scheint eine unbestimmte Sehnsucht in uns zu wohnen. Sie kann so schwach sein, daß wir sie kaum bemerken, oder so stark, daß sie unsere Stimmungen, Launen und Handlungen deutlich beeinflußt. Fragt man dann den Menschen, wonach oder wohin diese Sehnsucht denn nun eigentlich strebe, so kann er die Frage oft gar nicht beantworten. So unbestimmt, so schwer faßbar und so gar nicht sagbar tauchen viele Regungen und Strebungen in unserer Seele auf, die dem Bewußtsein noch fern und unklar erscheinen. Alles Neue, alles noch nicht Erfahrene und noch nicht Gelebte, das aus der Tiefe der Innenwelt zu seiner Verwirklichung drängt, hat zunächst einmal diesen Charakter. Geht es dem Menschen um Bewußtsein, will er dieses Unbekannte in sich selbst kennenlernen, geht es ihm darum, nicht nur zu wissen, *daß* es da ist, sondern zu erfahren, *was* es ist, dann versucht er das Ungestaltete zu gestalten, das Unsagbare zu sagen und das brodelnde Chaos zu formen. Es ist ein Stück der jedem Menschen innewohnenden schöpferischen Gestaltungskraft, mit deren Hilfe das Neue und Unbekannte aus dem Jenseits der bewußten und bekannten Welt in das Diesseits getragen werden muß.

In jeder tiefgehenden psychotherapeutischen Behandlung, die zu einer Bewußtseinserweiterung und Wesensänderung führt, ereignen sich derartige Prozesse. Viele Patienten greifen spontan zum Zeichenstift, zum Malkasten, zu Ton, Plastillin oder zum Federhalter, mit dem sie Gedichte oder Geschichten schreiben. Manchmal versenken sie sich auch in ihre innere Bilderwelt in Form einer gestaltenden Meditation. Alle diese

Handlungen geschehen, um eine eigene Aussage zu machen und um die innere Welt zu gestalten. »Die Erfahrung zeigt nämlich, daß, je tiefer die analytische Arbeit dringt und je mehr symbolisches Material auftritt, sich desto stärker ein Bedürfnis geltend macht, das Gemüthafte, das in Worten nur schwer Formulierbare in irgendeiner Weise zur Veranschaulichung zu bringen. Denn nicht das Überspringen oder das Verdrängen unangenehmer Zustände, sondern nur das Herausstellen und Anschauen derselben mag zur Bewußtwerdung verhelfen, und dadurch zu einer Erleichterung und Befreiung«, sagt die Schweizer Psychologin J. Jacobi[1]. Auch in diesen Gestaltungen spielt das Element des Märchenhaften nicht selten eine Rolle. Märchenmotive, ähnlich wie wir sie aus den Träumen schon kennen, werden in Bild oder Plastik dargestellt. Märchenhafte Geschehnisse tauchen in meditativen Bildabläufen auf, oder es werden eigene Märchen erfunden und niedergeschrieben. Es ist hierbei unwichtig, ob es sich um formschöne, eventuell sogar mit einer gewissen künstlerischen Begabung ausgeführte Gestaltungen handelt oder um ganz ungeschickte, hilflose und kindliche Versuche. Es sind ja Aussagen, die nur zwischen zwei Menschen, dem Arzt und seinem Patienten, stattfinden, und so unwichtig dabei der allgemeingültige Wert, so wichtig ist hier allein, daß etwas bisher ganz Unbestimmtes deutlich gemacht und herausgestellt werden kann. Auf diese Weise können derartige Inhalte dem Bewußtsein nähergebracht werden. Ihre Gestaltung stellt ein wichtiges Hilfsmittel der Therapie dar. Oft ist es erstaunlich, wieviel an gestauter seelischer Energie in diese Tätigkeit einzufließen vermag und von wieviel Interesse, Intensität und Befreiung sie gerade bei den Menschen begleitet ist, die nie vorher etwas Derartiges gemacht haben. So stellt schon der Vorgang in sich einen Wert dar. Er kann zu einer Befreiung oder Erleichterung von quälender Symptomatik führen. Solange die dargestellten Inhalte aber nicht bewußtgemacht und gelebt werden, bleibt diese Befreiung allerdings etwas Vorübergehendes. Es besteht auch die Gefahr, daß der Patient in der bloßen Darstellung seiner Phantasien gefangen bleibt. Es wird dann gemalt oder geschrieben, anstatt gelebt und erfahren, und die größte Quantität des Produzierten und die schönste und lebendigste Darstellung vermitteln dann nur die Erkenntnis, daß der Patient in seine Traumwelt geflohen ist oder in unwirkliche Höhen entführt wird.

Eine Patientin hat diese Gefahr sehr bildhaft in einem Märchen beschrieben und damit gleichzeitig anschaulich die Hintergründe ihres eigenen Verhaltens dargestellt. (Dieses Material verdanke ich meinem Kollegen Dr. med. Hans Lack, mit dem zusammen ich den Fall dieser Patientin durchgearbeitet habe.) Es handelte sich um ein neunzehnjähriges Mädchen, das die Behandlung unter anderem wegen eines Mutismus aufsuchte. Der Mutismus ist eine relativ seltene Störung, die darin besteht, daß der Patient in Gegenwart anderer Menschen mit wenigen Ausnahmen nicht sprechen kann. Er hat gewissermaßen die Sprache verloren. Innerhalb der ersten Zeit ihrer Behandlung zeichnete diese Patientin nur Bilder. Als sie dann allmählich auch anfing zu reden, schrieb sie eines Tages das folgende Märchen:

Hoch im Norden, dort wo die Sonne täglich nur für wenige Stunden scheint, lebte einmal vor vielen Jahren ein Mann, der Gärtner war. Sein Garten glich aber keinem der vielen, die man auf der Welt findet, in diesem Garten gab es nur kranke Pflanzen. Es war ein richtiges Blumenkrankenhaus. Traurig und müde sahen hier alle Pflanzen aus, viele von ihnen waren halb verdorrt, an anderen hatten Würmer genagt. Die Blumen hielten ihre kleinen Köpfchen tief gesenkt, und nur bisweilen, wenn der Gärtner zu ihnen kam und ihnen Wasser brachte, öffneten sie ihre Augen und sahen ihn dankbar an, sprechen konnten sie nicht zu ihm, denn die Stimmen der Blumen sind so zart und leise, daß die Menschen sie nicht vernehmen können.

Täglich pflanzte der Gärtner neue Blumen, denn es gab viele kranke Pflanzen in der Gegend, und alle, die er fand, brachte er in seinen Garten. Waren sie dann gesund geworden, so pflanzte er sie wieder dort ein, wo er sie gefunden hatte. Die meisten Blumen erholten sich schnell unter seiner Pflege, denn der Garten hatte die schönste Lage weit und breit, und die Sonne schien hell und warm vom Himmel, bei anderen wieder dauerte es etwas länger.

Am längsten aber stand eine Kornblume hier; der Gärtner hatte sie vor Monaten einmal auf einem Feld halb verwelkt gefunden und mit sich genommen. Längst waren all ihre Gefährtinnen gesund geworden, und andere kranke Blumen standen an ihrer Stelle, der Zustand der Kornblume aber blieb immer der gleiche.

Anfangs zwar hatte es so geschienen, als wenn auch sie sich bald erholen würde, aber dann war es plötzlich, als würde sie zusehends wieder kränker. »Wenn ich nur wüßte, was ihr fehlt«, sprach der Gärtner oft und besah sie sich, es war ihm geradeso, als sähe die Blume von Tag zu Tag trauriger aus.

Eines Morgens stand er wieder bei ihr, verglich sie mit den anderen Blumen und fand, daß all seine Mühe und Pflege bei ihr umsonst gewesen sei. »Alles habe ich getan«, sprach er ungeduldig zu ihr. »Nun werde ich es noch ein paar Tage versuchen, und sehe ich dann noch immer keinen Erfolg, wirst du ausgerissen.«

Erschrocken sah ihn die Blume an, sprechen konnte sie ja nicht zu ihm. Traurig und verzweifelt blieb sie allein und fühlte keine Kraft zum Gesundwerden.

Des Nachts, als alles schlief, kam die gute Blumenfee, die Beschützerin aller Pflanzen, Blumen, Bäume und Sträucher zu ihr. »Ich werde dir für eine Nacht Stimme geben«, sprach sie zur Blume. »Erscheine dem Gärtner im Traum. Vielleicht wird er dich hören.« Behutsam nahm die Fee die Blume in ihre Arme, und sanft und unmerklich schwebte sie in die Träume des Gärtners. Die ganze Nacht sprach die Blume traurig zu ihm, doch es war, als höre er ihre Stimme nicht.

Tags darauf kam er mit einer großen Hacke, und bei dem ersten Schlag brach die Seele der Blume. Doch sie merkte keinen Schmerz mehr, sie fühlte sich frei und glücklich und schwebte gen Himmel. Helle Wolken sah sie, die Sonne schien

172

ihr größer und wärmer als je, und vor ihr war das Antlitz eines schönen Engels.

»Wohin fliegen wir«, fragte sie ihn. Und der Engel erzählte ihr von einem großen Blumenhimmel weit oben bei Gott. Dort, wo immer die Sonne scheint und der Himmel blauer als je auf Erden ist. Dort oben, so erzählte der Engel, gibt es keine kranken Blumen, alle sind gesund und glücklich. »Aber wie kommt es«, fragte die Blume den Engel, »daß es dort keine kranken Blumen gibt?« Der Engel lächelte: »Erzähle mir von dir«, sprach er, »erzähle, warum du nicht gesund geworden bist, kleine Blume.« Die Kornblume hob ihr Gesicht zu dem des Engels und sah in seine warmen, guten Augen. »Wenn ich gesund geworden wäre«, sagte sie leise, »hätte ich den Garten verlassen müssen. Allen Blumen ging es so. Ich aber war so glücklich dort, ich hatte Angst, wieder allein auf dem großen weiten Feld zu stehen.«

Höher und höher schwebte der Engel mit der Blume. »Sieh«, sprach er zu ihr, »nun sind wir gleich bei Gott, dort oben kommst du in einen herrlichen Garten, und deine Seele wird froh sein, denn Gott wird dich liebhaben, deshalb gibt es im Himmel keine kranken Blumen.«

Das Lieblingsmärchen aus der Kinderzeit dieses Mädchens war das Märchen vom Däumelieschen von Andersen. Es lohnt sich, einen Vergleich zwischen diesem Märchen von Andersen, dem Märchen der Patientin und ihren Problemen zu ziehen. Zunächst aber sei kurz der Inhalt von »Däumelieschen« berichtet:

In diesem Märchen von Andersen wünscht sich eine Frau sehnsüchtig ein Kind und erhält von einer Hexe ein Gerstenkorn, aus dem eine wunderschöne Tulpe wächst. Als sie sich öffnet, findet man in ihr ein kleines Mädchen, gerade so groß wie ein Daumen, das Däumelieschen genannt wird. Eines Tages wird es von einer Kröte geraubt und soll deren Sohn heiraten. Durch die Hilfe der Fische gelingt es Däumelieschen aber,

173

zu entfliehen. Nach einer langen und gefahrvollen Reise, auf der sie eine ganze Reihe von Abenteuern zu bestehen hat, gelangt sie endlich auf dem Rücken einer Schwalbe in ein warmes Land im Süden. Dort wohnt im Garten eines Schlosses in jeder Blume ein kleiner »Engel der Blumen«. Däumelieschen heiratet einen ihrer Prinzen. Zur Hochzeit erhält sie noch ein paar Flügel, so daß sie wie alle anderen von Blume zu Blume fliegen kann.

Unbewußt hat dieses Mädchen einige Motive dieses früheren Lieblingsmärchens ihrer Kinderzeit in ihre Gestaltung übernommen. Da ist zunächst das Motiv des Blumenwesens. Bei Däumelieschen ist es eine Tulpe, bei der Patientin eine Kornblume. Dann ist da das feine, kaum hörbare Stimmchen, und am Schluß ist in beiden Märchen das Flugmotiv und das Wesen des Engels enthalten. Die Unterschiede bestehen nun aber darin, daß bei Andersen aus der Blume heraus ein menschliches oder doch menschenähnliches Wesen entsteht, während bei der Patientin die Blume selbst vermenschlicht wird, das heißt, sie erhält Sprache und menschliche Gefühle. Sie verbleibt so in einem vegetativen bewußtseinsfernen Raum. Es nimmt nicht wunder, daß sie auch nicht in der Lage ist, Kontakt zu dem Gärtner-Arzt aufzunehmen, und ihre Stimme unhörbar bleibt. Das feine Stimmchen von Däumelieschen ist dagegen für die Umgebung gut hörbar, und »sie konnte auch singen, oh, so fein und lieblich, wie man nie zuvor gehört hatte«. Menschen und Tiere aber verlieben sich in ihren Gesang. Am Schluß der Märchen kommen beide Figuren in eine andere Umwelt, aber Däumelieschen verbleibt auf dieser Erde und erhält bei ihrer Heirat selbst Flugkräfte, während die Kornblume von der Erde entrückt und von einem Engel in den Himmel getragen wird.

Faßt man in beiden Fällen das Blumenwesen als ein Symbol der Phantasiewelt des betreffenden Menschen auf, so wird schon an der Gegenüberstellung deutlich, daß die schöpferische Phantasie des Dichters den Kontakt mit der Welt behält. Seine Geschichten und Erzählungen werden gehört, so fein und zart sie auch sein mögen, und bleiben auf dieser Welt. Es gibt auch ein Bestehen von Gefahren und Abenteuern, aber nicht ein Verharren in ewiger Krankheit mit dem gefährlichen Wunsch, hierdurch Liebe und Fürsorge des anderen Menschen für dauernd zu erzwingen. Das Märchen der Patientin drückt im Gegensatz zum Dichter sehr deutlich ihre stark gestörte Innenwelt aus mit ihrer Unfähigkeit, zu sprechen, Beziehung zum anderen Menschen aufzunehmen, dem Verharren in der Krankheit und ihrer Tendenz, ganz aus dieser Welt zu entfliehen, in das himmlische Reich ihrer Phantasie, von der dann nichts mehr nach außen dringt. Trotz all diesem ist es aber doch wertvoll, daß sie auf dem Wege über das Märchen etwas aussagen kann über die in ihr existierenden Strebungen und Konflikte. Sie führt sie damit in den Bereich einer Behandlungsmöglichkeit.

Als nächstes Beispiel für das Auftauchen von Märchenmotiven innerhalb eines Prozesses psychischer Gestaltung möchte ich hier die Bilder der Meditation eines Patienten anführen. Die Fähigkeit, meditative Bilder in sich aufsteigen zu lassen und an deren Geschehen selbst aktiv teilzunehmen, ist ein höchst komplexer psychischer Vorgang, der sicher auch eine bestimmte Disposition voraussetzt. Jedenfalls gelingt dies keineswegs allen Menschen, selbst wenn es bis zu einem gewissen Grade erlernbar und übbar ist. Es handelt sich hierbei nicht um das sogenannte Bildstreifendenken, bei dem bei geschlossenen Augen eine Reihe von Bildern wie in einem Film vorüberziehen, sondern um ein echtes Geschehen, an dem das Ich erlebend und erleidend mit allen Gefühlsqualitäten teilnimmt. Es wird innerhalb der Analytischen Psychologie als »aktive Imagination« bezeichnet[2].

Der Patient hatte zur Analysenstunde einen Traum mitgebracht, in welchem er in Begleitung von zwei Freunden oder Freundinnen auf einer Wiese eine überdimensionale, kreisrunde, etwa 10 cm dicke Glasscheibe fand. Er konnte mit diesem Symbol nicht viel anfangen, und auch seine Einfälle in der Stunde führten uns zunächst nicht weiter. Da ihn dieses runde Glas aber doch sehr interessierte und faszinierte, entschloß er sich, zu Hause darüber zu meditieren. In der nächsten Stunde brachte er dann diese Aufzeichnungen mit:

Ich habe zweimal angesetzt, darüber zu meditieren, und mich auf dieses Runde konzentriert. Beim ersten Mal wandelte es sich in einen dicken, kreisrunden Marmorblock. An diesem tauchten dann Gerüste auf, auf denen Ägypter arbeiteten. Sie meißelten in den Block eine Inschrift, die ich aber nicht lesen konnte. Er rollte dann zu einem Wald im Hintergrund, wurde immer kleiner und verschwand schließlich. Dann wandelte er sich zu einer großen, gelben, geflügelten Schlange. Ich war dann selbst auch in dem Wald und ging dort ziellos und sehr erregt spazieren. Dann saß ich auf der Schlange und flog mit ihr nach Tibet zu einem Kloster. Es traten Unlustgefühle auf. Ich wollte dort nicht bleiben und nahm mich zurück. Ich brach die Meditation ab und setzte noch einmal neu an.

Diesmal wandelte sich das Runde zum Erdball, der sich langsam drehte und den ich zunächst aus der Ferne betrachtete. Langsam kam er näher, und ich schwebte irgendwo in Afrika herab. Über der Landschaft lag Morgennebel, es war ein sonniger Tag, und vor mir war wieder dichter Wald. Ich lag auf einem Acker mit der Nase in der Erde und sah einen großen Goldkäfer. Dieser setzte sich in Bewegung, und ich ging ihm nach. Er führte mich zu einer gewaltigen Höhle, deren Eingang mit Steinplatten verschlossen war. Als ich näherkam, wichen sie beiseite. Ich trat ein und fand die großen Gestalten der römischen Geschichte bei einem Bankett versammelt. Ein Mann gab mir aus einem goldenen Pokal Rotwein zu trinken. Dann stürzte die Höhle ein. Ich stand wieder auf dem Acker und pflügte. Ein wunderschöner Stier zog den Pflug. Danach säte ich Weizenkörner. Schließlich ging ich mit dem Stier zum Fluß, und wir tranken beide.

Bei dem sehr differenzierten, kurz vor der Lebensmitte stehenden Mann handelt es sich in diesem Zeitpunkt um ein Problem seiner produktiven Arbeitsfähigkeit. Die runde Glasscheibe, die in dem vorangegangenen Traum gefunden wird und den meditativen Prozeß anregt, erinnert an die Funktion der Glaskugel bei indischen »Crystal-gazing«, welche als »Yantra« dazu dient, die unbewußten Inhalte sichtbar zu machen. Einen ähnlichen Traum, bei dem ein Edelstein diese Funktion erfüllt, berichtet C. A. Meier[3]. Im Märchen erinnert das Glas an den Spiegel, in dem man die ganze Welt sehen kann, ein Symbol, das uns von dem ersten in diesem Buch besprochenen Märchen her bekannt ist.

Es setzen dann zwei meditative Bildabläufe ein, die ein durchaus märchenhaftes Geschehen enthalten. In dem ersten wird der Patient von einer geflügelten Schlange in ein Kloster getragen, was ihm aber offensichtlich nicht behagt. Er bricht diese Meditation ab. Das Symbol der Schlange ist uns als Ausdruck tiefer instinktiver Kräfte von dem ersten Märchen her ebenfalls bekannt. Sie ist hier zusätzlich mit Flügeln ausgerüstet, und auch dieses Motiv kommt im Märchen vor. In dem arabischen Märchenzyklus »Die Geschichte des Lastträgers und der drei Damen«[4] rettet in der vierten Geschichte eine geflügelte Schlange die Heldin von einer einsamen Insel, auf der sie gestrandet ist, und trägt sie wieder nach Hause zurück. Die Schlange ist eine wohltätige Dämonin, die sich für eine vorausgegangene Hilfe dankbar erweist. In der Meditation entspricht die geflügelte Schlange einem starken Trend der psychischen Energie zur Introversion, für die das Kloster als ein Ort, der vollständig von der Außenwelt abgeschlossen und auf das Innere konzentriet ist, als Symbol benutzt wird. Man kann darüber verschiedener Meinung sein, ob die Entscheidung des Patienten, sich diesem instinktiven Trend nicht hinzugeben, richtig ist. Welchen Weg ein Patient wählt, ist immer seine eigene Entscheidung. Er fürchtet hier offenbar ein zu starkes Abgezogenwerden von der Welt. Tibet ist sehr weit von uns entfernt, und die Gleichgültigkeit der buddhistischen Mystik gegenüber dem Sansara (die Welt der Erscheinungen) ist für den westlichen Menschen nur schwer verständlich. Vermutlich tut der Patient besser daran, den Anschluß an die »Vorbilder« der eigenen Kultur zu suchen, wie es in der zweiten Meditation erfolgt. Auch Faust muß die Beziehung zum Erdgeist aufgeben, weil sie seine Verständnismöglichkeit überschreitet. Zu große Visionen führen oft zu einer psychischen Inflation, bei der dann von der anderen Seite her recht Unverantwortliches geschieht, wofür der heilige Nikolaus von Flüe, der Frau und Kinder im Elend verkommen ließ[5], ein gutes Beispiel ist:

In der zweiten Meditation landet der Patient nun mit der Nase auf dem Acker, was genau den Gegensatz zu dem Höhenflug mit der Schlange bedeuten kann. Hier sieht er zunächst den Goldkäfer, der offenbar wieder einen leitenden Instinkt darstellt und dem Motiv der hilfreichen Tiere im Märchen entspricht. Dieser führt ihn zu der Höhle, die mit Steinplatten verschlossen ist, welche beim Nahen auseinanderweichen, ein ebenfalls wieder recht häufiges Märchenmotiv.

H. v. Beit zitiert eine Erzählung des Paulus Diaconus, nach der der fränkische (oder burgundische) König Guntram (gest. 593), der auf einer Jagd müde geworden ist, sich unter einen Baum setzt, um zu ruhen. Er legt seinem Begleiter, einem seiner Getreuen, das Haupt in den Schoß. Auf einmal sieht dieser, wie aus dem Munde des Königs ein Tierchen kommt, das einer Schlange gleicht, wie es zu einem Wässerlein in der Nähe läuft und sich vergeblich hinüberzugelangen bemüht. Da zieht er sein Schwert aus der Scheide und legt es über das Wässerlein, und das Tierchen setzt so über. Auf der anderen Seite verschwindet es in einer Öffnung im Berge. Dann kommt es wieder über das Schwert zurück und geht wieder in den Mund des Königs ein. Wach geworden, erzählt dieser seinem Getreuen, daß er geträumt hat, er habe einen Fluß auf einer eisernen Brücke überschritten, sei in einen Berg gegangen und habe dort eine Menge Goldes gesehen. Nun erzählt ihm der Getreue, was er gesehen hat; an jener Stelle des Berges wird nachgegraben, und man findet unermeßliche Schätze[6]. Es ist ganz offensichtlich, daß hier das Tier einen personifizierten Seelenanteil des Königs darstellt.

Die Römer in der Höhle des Träumers stehen in enger Beziehung zu seinem zur Zeit existierenden Problem. Er ist von

Beruf Historiker, und sein Arbeitsgebiet war zu dieser Zeit die römische Geschichte. Es öffnet sich also hier in der Phantasie die bisher verschlossene und im Unbewußten abgekapselte Beziehung zu dem Bereich seiner beruflichen Tätigkeit. Nachdem er dort getrunken und so diese Beziehung in sich aufgenommen hat, stürzt die Höhle wieder ein, und er kann jetzt mit dem Stier, einem Symbol männlicher Kraft und Stärke, den Acker seines Lebens bestellen und wieder produktiv fruchtbar werden. Dem entspricht, daß in der Folgezeit der Behandlung mit dem Verständnis dieser Inhalte eine deutliche Besserung der Symptome auftrat.

Der Gegensatz von Schlange und Stier stellt nach C. G. Jung[7] einen Gegensatz der psychischen Energie in sich selber dar. Diese Energie strebt nicht nur nach außen in das Leben und Aufbauenwollen (Stier), sondern auch zurück in das Innen, um dort zu einer Erneuerung der Lebenskraft zu kommen (Schlange). In unserem Beispiel wird der Weg der Schlange abgelehnt, da offenbar noch eine tätige Verwirklichung im Lebensaufbau gefordert ist.

Zum Abschluß dieses Buches möchte ich ein von einem einundvierzigjährigen Mann geschriebenes Märchen anfügen. Er befand sich innerhalb eines heftigen Gefühlskonfliktes, der für ihn selbst nicht ganz durchschaubar und unverständlich war. Dieser Konflikt tobte seit einigen Wochen mit äußerster Heftigkeit und Intensität, so daß es ihm trotz aller Versuche fast unmöglich war, sich auf seine berufliche Arbeit zu konzentrieren. Spontan entstand nun diese Phantasie, von der er das Gefühl hatte, daß sie niedergeschrieben und durchgearbeitet werden müßte. Danach verspürte er eine erhebliche Erleichterung. Wenn auch der Konflikt nicht gelöst war, so wich doch die ungeheure Spannung, die ihn vorher an der Arbeit gehindert hatte. In den Figuren der Erzählung sind deutlich seine eigenen Charakterzüge personifiziert und der zu diesem Zeitpunkt existierende Konflikt, wie auch die Suche nach einer Lösungsmöglichkeit, ohne daß ihm dies klar bewußt war. Sie ist in sehr kurzer Zeit (etwa einer Woche) als Idee aufgetaucht, verarbeitet und niedergeschrieben worden. Meines Erachtens bildet sie einen guten Abschluß unserer Reise durch das sich in der menschlichen Seele befindende Märchenland:

Einst in uralten Zeiten und noch hundert Jahre davor lebte unweit der großen Königsstadt Zuntrapez in einem kleinen Dorf am Meer ein junger Maler. Sein Vater war in demselben Ort Schmied gewesen, aber da der Sohn nicht so besonders kräftig in den Armen war und außerdem ein bißchen träumerisch veranlagt, beschloß er, lieber Bilder zu malen, die er von Zeit zu Zeit in der Stadt an die reichen Leute verkaufte. Viel verdiente er nicht damit, und so wohnte er in einer einfachen Hütte etwas außerhalb des Ortes zusammen mit seinen zwei Tieren, dem Raben Jakob und der Eule Manda. Jakob hatte er eines Tages als noch ganz kleines ängstlich piepsendes Federbündel im Walde gefunden unter einem Baum, in dem wahrscheinlich das Nest war, aus dem er herausgefallen war. Er hatte ihn mit nach Hause genommen und aufgefüttert, und Jakob blieb freiwillig und treu bei ihm, auch als er erwachsen war und für seinen Lebensunterhalt hätte allein sorgen können. Manda, die Eule, dagegen war etwa zwei oder drei Jahre später als schon erwachsener Vogel zu ihm gekommen, und das kam so: Sie hatte auf dem Feld eine Maus entdeckt, die gerade unter die Bohlen des Hauses flüchten wollte, und stürzte sich in raschem Flug auf sie. Dabei hatte sie unglücklicherweise den dünnen Draht eines Zaunes übersehen, den der Maler gerade einige Tage vorher gespannt hatte, und so fand er sie am nächsten Morgen mit gebrochenem Flügel vor seiner Tür liegen. Er nahm sie mit ins Haus, schiente ihr den Flügel und pflegte sie, bis sie wieder gesund war. Aus Dankbarkeit blieb sie nun auch bei ihm, und so lebten die drei glücklich und zufrieden in dem kleinen Haus dicht am Meer. Sie verstanden sich gut untereinander, denn durch einen Zufall war eines Tages eine alte Kiste ans Ufer geschwemmt worden, in der der Maler einige Bücher aus dem Nachlaß des berühmten Tierarztes Dr. Doolittle fand, und von denen war das eine ein vollständiges Lexikon der

Vogelsprache. Selbstverständlich lernte der Maler diese fleißig, und so konnte er sich bald mit Jakob, dem Raben, und Manda, der Eule, unterhalten. So erfuhr er auch, daß Manda eigentlich gar nicht Manda hieß, sondern Amanda. Bei dem schweren Sturz, den sie getan hatte, war sie aber so stark aufgeprallt, daß dieser erste weiche Vokal aus ihrem Namen herausgebrochen war; und alles spätere Suchen der drei nutzte nicht viel, sie fanden das A nicht wieder. Manda war recht traurig darüber, denn sie hatte gerade das A sehr gern gehabt und schielte auch manchmal etwas neidisch auf Jakob, dem das nicht hätte passieren können, da er seine beiden weichen und verletzlichen Vokale sorgfältig zwischen den stabileren Konsonanten eingepackt hatte. Mit der Zeit tröstete sie sich aber doch darüber, da sie ja noch zwei andere A's in ihrem Namen hatte.

Alles wäre gutgegangen mit den dreien, wenn nicht das ganze Land bereits seit geraumer Zeit von einer schrecklichen Plage betroffen worden wäre, und das kam so: Die Tochter des Königs, die junge, schöne und liebreizende Prinzessin, hatte durch ein allen unerklärliches Ereignis ihren Schatten verloren und war seit der Zeit zu einem recht sonderbaren Wesen geworden. Sie konnte überhaupt nichts mehr im königlichen Palast dulden, was etwas mit Schmutz zu tun hatte oder nicht ganz ordentlich war, und so lief sie den ganzen Tag umher und entfernte jedes Staubkörnchen, das sie irgendwo fand. Das ging so weit, daß ein alter Bediener sie einmal überraschte, wie sie in dem großen Krönungssaal mit den vielen Teppichen von jeder einzelnen der Teppichfransen den Staub entfernte und sie ganz ordentlich in einer Reihe ausrichtete wie die Soldaten der Leibkompanie. Zu einer richtigen vernünftigen Arbeit kam sie überhaupt nicht mehr. Das machte sie zwar recht traurig, aber weinen konnte sie auch nicht, genausowenig wie lachen, denn das hätte die Ordnung ihrer Kosmetik zerstört oder ihrer Frisur, für die sie auch viele Stunden am Tage brauchte, damit jedes einzelne Haar an seinem richtigen Platze lag. Auch mit den Kleidern war es so eine Sache, niemals konnte sie längere Zeit ein und dasselbe tragen, da es dann ja hätte ein wenig schmutzig sein können. Ihr Verbrauch an Schuhen war so groß, daß ihr Vater, der alte König, eine königseigene Schuhfabrik einrichtete, weil es viel zu teuer gewesen wäre, sie alle zu kaufen. Manche böswilligen Leute in der Stadt, wie zum Beispiel die Sozialdemokraten, glaubten nicht so recht an das mit dem Schmutz und sprachen hinter der vorgehaltenen Hand von ihr als Modepüppchen, das stolz und geltungssüchtig wäre, aber das stimmte gar nicht. Niemand war nämlich bescheidener und demütiger als sie, denn sie erfüllte ihrem Vater und auch allen anderen Menschen, die sie gern hatte, jeden Wunsch, und sei es auch der schlimmste für sie, und noch nie hatte sie dem alten König die Zunge rausgestreckt. Auch konnte sie sonderbarerweise den Geruch ihres eigenen Körpers nicht vertragen, obwohl der gar nicht schlecht war, und ließ sich jeden Morgen von ihrer Kammerdienerin eine ganze Flasche Parfum übergießen. Manche sehr sensiblen Leute fielen in Ohnmacht, wenn sie längere Zeit mit ihr in einem Raume waren, und mußten hinausgetragen werden. Einmal hatte die Prinzessin darüber den Kopf geschüttelt, aber das wagte sie dann auch nicht mehr, denn dabei hatte sich das siebenhundertsechsundfünfzigste Haar auf der linken Seite ihres Scheitels mit dem siebenhundertachtundfünfzigsten Haar verheddert, und die Zofe brauchte eine volle Stunde, um die beiden Haare wieder zu entwirren. Viele Freier waren schon bei ihr gewesen und hatten um ihre Hand angehalten, aber allen gab sie den Auftrag, daß sie ihr ihren Schatten wiederbrächten, der sich auf einer fernen Insel befinden sollte, und sie reisten auch alle nach dorthin ab, aber keiner kam wieder zurück. Es war schon schlimm mit dieser Prinzessin, und da sie als die junge Prinzessin und Erbin des Reiches dessen Fruchtbarkeit und Wachstum verkörperte, verdorrte auch das ganze Land. Die Obstbäume trugen keine Früchte mehr, die Kornähren auf den Feldern waren leer und taub, und anstelle von dicken Kartoffeln wuchsen nur ganz feine Würzelchen, die man nicht essen konnte.

So litt denn alle Welt Not und seufzte sehr, und auch der junge Maler litt Not und seufzte, denn die Leute in der Stadt kauften seine Bilder nicht mehr, weil sie viel Geld für Getreide aus dem Ausland bezahlen mußten. Manda, der Eule, tat das sehr leid, und so machte sie sich auf und flog eines Nachts heimlich in den Palast in die Schlafkammer der Prinzessin, weil sie hoffte, dort etwas zu erfahren. Sie hatte viel Glück, denn die Prinzessin hatte die Angewohnheit, im Schlaf zu reden, und so erfuhr denn Manda in der ersten Nacht einiges. Von da an flog sie jede Nacht zu der schlafenden Prinzession, und als sie siebenmal sieben Nächte bei ihr gewesen war, kannte sie die ganze Geschichte und erzählte sie dem jungen Maler:

In der Zeit, bevor die Krankheit ausbrach, war die Prinzessin ein lustiges junges Mädchen gewesen, das unter anderem auch recht neugierig war. Eines Nachts, als sie nicht einschlafen konnte, war sie aus ihrem Bett aufgestanden und durch die Zimmer des Palastes gegangen. Da hörte sie unten aus dem Keller ein fernes Rumoren, das danach klang, als ob da viele Leute miteinander sprachen. Neugierig, wie sie war, schlich sie die Kellertreppe hinunter und sah, wie aus den Türritzen des verbotenen Zimmers Lichtschein und Geräusche kamen. Dieses verbotene Zimmer hatte der Großvater des alten Königs schon abschließen lassen, weil es darin mitunter spuken sollte. In ganz frühen Zeiten waren die Könige von Zuntrapez nämlich nicht so kultiviert und gesittet gewesen, wie sie es heute waren, sondern sie waren ein Geschlecht von wilden Gesellen, die in Bärenfellen durch die Wälder zogen, furchtbar viel Gerstenbier tranken, sich rauften und mit den Mägden derbe Späße trieben. Ein bißchen davon merkte man sogar dem Vater der Prinzessin noch an. Diese alten Gesellen konnten wohl nicht so recht sterben, und so trieben sie in gewissen Nächten noch immer im Schloß ihre Spiele. Unsere Prinzessin aber näherte sich neugierig der Tür und spähte ein bißchen durch das Schlüsselloch, aber nur ein ganz kleines bißchen, denn das wilde Treiben dort erschreckte sie doch sehr. Als sie gerade wieder nach oben in ihr Zimmer eilen wollte, wurde plötzlich die Tür aufgerissen, und heraus trat einer der wildesten und schrecklichsten dieser Burschen, ein schon älterer Mann mit zerzaustem Bart und wüsten rotunterlaufenen Augen. Er hielt in der Hand ein großes scharfes Messer, das in dem Kerzenschein, der aus dem Saale drang, gefährlich glitzerte. Er packte das zitternde kleine Prinzeßchen und schrie: »Na, wen haben wir denn da!« Das Prinzeßchen konnte vor Angst gar nicht antworten und brachte kaum ihren Namen herausgestammelt. Kaum aber hatte der Fürst der Schlangen, denn so nannte man diesen Mann, den Namen gehört, als er in ein gellendes Gelächter ausbrach und schrie: »Wenn du nicht willst, daß ich morgen alles deinem Vater erzähle, wie ungezogen und neugierig du warst und daß du in das verbotene Zimmer gespäht hast, dann mußt du mir etwas schenken.« »Alles, alles, was ich habe, werde ich dir schenken«, flehte die Prinzessin, »und ich werde gleich hinauflaufen und dir meine liebste Puppe holen.« Da lachte der Böse wieder und schrie sie an: »Deine Puppe mag ich nicht, die kannst du ruhig behalten, aber ich will deinen Schatten haben.« »Meinen Schatten!« fragte die Prinzessin, »aber wie willst du den denn bekommen!« »So«, antwortete er und schnitt ihr mit einem großen Messer mit einem heftigen Ruck den Schatten dicht an der Ferse, dort, wo er beginnt, sich vom Körper zu trennen, einfach ab. Dann lachte er wieder laut und gellend, nahm den Schatten unter seinen Arm, verschwand wieder in dem Raum und knallte die Tür hinter sich zu. Die Prinzessin aber schlich traurig und beschämt in ihre Kammer zurück und konnte von dieser Zeit an nicht mehr froh werden. Sie hatte auch furchtbare Angst, denn jede Nacht erschien ihr der wüste Geselle wieder im Traum und bedrohte sie mit dem Messer, so daß sie schweißgebadet und mit Angstschreien aufwachte. »Vielleicht nimmt sie deswegen soviel Parfum«, sagte Manda, die immer praktisch dachte, »weil sie vor Angst soviel schwitzt«. Aber sie verbesserte sich gleich und sagte »transpiriert«, weil schwitzen sich für eine Prinzessin einfach nicht gehört. »Und wo hat der Fürst der Schlangen den Schatten der Prinzessin hingebracht!« fragte der Maler. Auch das wußte Manda, denn die Prinzessin hatte einmal in einer alten Chronik gelesen, daß der Fürst auf einer Insel weit entfernt im Meer tief unter einem Berg seine Wohnung hatte, und

184

zu dieser Insel schickte sie nun alle die Freier, die zu ihr kamen.

Als der junge Maler diese Geschichte gehört hatte, wurde er ganz weiß im Gesicht vor Wut und Zorn, denn obwohl er viel träumte, hatte er doch recht heftige Affekte. Sein ganzes Blut geriet in Wallung, und sein Herz pochte so laut in seiner Brust, daß die alte schwerhörige Witwe des Küsters, die zwei Häuser weiter entfernt an ihrem Tisch zu Abend aß, »Herein!« rief, weil sie glaubte, es hätte an ihre Tür geklopft. So beschloß er denn auch, auszuziehen und sein Glück zu versuchen, um den Schatten der Prinzessin wiederzuholen.

Am nächsten Tag begab er sich an den Hof des Königs, der etwas erstaunt aufsah, als er diesen sonderbaren Freier erblickte. Er war einfach angezogen, nicht in Samt und Seide, auf seiner Jacke sah man einige alte Farbkleckse, und die Hose hatte sogar einen großen Flicken. Er versprach der Prinzessin auch gar nichts weiter an großer Macht und Herrlichkeit und brachte ihr auch keine Reichtümer als Geschenke mit, sondern verlangte von dem alten König sogar noch das Reisegeld für eine Fahrkarte dritter Klasse zu der Insel. In der letzten Zeit waren seine Bilderverkäufe ja sehr schlecht gegangen, und als blinder Passagier zu fahren erschien ihm denn doch zu unwürdig. Der alte König seufzte tief, aber weil die Not doch so groß war im Lande und von den bisherigen Freiern noch nicht einer zurückgekommen war, so gab er denn dem jungen Maler seinen Segen und das Geld für die Fahrt in der dritten Klasse.

Noch am gleichen Nachmittag schiffte sich der Maler zusammen mit seinen zwei Tieren im Hafen von Zuntrapez ein. Vorher war er noch einmal kurz nach Hause gegangen, und weil er das in einem Märchen so gelesen hatte und er der Sohn eines Schmiedes war, schmiedete er sich drei eiserne Reifen um sein Herz, denn er dachte, daß er das vielleicht würde gebrauchen können. Auch klopfte das Herz noch immer so heftig voller Zorn in seiner Brust, daß sich die Leute auf der Straße nach ihm umdrehten, und er hielt die Reifen auch aus diesem Grunde für ganz angebracht.

Vierzig Tage lang fuhren sie auf See, durchschifften viele fremde Meere und sahen seltsame und unbekannte Küsten, bis sie endlich auf der Insel landeten, die der Fürst der Schlangen zusammen mit der Schattenprinzessin bewohnte. Kurz bevor sie landeten, flog Jakob voraus und zog Erkundigungen ein. So erfuhr denn der Maler schon, bevor er den Boden der Insel betrat, daß die Schattenprinzessin in einem kleinen verspielten Schlößchen wohnte, das in einem fruchtbaren Tal zwischen Weinbergen und Olivenhainen erbaut war. Sie wäre von einer dunklen faszinierenden Schönheit mit breiten weichen sinnlichen Lippen und langen blutigroten Nägeln. Bis in den tiefen Mittag hinein schlief sie meistens und sei überhaupt im Gegensatz zu ihrer hellen Schwester furchtbar faul, liege fast den ganzen Tag auf dem Divan herum, rauche schwere süßliche Zigaretten und nehme berauschende Tränke zu sich. In der Nacht aber, so erzählte man sich im Orte, verschwinde sie im Berge, den der Fürst der Schlangen bewohnte. Mit den Männern und Jünglingen aber, die gekommen wären, sie zu erlösen, seien ganz schreckliche und scheußliche Dinge geschehen. Jeder von ihnen wäre zunächst sehr freundlich von ihr empfangen worden. »Guten Tag, mein Lieber«, pflegte sie zu sagen, »was verschafft mir die Ehre deines Besuches?« Wenn er ihr dann sagte, daß er gekommen wäre, sie zu holen, so ging sie scheinbar darauf ein. »Aber«, so sagte sie, »nur in der Nacht, wenn das Jahr wechselt, kann ich dir folgen und die Insel verlassen. Bleibe solange hier bei mir, und wir wollen uns die Zeit schon vertreiben.« So blieben denn die dummen Freier einfach bei ihr, ließen sich von ihr Süßigkeiten und Näschereien vorsetzen und tranken mit von ihren Rauschtränken, bis sie der dunklen Schönheit in einer glühenden Faszination verfallen waren. Sie machte sie so dumm und blind, daß sie gar nicht mehr recht wußten, was sie taten, und wenn der Abend hereinbrach, so führte sie jeden in ein reich ausgestattetes Schlafgemach, wusch ihn mit Salben und Spezereien und versprach ihm, daß sie beieinander liegen würden und sich herzen und küssen wollten die ganze Nacht lang. Dann aber schob sie dem in blindem

Wahn berauschten Mann eine große Gummipuppe ins Bett, so eine, wie man sie kleinen Babys zu geben pflegt, damit sie damit spielen, und die quietscht, wenn man ordentlich draufdrückt. Sie selbst aber verschwand und eilte zu dem Fürsten der Schlangen, wo sie bis zum Morgengrauen verblieb. Es war sehr komisch anzusehen für einen Unbeteiligten, wie der arme Freier die Nacht lang mit seiner Gummipuppe im Arm lag, sie herzte und küßte, streichelte und schmuste, und jedesmal, wenn sie quietschte, verging sein Herz in Entzücken, denn er hielt das für Liebesworte und ewige Schwüre. Das aber wiederholte sich jede Nacht, während die dunkle Prinzessin am Tage jetzt ein ganz anderes Wesen herauskehrte. Sie war nicht mehr freundlich und liebevoll zu ihnen, sondern die Ärmsten mußten laufen, rennen und schwitzen, um alle ihre Wünsche zu erfüllen. Sie ließ sie die Fliesen des Palastes scheuern, ließ sich die Karosse zur Verfügung stellen, um Lustfahrten zu machen, während sie mühsam ihren Garten umgruben, und alle Wege, die sie zu machen hatte, ließ sie von ihnen erledigen, als ob sie ihre Lakaien wären. Wenn aber die Stunde geschlagen hatte, in der ein Freier sie heimführen wollte, die Nacht, in der das Jahr wechselte, dann verwandelte sie ihn auf eine bisher noch unerklärliche Weise in ein Tier. Diese Tiere liefen zum Teil noch auf der Insel herum und führten dort ein kümmerliches Leben, zum Teil waren sie aber auch schon von ihren betrübten Angehörigen wieder abgeholt worden, und niemand konnte diesem Unwesen ein Ende bereiten, denn der alte Zauberer im Berge war ein viel zu mächtiger Mann.

Einen Prinzen zum Beispiel hatte sie in einen Hahn verwandelt. Er war in seinem Leben schon immer sehr geltungssüchtig gewesen, hatte den Pomp geliebt und die Titel und war hinter den Schürzen hergelaufen. Keine Magd im Palast war vor ihm sicher gewesen. Nun war er ein Hahn, und als solcher krähte er noch immer so großartig umher und brach in fremde Hühnerhöfe ein, schäkerte mit den Hennen und stritt sich mit den anderen Hähnen, daß ihn die Frau des Bürgermeisters schließlich gegriffen und in einen Käfig eingesperrt hatte. Sie war nämlich eine

Frau, die streng auf Schicklichkeit hielt, und hätte es am liebsten sogar den Stubenfliegen verboten, sich zu paaren. Ein anderer Prinz, ein ganz junger noch, den hatte sie zu einem Hund gemacht, einen von jener Sorte mit den großen Schlappohren, die immer soviel sabbern, und er lag viele Tage heulend und winselnd vor der Tür des Schlößchens, kratzte an der Schwelle und jammerte, daß es einen Stein erbarmt hätte, bis endlich seine alte Mutter kam und ihn betrübt an einer Leine fortzog. Einen dritten endlich hatte sie in einen Enterich verwandelt, der ruderte ununterbrochen schnatternd immer im Kreise auf ihrem Parkteich umher und war sogar so mit dem Schnattern beschäftigt, daß er gar nicht dazu kam, sich sein Futter zu suchen, und von den paar Brotkrümeln lebte, die ihm die Prinzessin ab und zu aus Langeweile zuwarf.

So standen also die Dinge auf der Insel. Nachdem der junge Maler diesen Bericht von Jakob erhalten hatte, dankte er Gott im Himmel, daß er auf die Idee mit den Reifen um sein Herz gekommen war, denn jetzt wäre es ihm doch sonst zersprungen. Dann aber verfiel er in tiefes Nachdenken und beschloß, zunächst auf keinen Fall bei der Prinzessin im Schloß zu wohnen und auch nichts von ihren Speisen und Getränken anzunehmen. So blieb er denn fest, als er vor ihr stand, obwohl ihre dunkel glühende Schönheit auch sein Herz begeisterte und die drei Reifen etwas knarrten und ächzten, so weit dehnte es sich vor Sehnsucht aus. Sie war sehr freundlich zu ihm und versprach auch ihm, in der Nacht, in der das Jahr wechselt, mit ihm zu ziehen, und bot ihm Früchte und Getränke an. Er nahm aber nichts davon, sondern erklärte, er wolle dann solange warten. Auch das Quartier im Schloß schlug er aus mit der Ausrede, daß es doch wohl zu vornehm für ihn sei, und er mietete sich weiter unten am Meer eine kleine Hütte, in der er mit seinen beiden Tieren die Zeit abwartete und solange fleißig malte.

Die Prinzessin war erstaunt und auch etwas verärgert über sein Verhalten, denn so bekam sie ihn ja nicht in ihre Gewalt und konnte nicht ihre Possen mit ihm treiben. »Wenn er nicht zu mir kommt«, dachte sie, »so muß ich wohl zu ihm gehen«, und

nahm sich eine Einholtasche voll mit Näschereien und Rausch-
getränken und wanderte hinunter in sein Häuschen. So oft sie
aber auch hinging, es blieb alles erfolglos. Er war zwar immer
freundlich zu ihr, und sie unterhielten sich auch beide, aber von
ihren Gaben nahm er nichts an und ließ sich auch nicht von ihr
schikanieren oder zu minderen Arbeiten, die sie besser hätte
selber machen sollen, anstellen. Zuerst versuchte sie es zwar,
aber sie merkte bald, daß es wenig Zweck hatte, und nur hin
und wieder erwies er ihr eine kleine Aufmerksamkeit oder Ge-
fälligkeit, weil er der Ansicht war, daß sich das bei einer Dame
so gehöre. Dabei war sie ja eigentlich gar keine richtige Dame,
aber der Maler machte wohl keine solchen Unterschiede wie
den zwischen einer richtigen und einer falschen Dame, jedenfalls soweit nicht, wie es sein eigenes Verhalten anbetraf.

So verging denn das Jahr, und als die Nacht gekommen war,
in der das alte Jahr dem neuen auf Wiedersehen sagte, ging er
mit seinen beiden Tieren hoch zum Schloß, um die Prinzessin
zu fordern. Ein bißchen ängstlich war ihm wohl zumute, da er
wußte, was den anderen geschehen war in dieser Nacht. Die
Prinzessin stand angetan in ihren schönsten Gewändern in dem
großen, hellerleuchteten Saal ihres Schlosses und hielt in den
Händen eine Schale des schönsten Obstes. Sie neigte ihr Haupt
vor ihm und sprach: »Mein Herr und Gebieter. Ich will mit dir
gehen, so wie es das Schicksal bestimmt, aber ehe wir reisen,
nimm von diesen Früchten meines Gartens, damit ich sehe, daß
du mir wohlgesinnt bist.« Der junge Maler aber, des Schicksals
all der anderen eingedenk, hörte auf die Warnung von Manda,
die in dem zur Erde geneigten Gesicht der Prinzessin ein hämi-
sches Lächeln gesehen hatte, und er schlug ihr mit der rechten
Faust die Schale aus den Händen, so daß sie zerbrach und die
Früchte über die Erde rollten. Die Prinzessin wurde weiß im
Gesicht vor Wut und Schmerz. Der Arm des Malers aber, mit
dem er die Früchte berührt hatte, veränderte seine Haut, und es
begannen Schweineborsten auf ihm zu sprießen. Da legte der
Rabe seinen Flügel über den Arm, und anstatt in einen Schwei-
nelauf verwandelte sich der Arm in einen Rabenflügel. »So

189

warte noch ein weiteres Jahr, du Narr«, schrie die Prinzessin und verwandelte sich selbst in einen grauen Wolf, der aus dem Saal jagte, zum Berge hin, wo der dunkle Fürst wohnte. Manda aber flog ihr nach, und da sie so gut im Dunkeln sehen konnte, fand sie auch den Weg hinter dem Wolf her durch all die Gänge und Kammern des Berges bis in den Saal des Fürsten.

Er thronte dort auf einem riesigen Krebs mit furchtbaren Scheren, zu seinen Füßen hockte eine scheußliche Spinne, so groß wie ein Schäferhund, und die Säulen des Raumes waren lebende Schlangen, die ununterbrochen ihr Zischen ertönen ließen. Die in eine Wölfin verwandelte Prinzessin warf sich weinend zu seinen Füßen und erzählte ihm, was geschehen war, er aber ergriff eine Peitsche und schlug sie so lange, bis sie blutete, und dann schrie er sie an: »Du Hure! Habe ich dich nicht verwöhnt und dir alles gegeben, damit du lügst und betrügst und die Menschen verführst? Ist nicht der breite goldene Reif, den du an deinem rechten Arm trägst, sind nicht alle die Pelze und schönen Kleider, die ich dir gab, mein Lohn für deine Bosheit? In welche Gefahr bringst du mich? Wenn jemals einer kommt, der dir sieben Jahre die Früchte verweigert, die das Gift enthalten, die ihn zum Tiere machen, dann muß ich sterben. Strenge dich an, du jämmerliche Dirne, und bringe ihn mir im nächsten Jahr zum Opfer, dann brauchst du nichts mehr zu tun, und ich werde dir in jedem Monat so viele Goldstücke geben, als du begehrst.«

Manda hatte genug gehört und flog zurück zu dem kleinen Häuschen am Meer, wo der Maler, dessen rechter Arm nun ein Rabenflügel war, zusammen mit Jakob traurig saß und über das Meer in die Ferne sah. Als sie das gehört hatten, was Manda ihnen erzählte, schöpften sie wieder Hoffnung und blieben ein weiteres Jahr auf der Insel. Er malte nun mit der linken Hand, aber das ging nicht mehr so besonders gut, und er mußte sich sehr mühen. Die Prinzessin aber kam in ihrer Angst fast jeden Tag in immer neuen und raffinierteren Kleidern, ja manchmal erschien sie sogar ohne Büstenhalter, damit sich ihre jungen straffen Brüste um so deutlicher unter dem Kleid oder der Bluse abhoben. Auch brachte sie alles an Leckereien, was das Herz der Menschen begehren könnte, aber er lehnte alles ab und lebte weiter wie zuvor. Auch in der nächsten Neujahrsnacht geschah das gleiche, nur daß er ihr diesmal die Schale mit der linken Hand zu Boden schlug, und jetzt auch sein linker Arm zu einem Rabenflügel wurde. Wieder verwandelte sie sich in einen Wolf und eilte zu dem Fürsten der Schlangen, der sie furchtbar schlug und bedrohte, aber als sie zurückkehrte und erschöpft in tiefen Schlaf gesunken war, da hatte sie einen Traum:

Sie befand sich in einem großen Theater, auf dessen Bühne aller Tand und Flitter des Jahrmarkts unserer Eitelkeiten vorüberzogen. Aber alles Gold und alle Edelsteine, alle Pelze und Karossen erschienen ihr leer und hohl, und sie verließ das Theater und ging durch die Nacht, bis sie zu einem Zaun kam. Durch eine Tür ging sie auf die Straße, die hinter dem Zaun lag, und traf dort den jungen Maler. Er erschien ihr schön und liebenswert, und sie trat ohne Angst zu ihm. Da wurde sie plötzlich von einem großen grauen Wolf angefallen, demselben, in den sie sich selbst noch in der Nacht verwandelt hatte. Der junge Maler aber stürzte sich auf das Tier. Er kämpfte mit ihm, drückte ihm die Augen aus und erwürgte es schließlich. Da war sie gerettet.

Sie erwachte mit einem sehr glücklichen Gefühl im Herzen, und als sie am nächsten Tag in das Haus des Malers ging, da merkte sie, daß sie anfing, ihn gern zu haben.

Von jetzt an begann sie sich zu ändern. Irgend etwas in ihr begann, dem Jüngling bei seiner Aufgabe zu helfen, und sie brachte es sogar zeitweise fertig, schon morgens früh um neun Uhr aufzustehen und den Weg hinunter zum Meer zu gehen. Er war jetzt recht schlecht dran, der junge Mann, denn beide Arme waren nicht mehr zu gebrauchen, um Stift oder Pinsel zu halten und zu führen. Trotzdem ließ er sich nicht ganz entmutigen. Er nahm den Pinsel in den Mund und zog sorgfältig und langsam mit den Bewegungen seines Kopfes die Linien auf dem Papier oder der Leinwand. Da er immer wieder an die Prinzessin denken mußte, wurden es zuerst nur sehr kleine, fast starre, puppenhafte Mädchengesichter mit einem offenen Busen, auf dessen Spitzen er auf jeder Seite statt Brustwarzen ein kleines Herz malte. Vielleicht dachte er bei sich, daß diese Stelle, wo das Weibliche fruchtbar, nährend und spendend wird, bei seiner Prinzessin etwas mehr mit dem Herzen verknüpft werden sollte als mit ihren Lüsten. Sehr ungeschickt, starr, leblos und kindlich sahen diese Figuren aus, aber ein kleines bißchen ahnte man durch sie hindurch die Buntheit, Fülle und Plastizität seines Talentes.

Langsam vergingen so die Jahre. Jeden Tag kam die Prinzessin weiterhin hinunter zu ihm ans Meer. Ihre Kleider waren einfacher geworden und dadurch vornehmer und eleganter, ihre Nägel waren nicht mehr so blutig rot, und man sah ihnen manchmal sogar an, daß sie dem Maler geholfen hatte, seine Wohnung aufzuräumen und sauberzumachen. Auch spielte sie jetzt öfter mit einem kleinen Mädchen aus dem Dorf unten am Strande, und ihr fröhliches Gekreisch, wenn sie sich jagten und haschten, drang hinauf zu dem Maler, der immer mehr zum Raben wurde. Jedes Jahr nämlich, in der Neujahrsnacht, trat sie wieder mit der Schüssel voll Obst vor ihn. Im dritten Jahr zertrat er die Schale mit dem linken Fuß, im vierten mit dem rechten, und seine beiden Beine wurden zu Rabenklauen. Im fünften Jahr warf er sie ihr mit der Hüfte aus der Hand und im sechsten mit der Schulter. Jedesmal wendete der Rabe die Gefahr ab, daß er zu einem plumpen Schwein wurde, und gab ihm seine eigene Gestalt, so daß im siebten Jahr nur noch der Kopf seine menschliche Herkunft verriet.

Während aber der Maler sich so in einen Raben verwandelte, geschah ein umgekehrter Vorgang bei der Prinzessin. Es gelang ihr von Jahr zu Jahr schwerer, sich nachts in die Wolfsgestalt zu verwandeln, und ihre menschliche blieb immer mehr erhalten. Da der Fürst der Schlangen aber nur über die Wolfsgestalt Gewalt hatte, verlor er allmählich seine Macht über sie. Immer wütender, hilfloser und ängstlicher tobte er in seiner Höhle herum und fing an, sich selbst Strähnen von Haaren aus seinem Bart zu reißen.

Auch im fernen Zuntrapez geschahen sonderbare Dinge. Des alten Königs Töchterlein hörte auf, die Teppichfransen zu ordnen, wusch sich nicht mehr so furchtbar oft die Hände, und manchmal roch sie nachdenklich an der Haut ihrer Arme, und ihr eigener Geruch kam ihr gar nicht mehr so schlecht vor, was sie denn auch dazu veranlaßte, ihren Parfumverbrauch deutlich zu vermindern. Eine Tatsache, die auch der Staatskasse sehr zum Vorteil gereichte. Sie war auch nicht mehr so übergefügig und fing an, manchmal nein zu sagen, und einmal wagte sie es sogar, dem alten König, ihrem Vater, zu widersprechen, was natürlich am nächsten Tage von allen Zeitungen in Zuntrapez mit schlecht verhehlter Schadenfreude in großer Aufmachung berichtet wurde.

Als sich nun die Neujahrsnacht zum siebenten Male jährte, da stand der Maler wieder vor der Prinzessin und sah mit traurigen Augen auf die Schale der Früchte in ihren Händen. Diesmal gschah es ihm, daß der Zweifel sein Herz packte und er mutlos wurde. Sein Verstand sagte ihm, daß es so etwas ja gar nicht geben könne auf dieser Erde, wie die Erlösung dieser Prinzessin, und daß er umsonst seine menschliche Existenz aufgebe, daß ihm keine Antwort würde in der Wüste seiner Sehnsucht, und er fühlte sich einsam und allein wie nie zuvor. Doch etwas war da in ihm, das stärker war als er und das ihn bewog, seinen Kopf zu heben und mit voller Kraft gegen die Schale zu stoßen. So schloß er sich aus aller menschlichen Gemeinschaft aus und wurde zum Raben. In dem Augenblick aber, in dem sein menschliches Gesicht sich wandelte in das des Tieres, da brach der Berg zusammen, und der dunkle Fürst der Schlangen starb seinen Tod. Im Hafen aber lag ein Schiff unter vollen Segeln, das die Prinzessin bestieg, um nach Hause zu fahren. Um seine Masten kreisten drei Vögel und begleiteten es bis kurz vor die Küste von Zuntrapez. Dort herrschte eitel Freude, und alle Glocken läuteten zu ihrer Heimkehr, und als sich die beiden bei der Begrüßung umarmten, die dunkle und die helle

193

Prinzessin, da verschmolzen sie wieder in eins, und aus der leblosen Modepuppe wurde eine natürliche junge Frau. Das Schiff aber hatte für die Heimfahrt (und auch dieses gehört zu den vielen Wundern dieser Geschichte) anstatt vierzig Tagen nur vier gebraucht.

In der Nacht ihrer Heimkehr aber saßen die drei Tiere in der Hütte des Malers auf einer Stuhllehne zusammen. Jakob schlief, der Rabe aber, der ehemals der Maler war, konnte nicht schlafen, und auch Manda schlief nicht, weil das bei Eulen so üblich ist, daß sie nachts wach sind. »Warum nur«, fragte der Maler, »hat Gott es zugelassen, daß ich zum Raben wurde? War nicht meine Aufgabe gut, war mein Handeln nicht anständig und mein Herz nicht rein?« Manda klappte mit den Augenlidern und sagte nach einer kleinen Pause: »Ich glaube, du hast gegen die Natur der Liebe gehandelt. Die Prinzessin liebte dich, und du liebtest sie, und trotzdem hast du immer sie und ihre Früchte zurückgewiesen, obwohl alles in dir sie begehrte. Das ist unmenschlich, und deshalb bist du jetzt ein Rabe.« Nachdenklich wetzte der Maler seinen Schnabel an der Stuhllehne. »Wenn ich sie aber genommen hätte, dann wäre ich jetzt ein Schwein.« »So ist es«, sagte Manda, »das geht wohl euch Menschen immer so, daß ihr in Situationen kommt, wo ihr nicht anders könnt, als zu Schweinen oder Raben zu werden.«

Gerade, als sie das gesagt hatte, ging die Tür auf, und die Prinzessin kam herein. Sie hatte verwuscheltes Haar, und ihre Hände rochen nach Erde und sogar ein wenig nach Dünger; denn sie hatte gleich ihren Garten hinter dem Schloß umgegraben, damit das Land wieder fruchtbar würde. Dem Maler aber gefiel sie so noch viel besser als vorher. Sie stand vor ihm, und als sie ihn sah in seiner Tiergestalt, da verspürte sie in ihrem Herzen ein Gefühl, das sie vorher noch nie gekannt hatte und das die Menschen Mitleid oder Erbarmen nennen. Es wurde so stark in ihr, daß es ihren gekränkten Stolz überwand und daß sie weinen konnte. Diese Tränen der Vergebung aber, die auf das Gefieder des Raben tropften, verwandelten ihn wieder zurück in einen Menschen, so daß sie alle glücklich waren, und *die Bilder, die er danach malte – sie waren erst seine eigentlichen. Merkwürdigerweise fand sich in diesem Augenblick auch das so lange verlorene A von Mandas Namen wieder. Es hatte sich unter einem der Reifen verklemmt, die der Maler jetzt von seinem Herzen abnehmen konnte, und niemand wußte, wie es dahin gekommen war. Keine freute sich mehr darüber als »A«manda selbst.*

Ein Deutungsversuch dieser Erzählung kann hier nur die großen Handlungszüge berühren, ohne auf die Vielzahl der Einzelheiten einzugehen. Es handelt sich ganz offensichtlich um ein Schattenproblem. In der Psychologie C. G. Jungs versteht man unter dem Schatten die Personifikation der Inhalte, die während unseres Lebens als minderwertig oder böse empfunden und daher nicht zugelassen, verdrängt oder verworfen werden. Im kollektiven Aspekt ist es »die allgemein-menschliche dunkle Seite in uns, die jedem Menschen innewohnende strukturelle Bereitschaft zum Minderwertigen und Dunklen«[8]. Dieser Schatten wird in unserem Märchen durch den Fürst der Schlangen dargestellt, und das in ihm verkörperte Problem reicht deutlich erkennbar über mehrere Generationen hinweg. Tatsächlich hatte in der Familie dieses Mannes bereits in der Eltern- und Großeltern-Generation eine starke Tabuierung von Sexualität und Aggressivität stattgefunden, die noch über das in der damaligen Zeit übliche Maß hinausging. Hierdurch wurde ein beträchtliches Stück unbekümmerter Vitalität und Chthonik ins Unbewußte abgedrängt. Die Prinzessin als der weibliche Aspekt des Erzählers beinhaltet psychologisch seine Gefühlsseite, die bereits in der Kindheit unter dem Einfluß dieser Situation in eine erhebliche Gespaltenheit geraten war. Dadurch, daß alle dunklen Gefühle in den unbewußten Bereich des Schattens gefallen waren, entstand in seinem Leben jene sterile Ordnung, die unproduktiv und leer war, und eine Zerrissenheit der Gefühlswelt. Das Märchen entwickelt nun einen Lösungsweg dieser Problematik. Die Figur des Malers verkörpert eine neue musische Seite, die von dem mehr rational orientierten Mann wenig gelebt wurde. Nur von dieser

Figur her, die einfach und anspruchslos den aus dem Unbewußten auftauchenden Gestaltungen dient, kann die Erlösung
kommen. Die Passivität des Maler-Heros, dessen Stärke vorwiegend im Ertragen und Erleiden übermächtiger Kräfte liegt,
entspricht der einsetzenden Individuation der zweiten Lebenshälfte. Der in dieser Analysensituation begangene Weg nach
innen besteht in einer Erfahrung seiner eigenen Dunkelheit,
die er nach der Fahrt über das Meer, das heißt ins Unbewußte,
erlebt. Er muß all das ertragen können, was in der dunklen
Tiefe seines Wesens liegt, muß sich davon ergreifen und von
ihm wandeln lassen. Diese Wandlung wird hier dargestellt
durch eine allmähliche Schwärzung und einen Übergang in den
animalischen Bereich. Das bedeutet, daß das Ich vorübergehend von einer dunklen, negativen Ideenwelt erfaßt wird. Die
beiden Vögel, die hilfreichen Tiere, symbolisieren als geflügelte Wesen solche Ideen oder Phantasien. Als Eule und schwarzer Rabe gehören sie einerseits zur Nacht- und Dunkelseite
des Lebens, andererseits sind sie auch Vögel der Weisheit.
Wissen aber erwirbt nur derjenige, der auch die dunkle Seite
des Menschen zutiefst erfahren hat.

Anmerkungen

Die symbolische Sprache des Märchens

1 Deutsche Märchen seit Grimm. Hrsg. von P. Zaunert
2 Nordische Volksmärchen. Hrsg. von F. v. d. Leyen und P. Zaunert
3 Es war einmal. Märchen der Völker. Hrsg. von S. v. Massenbach
4 Inselmärchen des Mittelmeeres. Hrsg. von F. Karlinger
5 C. G. Jung: Über psychische Energetik und das Wesen der Träume
6 M.-L. v. Franz: Bei der schwarzen Frau
7 H. v. Beit: Das Märchen
8 M.-L. v. Franz: Bei der schwarzen Frau
9 W. Laiblin: Der wilde Mann und der goldene Vogel
10 A. Jaffé: Bilder – Symbole aus E.T.A. Hoffmanns Märchen »Der goldene Topf«
11 B. Bettelheim: Kinder brauchen Märchen
12 V. Kast: Märchen als Therapie
13 Reihe »Weisheit im Märchen«
14 H. Dieckmann, Der blaue Vogel
15 Kinder- und Hausmärchen. Hrsg. von F. v. d. Leyen
16 F. v. d. Leyen: Die Welt der Märchen
17 Pantschatantra
18 Das Papageienbuch
19 C. G. Jung: Die Lebenswende; vgl. auch: H. Dieckmann, Probleme der Lebensmitte
20 E. Jung: Ein Beitrag zum Problem des Animus
21 H. Dieckmann: Probleme der Lebensmitte
22 M. Lüthi: Das europäische Volksmärchen
23 Apuleius: Amor und Psyche
24 C. G. Jung: Psychologische Typen
25 Eine ausführliche Deutung dieses Märchens findet sich bei H. von Beit: »Symbolik der Märchen« Band I, S. 337 ff., der ich auch diese Kurzfassung entnommen habe.
26 Man könnte nun davon ausgehen, daß dieser Typ Märchen vom König mit seinen drei Söhnen besonders ergiebig für Typenprobleme ist. Leider trügt diese Annahme, und es ist ein außerordentlich schwieriges und vielschichtiges Unterfangen, Märchen und psychologische Funktionstypen in eine Beziehung zu bringen. Es bleibt in der Regel offen, welche der vier Funktionen dem Heros zuzuordnen ist. Das gleiche gilt für den Einstellungstyp, da man selten von einem rein intro- oder extravertierten Heros sprechen kann, sondern dieser im Verlaufe seiner Quest sowohl Introversions- als auch Extraversionsphasen zu

durchlaufen hat. In dem erwähnten Märchen von den drei Federn muß der jüngste Sohn auf der Stelle sitzenbleiben und nach unten in die Erde gehen, während seine Brüder zur Lösung der Aufgabe nach Osten und Westen reiten können. Wir würden also sagen, daß er introvertiert. Auf der anderen Seite aber extravertiert er auch wieder, insofern, als er seine von der Kröte erhaltenen Schätze: Teppich, Ring und Anima, nach außen in die Auseinandersetzung mit den beiden Brüdern bringt und sich in dieser durchsetzt. Weder sein Verhalten noch die Symbolik geben dagegen einen Aufschluß über seinen Funktionstypus. Man könnte annehmen, daß er als Dummling ein minderwertiges Denken hätte, und tatsächlich wird auch über ihn in puncto Denken nichts gesagt; er sitzt traurig neben seiner zu Boden gefallenen Feder (Fühlen). Er sieht die Tür, die in den Boden zur Höhle der Kröte (Empfindung) führt, und schließlich ist auch die Intuition angesprochen durch die Möglichkeit der Verwandlung einer unscheinbaren Rübe in eine vornehme Kutsche mit Prinzessin. Seine beiden Brüder denken zwar, daß der Dummling nichts Vernünftiges zustandebringt, und geben sich keine Mühe bei der Suche nach den Werten, aber ihr Denken erscheint so auch recht minderwertig, und sie werden nicht einmal klug nach ihren ersten Niederlagen. So ist man irgendwo geneigt, das bessere Denken auch ohne ausdrückliche Erwähnung dem Dummling zuzuschreiben. Es bleibt meines Erachtens in diesem Märchen völlig offen, welche Funktion durch den Heros ins Bewußtsein gebracht werden soll, und das Märchen dokumentiert eigentlich nur die grundsätzliche Frage der Entwicklung einer minderwertigen Funktion.

Es ist aber keine eindeutige Regel, daß dem Märchenheros keine bestimmte Funktion zugeordnet ist, sondern es gibt auch Märchen, in denen das unübersehbar ist. In dem von mir ausführlich interpretierten orientalischen Märchenzyklus »Die Geschichte des Lastträgers und der drei Damen« ist der Heros der Geschichte des zweiten blinden Bettlers ein ausgesprochener Denktyp (H. Dieckmann: Individuation in Märchen aus 1001-Nacht). Er muß sich, wie ich beschrieben habe, noch der Entwicklung seiner auxiliaren Empfindungsfunktion mit seinem undifferenzierten Fühlen konfrontieren, eine Funktion, an deren Integrierung er schließlich auch scheitert. So läßt das Märchen selbst in bezug auf die Differenzierung des Typenproblems etwas offen, was aber von seiten des Menschen, der ein bestimmtes Märchen wählt, in einigen Fällen beantwortet werden kann, worauf ich in dem Kapitel über das Lieblingsmärchen noch zurückkommen werde. Ich habe dieses Problem ausführlich in einer anderen Arbeit untersucht (H. Dieckmann: Typologische Aspekte in Lieblingsmärchen).

27 Altägyptische Märchen. Hrsg. von F. v. d. Leyen

Märchen für Kinder?

1 E. Cassirer: Philosophie der symbolischen Formen
2 W. Pauli: Der Einfluß archetypischer Vorstellungen auf die Bildung
naturwissenschaftlicher Theorien bei Kepler
3 GEO – Wissen Nr. 2. v. 7. 5. 1990
4 W. Hauff: Sämtliche Werke
5 W. Keller: Und die Bibel hat doch recht
6 H. Traxler: Die Wahrheit über Hänsel und Gretel
7 D. Chaplin: Das ärztliche Denken der Hindu
8 Kinder- und Hausmärchen. Hrsg. von F. v. d. Leyen
9 F. Schiller: Die Weltweisen
10 M. Lüthi: Das europäische Volksmärchen
11 Nordamerikanische Indianermärchen, Hrsg. von G. A. Konitzky
12 Russische Volksmärchen. Hrsg von F. v. d. Leyen
13 R. A. Spitz: Die Entstehung der ersten Objektbeziehungen
14 L. Lévy-Bruhl: Die geistige Welt der Primitiven.

Märchenmotive in Träumen und Phantasien

1 S. Freud: Märchenstoffe in Träumen
2 O. Rank: Das Inzestmotiv in Dichtung und Sage
3 C. G. Jung: Psychologische Typen
4 Kinder- und Hausmärchen. Hrsg. von F. v. d. Leyen
5 Südamerikanische Indianermärchen. Hrsg. von Th. Koch-Grünberg
6 K. Rasmussen: Die Gabe des Adlers
7 L. Lévy-Bruhl: Die geistige Welt der Primitiven
8 Andersens sämtliche Märchen
9 F. de la Motte Fouqué: Undine
10 W. Y. Evans-Wentz: Das tibetanische Buch der großen Befreiung
11 E. Harding: Das Geheimnis der Seele
12 M.-L. v. Franz: Das Böse im Märchen
13 Andersens sämtliche Märchen
14 Deutsche Märchen aus dem Donauland. Hrsg. von P. Zaunert
15 J. L. Borges: Einhorn, Sphinx und Salamander
16 Deutsche Märchen aus dem Donauland. Hrsg. von P. Zaunert
17 H. Dieckmann: Individuation im Märchen aus 1001-Nacht
18 Homers Odyssee

Das Lieblingsmärchen der Kindheit

1 C. G. Jung: Psychologische Typen
2 H. Dieckmann: Typologische Aspekte im Lieblingsmärchen
3 J. Gebser: Ursprung und Gegenwart
4 E. Neumann: Das Kind
5 H. Dieckmann: Magie und Mythos im menschlichen Unbewußten
6 Andersens sämtliche Märchen
7 E. Jung: Die Anima als Naturwesen
8 J. W. v. Goethe: Der Fischer
9 W. Hauff: Sämtliche Werke, Bd. 4
10 C. G. Jung: Psychologische Typen
11 H. Dieckmann: Das Lieblingsmärchen der Kindheit als therapeutischer Faktor in der Analyse
12 G. Adler: Methods of Treatment in Analytical Psychology
13 C. G. Jung: Die transzendente Funktion
14 H. Dieckmann: Komplexe und ihre Bedeutung in Diagnostik und Therapie
15 W. Hauff: Sämtliche Werke, Bd. 4
16 H. Dieckmann: Typologische Aspekte im Lieblingsmärchen
17 O. Graf Wittgenstein: Das Reifungserleben im Märchen

Die Identifikation des Patienten mit dem Heros oder der Heroine des Märchens

1 U. Baumgardt: König Drosselbart und C. G. Jungs Frauenbild
2 R. Blomeyer: Symbole: Einstellungen – Definitionen – Wirkungen
3 J. Hillman: Selbstmord und seelische Wandlung
4 V. Kast: Weibliche Werte im Umbruch
5 H. Dieckmann: Dogma und freier Geist
6 M.-L. v. Franz: Bei der schwarzen Frau
7 H. v. Beit: Symbolik des Märchens
8 E. Jung: Ein Beitrag zum Problem des Animus
9 Dänische Volksmärchen
10 Schwedische Volksmärchen
11 In veränderter Form habe ich die Falldarstellungen bereits 1974 in der Praxis der Psychotherapie, Bd. XIX 1, S. 27–37 publiziert
12 E. Neumann: Umkreisung der Mitte
13 W. Alex: Depression in Women
14 E. Jung: Der Großinquisitor. Ein Beitrag zum Archetyp des Großen Vaters
15 E. Berne: Spiele der Erwachsenen
16 H. Dieckmann: Das Lieblingsmärchen der Kindheit als therapeutischer Faktor der Analyse

Grausamkeit im Märchen

1 Altägyptische Märchen
2 Kinder- und Hausmärchen. Hrsg. von F. v. d. Leyen
3 J. Bilz: Märchengeschehen und Reifungsvorgänge unter tiefenpsychologischen Gesichtspunkten
4 M. Eliade: Schamanismus und archaische Ekstasetechnik
5 C. G. Jung: Die Visionen des Zosimus
6 H. Dieckmann: Der Wert des Märchens für die seelische Entwicklung des Kindes
7 H. Dieckmann: Märchen und Träume als Helfer des Menschen
8 Russische Volksmärchen
9 Japanische Märchen. Hrsg. von F. v. d. Leyen
10 Französische Volksmärchen. Hrsg. von F. v. d. Leyen und P. Zaunert
11 Deutsche Märchen aus dem Donauland. Hrsg. von F. v. d. Leyen und P. Zaunert
12 H. v. Beit: Symbolik des Märchens
13 E. Neumann: Das Kind
14 A. I. Allenby: Angels as Archetype and Symbol
15 E. Jung: Ein Beitrag zum Problem des Animus
16 H. v. Beit: Symbolik des Märchens
17 J. Hillman: Selbstmord und seelische Wandlung
18 K. Lorenz: Über tierisches und menschliches Verhalten
19 K. Lorenz: Das sogenannte Böse
20 G. Adler: The Living Symbol

Das Märchen als Gestaltungsmöglichkeit im seelischen Entwicklungsprozeß

1 J. Jacobi: Das Religiöse in den Malereien von seelisch Leidenden
2 C. G. Jung: Mysterium Coniunctionis, Bd. 2
3 C. A. Meier: Antike Inkubation und moderne Psychotherapie
4 H. Dieckmann: Individuation in Märchen aus 1001-Nacht
5 M.-L. v. Franz: Die Visionen des Nikolaus von Flüe
6 H. v. Beit: Das Märchen
7 C. G. Jung: Symbole der Wandlung
8 J. Jacobi: Die Psychologie von C. G. Jung

Literaturverzeichnis

G. Adler: The Living Symbol. Routledge and Kegan, London 1961

G. Adler: »Methods of Treatment in Analytical Psychology«, in: Psychoanalytic Techniques. Hrsg. v. B. B. Wolman, Basic Books Inc., 1967

W. Alex: Depression in Women. Professional Reports. 16th Annual Joint Conference of the Societies of Jungian Analysts of Northern and Southern California, 1968

A. I. Allenby: »Angels as Archetype and Symbol«, in: Der Archetyp. Verhandlungen des 2. internationalen Kongresses für Analytische Psychologie 1964, Basel-New York

Altägyptische Märchen. Übertr. u. bearb. v. E. Brunner-Traut. Hrsg. v. F. v. d. Leyen, Düsseldorf-Köln 1963

H. C. Andersen: Gesammelte Märchen. Manesse Bibliothek der Weltliteratur, Band 1. Hrsg. v. F. Storrer-Madelung, Zürich o.J.

Apuleius, Amor und Psyche. Mit einem Kommentar von E. Neumann, Zürich 1952

U. Baumgardt: König Drosselbart und C. G. Jungs Frauenbild. Kritische Gedanken zu Anima und Animus, Olten und Freiburg 1987

H. v. Beit: Symbolik des Märchens, Bd. 1–3, 2. verb. Aufl., Bern 1960

H. v. Beit: Das Märchen, Bern 1965

E. Berne: Spiele der Erwachsenen, Reinbek 1967

B. Bettelheim: Kinder brauchen Märchen, Stuttgart 1977

J. Bilz: »Märchengeschehen und Reifungsvorgänge unter tiefenpsychologischen Gesichtspunkten«, in: Bühler-Bilz: Das Märchen und die Phantasie des Kindes, München 1961[2]

R. Blomeyer: »Symbole: Einstellungen – Definitionen – Wirkungen«, in: Analytische Psychologie 7/1, Basel 1976

Jorge Luis Borges: Einhorn, Sphinx und Salamander, München 1964

E. Cassirer: Philosophie der symbolischen Formen, Berlin 1923–29

D. Chaplin: Das ärztliche Denken der Hindu, Leipzig 1930

Dänische Volksmärchen. Hrsg. v. Laurits Bødker, Düsseldorf-Köln 1964

Deutsche Märchen aus dem Donauland. Hrsg. v. P. Zaunert, Düsseldorf-Köln 1958

Deutsche Märchen seit Grimm. Hrsg. v. P. Zaunert, Düsseldorf-Köln 1964

H. Dieckmann: Märchen und Träume als Helfer des Menschen, Stuttgart 1966

H. Dieckmann: »Der Wert des Märchens für die seelische Entwicklung des Kindes«, in: Praxis der Kinderpsychologie und Kinderpsychiatrie, Heft 2/1966

H. Dieckmann: Probleme der Lebensmitte, Stuttgart 1968

H. Dieckmann: »Das Lieblingsmärchen der Kindheit als therapeutischer Faktor in der Analyse«,. in: Praxis der Kinderpsychologie und Kinderpsychiatrie, 17. Jg., H. 8/1968

H. Dieckmann: »Magie und Mythos im menschlichen Unbewußten«, in: Wege zum Menschen, 21. Jg., H. 6/Juni 1969

H. Dieckmann: Individuation in Märchen aus 1001-Nacht, Stuttgart 1974

H. Dieckmann: »Typologische Aspekte im Lieblingsmärchen«, in: Analytische Psychologie 6/1975

H. Dieckmann: Der blaue Vogel. Reihe »Weisheit im Märchen«, Zürich 1986

H. Dieckmann: Komplexe und ihre Bedeutung in Diagnostik und Therapie, Heidelberg 1990

H. Dieckmann: »Dogma und freier Geist. Überlegungen zum sogenannten System der Analytischen Psychologie C. G. Jungs.« Unveröffentlichter Vortrag auf der Frühjahrstagung der Deutschen Gesellschaft für Analytische Psychologie in Bad Schwalbach, März 1990

M. Eliade: Schamanismus und archaische Ekstasetechnik, Zürich 1956

Es war einmal. Märchen der Völker. Hrsg. v. Sigrid v. Massenbach, Baden-Baden 1958

W. Y. Evans-Wentz: Das tibetanische Buch der großen Befreiung, München 1955

M.-L. v. Franz: Die Visionen des Nikolaus von Flüe. Studien aus dem C. G. Jung-Institut, Zürich, Zürich 1969

M.-L. v. Franz: »Bei der schwarzen Frau. Studien zur analytischen Psychologie C. G. Jungs«, in: Festschrift zum 80. Geburtstag von C. G. Jung, Zürich 1955

M.-L. v. Franz: Das Böse im Märchen. Studien aus dem C. G. Jung-Institut Zürich XIII, Zürich 1961

Französische Volksmärchen. (Märchen der Weltliteratur. Hrsg. von F. v. d. Leyen/P. Zaunert), Jena 1923

S. Freud: Märchenstoffe in Träumen. Ges. Werke, in Einzelbänden Bd. 10, London 1946, Frankfurt/Main

J. Gebser: Ursprung und Gegenwart, Stuttgart 1953

GEO-Wissen Nr. 2 vom 7. 5. 1990

J. W. v. Goethe: Der Fischer. Propyläen-Ausgabe Goethes sämtl. Werke, Bd. 3. Propyläen-Verlag, Berlin o.J.

E. Harding: Das Geheimnis der Seele, Zürich 1948

W. Hauff: Sämtliche Werke, Gera 1896

J. Hillman: Selbstmord und seelische Wandlung, Zürich 1966

J. Hillman: »Anima«, in: Spring, Dallas 1973

Homers Odyssee. Nach der ersten Ausgabe von J. H. Voss, Stuttgart und Berlin o. J.

Inselmärchen des Mittelmeeres. Hrsg. v. Felix Karlinger, Düsseldorf-Köln 1960

J. Jacobi: Die Psychologie von C. G. Jung, Zürich 1957

J. Jacobi: »Das Religiöse in den Malereien von seelisch Leidenden«, in: Neurose und Religion. Hrsg. von J. Rudin, Olten und Freiburg o. J.

A. Jaffé: Bilder – Symbole aus E. T. A. Hoffmanns Märchen »Der goldene Topf«. Psychologische Abhandlungen, Bd. VII, Zürich 1950, Neuausgabe: Hildesheim 1978

Japanische Märchen (Märchen der Weltliteratur. Hrsg. v. F. v. d. Leyen), Düsseldorf-Köln 1964

C. G. Jung: »Die Lebenswende«, in: Seelenprobleme der Gegenwart, Zürich 1931

C. G. Jung: Über psychische Energetik und das Wesen der Träume. Allgemeine Gesichtspunkte zur Psychologie des Traumes, Zürich 1948

C. G. Jung: »Die Visionen des Zosimus«, in: Psychologische Abhandlungen, Bd. 9., Zürich 1954

C. G. Jung: Psychologische Typen. Ges. Werke, Bd. 6., Zürich 1960

C. G. Jung: Die transzendente Funktion. Ges. Werke, Bd. 8: Die Dynamik des Unbewußten, Zürich 1967

C. G. Jung: Mysterium Coniunctionis, Bd. 2. Ges. Werke Bd. 14/2, Zürich 1968

C. G. Jung: Symbole der Wandlung. Ges. Werke, Bd. 5, Olten und Freiburg 1973

E. Jung: »Ein Beitrag zum Problem des Animus«, in: Wirklichkeit der Seele, Zürich 1934

E. Jung: Die Anima als Naturwesen. Studien zur Analytischen Psychologie C. G. Jungs. Festschrift zum 80. Geburtstag von C. G. Jung, Bd. 2., Zürich 1955

E. Jung: »Der Großinquisitor. Ein Beitrag zum Archetyp des großen Vaters«, in: Zeitschrift für Analytische Psychologie und ihre Grenzgebiete 2/2, Berlin 1971

V. Kast: »Weibliche Werte im Umbruch – Konsequenzen für die Partnerschaft«, in: Analytische Psychologie 10/2, Basel 1979

V. Kast: Märchen als Therapie, Olten und Freiburg 1986

W. Keller: Und die Bibel hat doch recht, Düsseldorf 1955

Kinder- und Hausmärchen. Gesammelt durch die Gebr. Grimm. Hrsg. v. F. v. d. Leyen, Jena 1927

W. Laiblin: »Der wilde Mann«, in: Almanach 1960, Stuttgart

W. Laiblin: »Der goldene Vogel«, in: Almanach 1961, Stuttgart

L. Lévy-Bruhl: Die geistige Welt der Primitiven, Düsseldorf-Köln 1959

F. v. d. Leyen: Die Welt der Märchen, Düsseldorf 1953

K. Lorenz: Das sogenannte Böse, Wien 1963

K. Lorenz: Über tierisches und menschliches Verhalten, Bd. 2, München 1965

M. Lüthi: Das europäische Volksmärchen, Bern 1947

C. A. Meier: Antike Inkubation und moderne Psychotherapie, Zürich 1949

E. Neumann: Umkreisung der Mitte, Zürich 1953

E. Neumann: Das Kind, Zürich 1963

Nordamerikanische Indianermärchen. Hrsg. v. G. A. Konitzky, Düsseldorf-Köln 1963

Nordische Volksmärchen, Bd. 1. Hrsg. v. Fr. v. d. Leyen/P. Zaunert, Jena 1922

Pantschatantra. Hrsg. und übers. v. L. Alsdorf, Bergen II 1952

Das Papageienbuch. Übertragung von J. Hertel, Düsseldorf 1959

W. Pauli: Der Einfluß archetypischer Vorstellungen auf die Bildung naturwissenschaftlicher Theorien bei Kepler. Studien aus dem C. G. Jung-Institut, Bd. 4, Zürich 1952

O. Rank: Das Inzestmotiv in Dichtung und Sage, Leipzig-Wien 1926

K. Rasmussen: Die Gabe des Adlers. Eskimo-Märchen aus Alaska. Übers. und bearb. v. A. Schmücke, Frankfurt/Main 1937

Reihe »Weisheit im Märchen«, Zürich

Russische Volksmärchen. Übers. v. A. v. Löwis of Menar. Hrsg. v. F. v. d. Leyen, Düsseldorf-Köln 1959

F. Schiller: Die Weltweisen. Sämtl. Werke, 1. Band, Berlin o.J.

Schwedische Volksmärchen. Hrsg. u. übers. v. Kurt Schier, Düsseldorf-Köln 1971

R. A. Spitz: Die Entstehung der ersten Objektbeziehungen, Stuttgart 1960

Südamerikanische Indianermärchen. Hrsg. v. Th. Koch-Grünberg, Jena 1921

H. Traxler: Die Wahrheit über Hänsel und Gretel, Frankfurt/Main 1963

O. Graf Wittgenstein: »Das Reifungserleben im Märchen«, in: Das Kraftfeld des Menschen und Forschers Gustav Richard Heyer. Festschrift zum 65. Geburtstag, München 1955

Hans Dieckmann
Der blaue Vogel
Wie zwei sich endlich finden
Buchreihe »Weisheit im Märchen«
156 Seiten, gebunden
ISBN 3-268-00019-3

Das französische Märchen handelt von einem Liebespaar, das
erst nach langem Leiden und vielen Umwegen zueinander findet. Held und Heldin dieses Märchens haben je einen eigenen
Entwicklungsweg zu gehen, bis sie endlich vereinigt sind.
Hans Dieckmann geht auf die Eigentümlichkeiten der Mär-
chenwelt ein und weist auf die vielschichtigen Zusammenhänge zwischen den Bildern des Märchens und den Träumen heuti-
ger Menschen hin.

Angela Waiblinger
Rumpelstilzchen
Gold statt Liebe
Reihe »Weisheit im Märchen«
122 Seiten, gebunden
ISBN 3-268-00010-4

Angela Waiblinger erzählt die Geschichte einer Analyse nach.
Die Patientin war depressiv, obwohl es ihr äußerlich an nichts
fehlte. Elternhaus und Ehe hatten ihr alles gegeben, was ein
Kind und eine Ehefrau sich wünschen kann, aber niemals hatte
sie die Erfahrung gemacht, geliebt zu werden. Für Angela
Waiblinger wird das Märchen »Rumpelstilzchen« zum Spiegel
für das Lebensproblem einer Frau, die ihre weiblichen Möglichkeiten erst entdecken muß.

KREUZ: Bücher zum Leben.

Außerdem sind in der Reihe »Weisheit im Märchen«
beim Kreuz Verlag erschienen:

KREUZ: Bücher zum Leben.